시원스쿨
처음토익.
기초영문법

시원스쿨 처음토익
기초영문법

개정2판 1쇄 발행 2024년 2월 28일

지은이 Kelly Choi 시원스쿨어학연구소
펴낸곳 (주)에스제이더블유인터내셔널
펴낸이 양홍걸 이시원

홈페이지 www.siwonschool.com
주소 서울시 영등포구 영신로 166 시원스쿨
교재 구입 문의 02)2014-8151
고객센터 02)6409-0878

ISBN 979-11-6150-819-1 13740
Number 1-110404-18189921-08

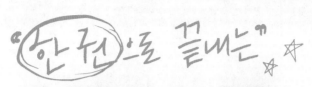

"한 권으로 끝내는"

시원스쿨 처음토익.
기초영문법

Kelly · 시원스쿨어학연구소 지음

시원스쿨 LAB

머리말

"TOEIC, 무엇부터 시작해야 하죠?"

이 질문은 토익(TOEIC)을 처음 공부하는 학생들이 저에게 가장 많이 묻는 질문입니다. 또, 토익은 시험을 많이 볼수록 실력이 오른다는 출처 불명의 조언을 철석같이 믿고 아무런 준비도 없이 무려 5번이나 토익 시험을 응시한 학생도 보았습니다. 그런데 그 5번의 시험 합산 점수가 토익 시험 1회분의 만점인 990점에도 미치지 못했다는 건 서글픈 일이었습니다. 토익을 공부하려면 무작정 단어부터 외워야 하는지, 문제를 많이 풀어봐야 하는지, 아니면 무작정 학원을 다녀야 하는지 결정하지 못한 채로 발만 동동 구르면서 답답해 하던 학생들은 이제 모두 단어, 문제풀이, 학원이 토익에 대한 해답이 아니라는 것을 이해할 것입니다. 그렇다면 토익에 대한 해답이라는 게 존재할까요? 그 해답을 찾기 위해서 토익을 공부하기 시작할 때 우선적으로 숙지해야 할 것은 바로 토익이 "영어" 능력을 평가하는 시험이자, 영어로 된 "시험"이라는 사실입니다.

"영어" 능력을 평가하는 시험, TOEIC

한국에서 태어나 한국어를 모국어로 사용하는 우리는 영어라는 언어를 결코 깊이 이해할 수 없습니다. 특히 영어는 우리나라 말과는 어순, 문장을 만드는 방식, 단어를 파생하는 형식이 다르기에 무엇을 먼저 말하고, 무엇을 나중에 말하는지에 따라 문장 구조가 달라지고, 그 달라진 문장 구조로 인해 그 의미가 완전히 달라지기도 합니다. 또한, 같은 철자를 가진 단어가 동사로 쓰이기도 하고, 명사로 쓰이기도 하는 등 한국어를 모국어로 하는 우리나라 사람에게 영어는 정말 난해한 언어가 아닐 수 없습니다. 따라서, 이 난해함을 극복하여 토익을 준비하기 위해 우선 영어의 어순과 단어 형성 원리, 그리고 문장 구조를 파악하는 공부가 필수적이며, 바로 이 공부가 영어 문법 공부입니다. 우리가 영어권 국가에서, 또는 온통 영어로 생활하는 환경에서 살지 않는 이상, 의지를 갖춘 학습 없이 자연스럽게 영어 문법 실력이 향상되는 것을 기대할 수는 없습니다. 그렇기에 토익 공부를 시작할 때 "영어"라는 언어가 우리말과 다르다는 점을 인정하고 그 차이점에 주목하면서 문법을 공부하는 것이 필요합니다.

영어로 된 "시험", TOEIC

토익은 객관식 시험입니다. 3개, 또는 4개의 주어진 보기 중에서 가장 적절한 답안 1개를 고르는 것이죠. 그래서 정답을 고를 때에는 논리적인 분석이 필요합니다. 즉, 4개의 보기 중 1개를 정답으로 골랐다면 그 외의 3개의 보기는 왜 정답이 아닌지, 정답으로 고른 보기는 어떤 근거로 정답이어야 하는지를 생각해야 합니다. 막연한 감(感)에 의지하여 정답을 고를 경우 한두 문제에서는 통할지도 모르나 그 감은 언제든지 무너질 수 있는 변수이기 때문에 자신의 확고한 실력이 아닙니다. 토익에 제시되는 모든 보기들에 대한 정답/오답 분석 능력만 갖춘다면 토익은 결국 분석적 데이터를 통해 쉽게 풀 수 있는 "시험"에 불과합니다. 특히 시험에 자주 출제되는 순서대로 공부한다면 훨씬 빠르게 점수를 올릴 수 있을 것입니다.

『시원스쿨 처음토익 기초영문법』은...

시험에 자주 나오는 기출 포인트를 기준으로 정리된 문법 교재로, 단순하면서도 철저하게 토익 초보자들을 위해 구성된 교재입니다. 제가 처음 강의를 시작했던 마음으로, 정성으로, 열정으로 이 책을 준비했습니다. 토익을 처음 공부하시는 분들을 위해, 최대한 간결한 공식으로 영어 문법을 설명했으며, 이해하기 쉬운 가장 적절한 예문을 배치하였습니다. 출제 빈도가 높지 않은 문법 포인트보다 반드시 알아야 할 빈출 문법 포인트 위주로 구성하여 학습의 효율을 높였습니다. 또한 지난 10년간의 토익 기출문제의 유형과 출제 방식을 분석하여 이러한 빈출 문법 포인트가 적용되는 연습 문제와 실전 문제를 제작하였습니다. 이를 통해 이 책이 토익을 처음 공부하시는 분들에게 가장 확실한 솔루션이 되기를 바랍니다.

이 책이 나오기까지 많은 분이 도와주셨습니다. 도움을 주신 시원스쿨 유준석 연구원님, 그리고 가아 할 방향을 짚어주신 박상신 부소장님 덕분에 이 책이 세상에 나올 수 있었습니다. 시원스쿨 어학연구소 모든 분께 감사드리며, 이 책과 함께 토익 공부를 시작하시는 모든 분이 목표 점수를 성취하시기를 기원합니다.

저자 Kelly

목차

별책 토익 초보가 알아야 할 필수 Grammar Tips

책 속의 책 정답 및 해설

온라인 불규칙 동사표 / QR특강 자료

(lab.siwonschool.com의 [교재/mp3]에서 『시원스쿨 처음토익 기초영문법』 검색)

이 책의 구성과 특징

어휘 맛보기!

문법을 배우다 보면 항상 부족한 것이 바로 어휘입니다. 이 코너는 각 Unit에서 쓰인 어휘들을 미리 확인하여 모르는 단어나 숙어를 숙지하는 코너입니다. 학습자가 해당 Unit을 학습하는 중에 모르는 단어를 보고 당황하여 직접 단어를 찾아봐야 하는 수고로움을 덜도록 하였습니다.

최신 기출 POINT

토익 기본 구문을 활용하여 문법 공식으로 제시하고, 이 공식이 적용된 예문을 포인트별로 꼼꼼하게 분석합니다. 20개의 Unit에 총 57개의 최신 기출 포인트를 학습하는데, 한 Unit당 기출 포인트는 최대 3개이며, 토익에 출제되는 문장과 유사한 구조의 예문을 통해 자연스럽게 토익에 익숙해지도록 하였습니다. 추가적인 문법 이론은 필요 시에 <켈리쌤의 문법 뽀개기!>에서 다루어집니다.

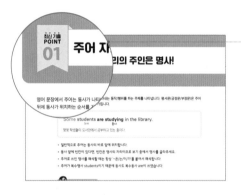

유형 연습하기

4문항으로 이루어진 연습문제입니다. 최신 기출 POINT에서 학습한 내용을 토익 문제로 확인하는 코너입니다. 실제 토익과는 달리 보기는 2개만 제시되어 있으며, 앞서 학습한 문법 내용을 복습하고 정답과 오답의 차이를 이해하여 토익 문제 풀이 방식을 맛볼 수 있습니다.

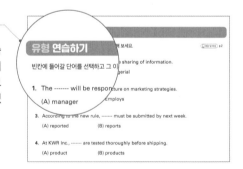

QR특강

교재 학습 중 좀 더 자세한 심화보충 설명이 필요할 때, 교재 내 QR 이미지를 스캔하면 Kelly 선생님이 머리에 쏙 들어오도록 강의를 해줍니다. 소지하고 계신 모바일 기기를 사용하여 QR코드를 스캔하시면 즉석에서 무료로 QR특강을 수강하실 수 있습니다.

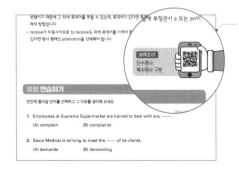

문장 구조 분석하기

유형 연습하기에서 나온 문제를 문장 구조로 나누어 한 눈에 파악할 수 있게 하였습니다. 문장 구조를 기준으로 끊어 읽기를 연습함으로써, 영어 문장 구조를 "체화"하여 빈칸에 들어갈 문법적 형태를 구조적으로 파악할 수 있는 안목을 기를 수 있습니다. 나아가 문장 속의 어휘만을 가지고 의미를 조합하여 해석하는 초보적 단계의 독해방식에서 벗어날 수 있어 올바른 영어 독해의 기반을 마련할 수 있습니다.

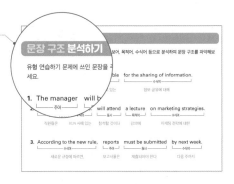

기출 맛보기

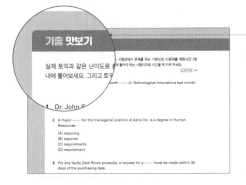

해당 Unit의 내용을 다시 한번 복습할 수 있도록 10문제 내외의 기출 유형의 실전 문제를 풀이하는 코너입니다. 이 중에서 어렵거나 풀 수 없는 문제가 있다면 다시 한번 해당 Unit의 내용을 반드시 복습해야 합니다. 10문제 중 9번과 10번은 해당 Unit의 내용과 상관 없이 Part 5에서 자주 출제되는 어휘 문제 유형으로 구성되어 있습니다. 문법적인 내용과 더불어 어휘까지 알아야 풀 수 있는 난이도 높은 문제를 체험하여 문법만으로 해결할 수 없는 토익 문제에 대비할 수 있도록 하였습니다.

[책속의 책] 정답 및 해설

유형 연습하기, 토익 기출 맛보기에 대한 정답과 해석, 그리고 해설 (설명)을 제공합니다. 특히 학습자가 스스로 문제를 풀어보고, 각 문제에서 학습자가 오답을 고른 이유나, 정답이 되는 이유에 대해 이해가 가지 않는다면 해설에 제시된 풀이방식과 자신의 풀이방식의 차이점을 분석하여 문제풀이 능력을 향상시킬 수 있습니다.

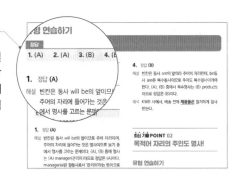

[부록] 토익 초보가 알아야 할 필수 Grammar Tips

본 부록은 토익 기초영문법을 모두 학습하고 난 뒤에 헷갈리기 쉬운 문법 포인트를 복습할 수 있는 총정리 노트입니다. 필수적으로 알아야 할 문법 팁을 간단 명료하게 요약하여 영문법의 기초를 튼튼하게 다질 수 있도록 구성하였습니다.

영어 품사와 문장 구성 성분 – 영어 품사

동사

동작이나 상태를 나타내는 말이며, '~하다'에 해당하는 말입니다. '생각하다', '상상하다'처럼 머릿속에서 일어나는 일도 동사에 해당합니다.

He submitted a report.
제출하는 동작을 나타냅니다.

명사

사물이나 사람, 개념 등의 이름을 가리키는 말입니다. '질서', '행복', '경향' 등과 같이 눈에 보이지 않는 것에 대한 명칭도 명사입니다

book, business, order

대명사

사람, 사물, 개념 등의 이름을 대신해서 쓰는 말이며, '이것', '저것', '그것', '그', '그녀', '너'와 같은 말에 해당합니다.

Kelly purchased a chair online.
She likes it.

She(그녀)는 Kelly를 가리키는 대명사이며,
it은 의자(a chair)를 가리키는 대명사입니다.

형용사

사물이나 사람, 개념 등의 모습, 상태를 나타내는 말로서, 우리말에 '어떤~'에 해당하며 명사를 꾸며줍니다(수식). 문장에서 명사의 상태를 설명하기도 합니다.

a successful candidate
candidate(지원자)라는 명사를 수식합니다.

조동사

조동사는 동사를 보조하는 역할을 하는 말로, 동사에 속하기 때문에 8품사에 포함되지 않습니다. 조동사는 단독으로 쓰이기보다는 항상 동사와 함께 쓰이며, 동사의 의미에 다양한 보조적 의미(가능, 의무, 추측, 의지 등)를 추가하여 나타낼 수 있습니다.

부사

동작이나 상태의 정도와 방법, 시간, 장소 등 다양한 의미를 가지고 동사, 형용사, 문장 전체를 수식하는 말이며, 우리말의 '어떻게/얼마나/언제/어디서'에 해당합니다.

$5 → $20 → $50

The price has highly increased.
가격이 얼마나 상승했는지 표현합니다.

전치사

우리말에는 없는 품사이지만, 영어에서는 명사나 대명사 앞에 쓰여서 시간, 장소, 이유 등 여러 가지 의미를 나타내는 데 쓰이는 말입니다.

Some people are sitting at the table.
at은 '~에'라는 의미로 장소를 나타낼 때 씁니다.

접속사

단어와 단어, 구와 구, 문장과 문장(절)을 이어주는 말이며, 보통 '그리고(~와/과)', '그러나(~지만)', '그래서', '~때문에', '~할 때' 등과 같은 의미를 가집니다.

The shop sells women's dress and accessories.
and는 dress와 accessories를 연결해주는 역할을 합니다.

감탄사

감정을 표현하기 위한 단어로, 우리말로 '오', '와', '이런'과 같은 말에 해당합니다.

기쁨, 놀람, 탄식, 슬픔, 간청 등의 감정을 직접적으로 나타내는 말입니다.

관사

관사는 항상 명사 앞에 쓰이는 말이며, 그 명사의 범위를 한정시키는 역할을 합니다. 그래서 형용사에 속하는 것으로 간주하기 때문에 8품사에 포함되지 않습니다. 관사에는 부정관사 a/an과 정관사 the가 있습니다. 관사는 해당 명사가 하나만 언급되는지(단수명사), 이전에 언급되었던 것을 다시 언급하는지, 그리고 명사의 특수성을 나타내는 역할을 합니다.

주어

우리말에서 '누가', '무엇이'에 해당하는 말로, 동사가 의미하는 행동을 직접 하는 주체에 해당합니다.

 He works for Siwonschool.

동사

품사에서 설명한 동사와 동일한 의미로, 주어가 하는 행동을 나타냅니다. 다만, 문장 성분으로서 동사는 조동사를 포함하거나 시제에 따라 변형되기도 합니다.

 She **gave** a presentation at the conference.

목적어

동사가 가리키는 행동의 대상이 되는 말로서, 일반적으로 우리말의 '~을, ~를'에 해당하는 말입니다. 목적어의 유무로 동사의 종류를 분류하는 것이 문제 풀이에서 중요한 단서가 됩니다.

 You should bring **the receipt** for a refund.

보어

동사 뒤에서 사물이나 사람, 개념 등의 모습, 상태를 나타내는 말로서, 우리말에 '어떤~'에 해당하며 명사를 꾸며줍니다(수식). 또는 문장에서 명사의 상태를 설명합니다.

He is **the head chef** in the hotel.

수식어 (부사)

부사를 비롯한 각종 수식어구(전치사구)는 문장 성분이 아니므로 문장 구조를 파악할 때에 항상 주의해야 합니다.

The meeting will start **early** in the morning.

초단기 완성 학습 플랜

- 다음의 학습 진도를 참조하여 매일 학습합니다.
- 해당일의 학습을 하지 못했더라도 앞 단원으로 돌아가지 말고 오늘에 해당하는 학습을 하세요. 그래야 끝까지 완주할 수 있답니다.
- 교재를 끝까지 한 번 보고 나면 2회독에 도전합니다. 두 번째 볼 때는 훨씬 빠르게 끝낼 수 있어요. 토익은 천천히 1회 보는 것보다 빠르게 2회, 3회 보는 것이 훨씬 효과가 좋습니다.
- DAY 및 Unit 정보는 p.6 목차를 참조해 주세요.

5일 완성 학습 플랜

5일 완성 초단기 학습플랜으로, 목차에서 제시된 DAY별로 품사, 동사, 준동사 등의 주제로 묶여진 Unit을 학습하는 과정입니다. 1일 최소 3시간의 학습시간을 확보하여 어휘 리스트 암기, 최신 기출 POINT 학습, 유형 연습하기 및 기출 맛보기 문제 풀이까지 진행하시기 바랍니다.

1일	2일	3일	4일	5일
DAY 1 품사 (Unit 1~5)	DAY 2 동사 (Unit 6~10)	DAY 3 준동사 (Unit 11~14)	DAY 4 전치사와 부사절 접속사 (Unit 15~17)	DAY 5 접속사와 관계사 (Unit 18~20)

10일 완성 학습 플랜

10일 완성 단기 학습플랜으로, 1일 최소 2시간의 학습시간을 확보하여 어휘 리스트 암기, 최신 기출 POINT 학습, 유형 연습하기 및 기출 맛보기 문제 풀이까지 진행하는 과정입니다. 2회차 학습 시에는 5일 완성 초단기 학습플랜으로 진행하시는 것을 권장합니다.

1일	2일	3일	4일	5일
Unit 1~2	Unit 3~5	Unit 6	Unit 7~8	Unit 9~10
6일	**7일**	**8일**	**9일**	**10일**
Unit 11~12	Unit 13~14	Unit 15~16	Unit 17~18	Unit 19~20

Unit 01
명사

매달 토익에서 빠지지 않고 출제되는 문법 포인트를 딱 세 개만 정리한다면, 그 중의 하나는 아마도 명사일 것입니다. 항상 최신 기출 문법 포인트 Top 3 안에 꼽히는 명사! 명사는 말 그대로 이름을 나타내는 말입니다. "-----은 내일까지 완료되어야 한다."라는 문장에서 -----을 '빈칸'이라고 읽으셨다면 이 빈칸에 들어가는 것이 명사입니다. "사랑은 -----이다."라는 문장의 빈칸에도 명사가 들어가야 합니다. 이 문장의 주어인 '사랑'도 명사인데, 이처럼 눈에 보이지 않는 감정, 개념 등에 대한 이름도 명사에 속합니다.

어휘 맛보기

Unit 1에서 다룰 어휘를 미리 확인해봅시다.

최신 기출 포인트 01

• discuss	통 논의하다
• serve	통 응대하다, 시중을 들다
• be responsible for	~에 대한 책임이 있다, ~을 담당하다
• sharing	명 공유
• employee	명 고용인, 직원
• employ	통 고용하다, 이용하다
• attend	통 참석하다
• lecture	명 강의
• strategy	명 전략
• according to	전 ~에 따르면, ~에 따라
• rule	명 규칙
• submit	통 제출하다
• report	명 보도, 보고서 통 보도하다, 알리다
• test	통 검사하다, 시험하다
• thoroughly	부 철저히
• shipping	명 배송
• product	명 상품

최신 기출 포인트 02

- focus (on)　　　⑧ (~에) 집중하다
- employment　　⑲ 고용, 직업
- be eligible to do　~할 자격이 있다
- promotion　　⑲ 승진
- train　　⑧ 훈련시키다
- deal with　　⑧ ~을 다루다, 처리하다
- complain　　⑧ 불만을 제기하다
- complaint　　⑲ 불만, 불평
- strive　　⑧ 분투하다, 매진하다
- meet　　⑧ 충족시키다
- demand　　⑲ 수요, 요구
　　　　　　⑧ 요구하다
- demanding　　⑱ 까다로운, 요구가 많은
- account　　⑲ 계정, 계좌
- discount　　⑲ 할인
- accept　　⑧ 받아들이다, 수락하다
- additional　　⑱ 추가적인, 추가의
- reserve　　⑧ 예약하다
- reservation　　⑲ 예약

최신 기출 포인트 03

- appropriate　　⑱ 적절한
- safety　　⑲ 안전
- attire　　⑲ 의복, 복장
- requirement　　⑲ 필수요건, 요건
- require　　⑧ 필요로 하다, 요구하다
- architecture　　⑲ 건축(학)
- publication　　⑲ 출판물, 발행
- public　　⑱ 공공의, 대중의
- board of directors　⑲ 이사회
- appoint　　⑧ 임명하다
- store manager　　⑲ 점장
- branch　　⑲ 지점, 지사
- winner　　⑲ 수상자, 우승자
- award　　⑲ 상, 상금

토익에 자주 출제되는 명사의 형태

세상에 존재하는 모든 명사를 외울 수는 없는 법! 그렇다면, 쉽고 빠르게 명사를 알아볼 수 있는 방법은 명사들이 가지는 공통적인 생김새를 알아두는 것입니다.

-tion	creation(창조), preparation(준비), regulation(규정, 규제), reduction(감소)
-sion	inclusion(포함), decision(결정), permission(허락), conclusion(결론)
-ment	management(경영, 관리), adjustment(조정), advertisement(광고), shipment(수송)
-ness	laziness(게으름), happiness(행복), kindness(친절), awareness(인식)
-ty	beauty(아름다움), necessity(필요), curiosity(호기심), safety(안전)
-ance/ence	assistance(도움), attendance(참석, 출석), maintenance(유지, 보수), difference(차이)
-al	arrival(도착), denial(거부), proposal(제안), refusal(거절), removal(제거)
-ship	friendship(우정), relationship(관계), leadership(지도력), ownership(소유권)
-th	truth(진실), growth(성장), length(길이), width(너비)

가산명사와 불가산명사

영어에서는 가장 기본적으로 명사를 구분할 때 그 명사가 가산명사인지 불가산명사인지를 구분합니다. 가산명사는 셀 수 있는 명사를 의미하며, 보통 몇 개인지 세는 것이 가능한 사물/사람/개념에 해당합니다. 반면에 불가산명사는 셀 수 없는 명사를 의미하며, 수가 아닌 양으로 언급되는 물질/개념에 해당합니다. 영어에서는 이러한 구분에 따라 명사를 나누어, 어떤 명사가 쓰였는지가 동사의 형태나 명사를 수식하는 단어의 형태에 영향을 미칩니다.

명사				
가산명사		불가산명사		
단수명사(하나)	복수명사(여럿)	물질명사	추상명사	집합명사
a chair, an orange	chairs, oranges	sand, air, water, coffee, butter	time, health, order, knowledge	family, money, information, furniture

• 토익 빈출 불가산명사: access(접근), advice(조언, 충고), information(정보), furniture(가구), luggage(짐, 수화물), equipment(장비), merchandise(상품), permission(허가), machinery(기계류), employment(고용)

주어 자리의 주인은 명사!

영어 문장에서 주어는 동사가 나타내는 동작/행위를 하는 주체를 나타냅니다. 평서문(긍정문/부정문)은 주어 뒤에 동사가 위치하는 순서를 가집니다.

> Some **students are studying** in the library.
>   주어   동사
>
> 몇몇 학생들이 도서관에서 공부하고 있는 중이다.

- 일반적으로 주어는 동사의 바로 앞에 위치합니다.
- 동사 앞에 빈칸이 있다면, 빈칸은 명사의 자리이므로 보기 중에서 명사를 골라주세요.
- 주어로 쓰인 명사를 해석할 때는 항상 '~은/는/이/가'를 붙여서 해석합니다.
- 주어가 복수명사 students이기 때문에 동사도 복수동사 are이 쓰였습니다.

 **켈리쌤** 문법 뽀개기!

단수동사? 복수동사?

동사는 주어로 쓰인 명사가 단수인지 복수인지에 따라 형태가 조금 다릅니다.

	주어가 단수명사일 때	주어가 복수명사일 때
be동사 현재 be동사 과거 일반동사 현재	(1인칭) am, (3인칭) is was (1인칭) 동사원형 / (3인칭) 동사 + (e)s	are were 동사원형
일반동사 과거	동사의 과거형 (-ed)	동사의 과거형 (-ed)

주어, 동사 수일치

주어 자리에 들어가는 명사는 반드시 동사와 수를 일치시켜야 합니다.
주어가 단수명사이면 동사도 단수형으로, 주어가 복수명사이면 동사도 복수형으로 씁니다.

Some students **is** studying in the library. (X) 복수주어-단수동사

A student **are** studying in the library. (X) 단수주어-복수동사

명사에 -s가 붙으면 복수명사, 동사에 -s가 붙으면 단수동사라는 것을 꼭 기억하세요.

> The **manager will discuss** ways to serve our customers.
> 　　주어　　　　　　　동사
>
> 매니저는 우리의 고객들을 응대하는 방법들을 논의할 것입니다.

- 동사 앞에 조동사가 올 수 있으므로 「조동사 + 동사원형」 앞도 주어 자리입니다.
- 만약 조동사 앞에 빈칸이 있다면 보기 중에서 명사를 골라주세요.
- 문장을 분석할 때 조동사와 동사는 한 덩어리의 서술어(동사)로 분류합니다.

켈리쌤 문법 뽀개기!

조동사란 동사를 도와주는 보조 동사로서, 동사의 의미에 다양한 추가적 의미를 나타낼 수 있습니다. 조동사가 쓰이면 항상 그 뒤에 동사원형을 써야 하는 규칙이 있습니다. 대표적인 조동사에는 will, can, may, must, should가 있습니다.

유형 연습하기

빈칸에 들어갈 단어를 선택하고 그 이유를 생각해 보세요.　　　　　　📱정답 및 해설 p.2

1. The ------- will be responsible for the sharing of information.

   (A) manager　　　　　　(B) managerial

2. ------- at KLN Inc. will attend a lecture on marketing strategies.

   (A) Employees　　　　　(B) Employs

3. According to the new rule, ------- must be submitted by next week.

   (A) reported　　　　　　(B) reports

4. At KWR Inc., ------- are tested thoroughly before shipping.

   (A) product　　　　　　(B) products

문장 구조 분석하기

유형 연습하기 문제에 쓰인 문장을 주어, 동사, 보어, 목적어, 수식어 등으로 분석하여 문장 구조를 파악해보세요.

1. The manager | will be | responsible | for the sharing of information.
└─주어─┘ └─동사─┘ └──보어──┘ └────────수식어────────┘
그 매니저가 ~할 것이다 책임지고 있는 정보 공유에 대해

2. Employees | at KLN Inc. | will attend | a lecture | on marketing strategies.
└──주어──┘ └──수식어──┘ └──동사──┘ └─목적어─┘ └──────수식어──────┘
직원들은 KLN 사에 있는 참석할 것이다 강의에 마케팅 전략에 대한

3. According to the new rule, | reports | must be submitted | by next week.
└────────수식어────────┘ └─주어─┘ └─────동사─────┘ └──수식어──┘
새로운 규정에 따르면, 보고서들은 제출되어야 한다 다음 주까지

4. At KWR Inc., | products | are tested | thoroughly | before shipping.
└──수식어──┘ └─주어─┘ └─동사─┘ └수식어(부사)┘ └──수식어──┘
KWR 사에서, 제품들은 검사 받는다 철저히 배송 전에

 **켈리쌤 문법 쪼개기!**

- **보어**: 명사를 보충해주는 말로서, 주어를 보충해주는 주격보어와 목적어를 보충해주는 목적격보어가 있습니다. 각 보어는 보충해주는 대상을 설명하거나 묘사하는 말로 쓰이기 때문에, 명사나 형용사가 보어로 쓰입니다. (p.23 참조)

- **수식어**: 문장에 반드시 필요한 말은 아니지만 정확한 의미 전달을 위해 사람/사물이나 행동을 묘사하고 위치, 시간, 방법 등의 다양한 의미를 나타내는 말입니다. 형용사가 명사를 수식할 경우(보어로 쓰인 형용사와 구분 필요), 형용사는 수식어이며, 부사(전치사구, 부사절 모두 포함)는 경우에 상관없이 항상 수식어로 분류됩니다.

목적어 자리의 주인도 명사!

영어 문장에서 목적어는 동사가 나타내는 동작/행위의 대상이 되는 말을 나타냅니다. 주로 우리말로 '~을/를'
로 해석되며, 동작이나 행위를 당하거나 받는 말로 이해됩니다.

> The shopping mall **will open** more **branches** in several cities
> 　　　　　　주어　　　　　　동사　　　　　　목적어
>
> next year.
> 그 쇼핑몰은 내년에 몇몇 도시에서 더 많은 분점을 열 것이다.

- 일반적으로 목적어는 타동사의 뒤에 위치합니다.
- 목적어로 쓰인 명사를 해석할 때는 대부분 '~을/를'을 붙여서 해석합니다.
- 타동사 뒤에 빈칸이 있다면 목적어의 자리이므로 보기 중에서 명사를 골라주세요.
- 동사가 단수동사인지 복수동사인지 상관없이 목적어는 단수 또는 복수로 쓰일 수 있습니다.

 켈리쌤 문법 뽀개기!

- **타동사**: 주어 뒤에 위치하여, 동작/행위의 대상(목적어)을 반드시 가져야 하는 동사입니다. 따라서 타동사 뒤에는 항상 목적어가 위치합니다.

- **자동사**: 주어 뒤에 위치하여, 동작/행위의 대상(목적어)을 가지지 않는 의미를 나타내는 동사입니다. 따라서 자동사 뒤에는 목적어가 위치하지 않습니다. 자동사 중에는 목적어는 가지지 않지만 보어를 가져야 하는 자동사도 있습니다. (p.33 참조) 또한 자동사의 의미와 타동사의 의미를 모두 가지고 있는 동사가 있으므로 문장에서 해당 동사가 자동사로 쓰였는지 타동사로 쓰였는지 구분할 필요도 있습니다.

> Our company's seminar will focus **on ways to serve**
> 　　　　　　　　　　　　　　　　　　전치사 목적어　　 to부정사
>
> **our customers.**
> 　　목적어
> 우리 회사의 세미나는 우리의 고객들을 응대하기 위한 방법에 집중할 것이다.

- 전치사 on의 뒤에 목적어로, 명사인 ways가 위치해 있어요.
- to부정사인 to serve의 뒤에도 목적어인 our customers가 위치해 있어요.
- to serve our customers는 '우리의 고객들을 응대하기 위한'이라고 해석합니다.
- to부정사를 해석할 때 to부정사의 목적어부터 해석하는 것이 자연스럽습니다.
- 목적어는 전치사 뒤, 타동사 뒤에 위치하며, serve와 같이 타동사가 to부정사나 동명사로 쓰여도 그 뒤에는 목적어가 위치합니다.

After their first **year** **of employment**, employees of Ark Inc. are

전치사   목적어 전치사   목적어

eligible **to receive** a promotion.

to부정사   목적어

고용이 된 첫 해 이후에, Ark 사 직원들은 승진할 자격이 생긴다.

- 전치사 after의 목적어는 year, 전치사 of의 목적어는 employment입니다.
- to부정사는 to receive이며, to부정사의 목적어는 a promotion입니다.
- 「be eligible to + 동사원형」은 '~할 자격이 있다'라는 의미의 숙어입니다. 하지만 to부정사 또한 동사의 변형이기 때문에 그 뒤에 목적어를 취할 수 있는데, 목적어가 있다면 목적어부터 해석하는 것이 올바른 해석 방법입니다.
- receive가 타동사이므로 to receive도 뒤에 목적어를 가져야 합니다. 빈칸 앞에 부정관사 a 또는 an이 있다면 명사 형태인 promotion을 선택해야 합니다.

QR특강 01
단수명사,
복수명사 구분

유형 연습하기

빈칸에 들어갈 단어를 선택하고 그 이유를 생각해 보세요.

정답 및 해설 p.2

1. Employees at Supreme Supermarket are trained to deal with any -------.

(A) complain   (B) complaints

2. Seoul Medical is striving to meet the ------- of its clients.

(A) demands   (B) demanding

3. Hana Express provides ------- for people who make an account with them.

(A) discounts   (B) discounted

4. The restaurant is not going to accept an additional -------.

(A) reserve   (B) reservation

문장 구조 분석하기

유형 연습하기 문제에 쓰인 문장을 주어, 동사, 보어, 목적어, 수식어 등으로 분석하여 문장 구조를 파악해보세요.

1. Employees   at Supreme Supermarket   are trained   to deal with
└── 주어 ──┘   └── 수식어(전치사구) ──┘   └── 동사 ──┘   └── 부정사 ──┘
직원들은   Supreme Supermarket에 있는   교육 받는다   처리하도록

any complaints.
└── 목적어 ──┘
어떠한 불만도

2. Seoul Medical   is striving   to meet   the demands   of its clients.
└── 주어 ──┘   └── 동사 ──┘   └수식어(부정사)┘   └부정사의 목적어┘   └수식어(전치사구)┘
Seoul Medical은   노력하고 있다   충족시키려고   요구를   그 회사의 고객들의

3. Hana Express   provides   discounts   for people
└── 주어 ──┘   └── 동사 ──┘   └부정사의 목적어┘   └수식어(전치사구)┘
Hana Express는   제공한다   할인을   사람들에게

who make an account with them.
└────── 수식어(형용사절) ──────┘
그들과 계좌를 개설하는

4. The restaurant   is not going to accept   an additional reservation.
└── 주어 ──┘   └── 동사 ──┘   └── 목적어 ──┘
그 식당은   받지 않을 것이다   추가적인 예약을

최신 기출 POINT 03

보어 자리의 주인도 명사!

'보어'라는 용어가 다소 생소하시죠? 보어는 명사를 보충해주는 말이라는 뜻인데, 이런 의미를 알더라도 실제로 문장에서 보어가 어디에 있는지, 어떤 역할을 하는지 파악하기가 어렵다고 합니다. 특히, 보어가 동사 뒤에 위치하는 경우가 많아서 목적어와 헷갈리기 쉽습니다. 그래서 보어와 목적어를 구분할 수 있는 팁을 준비했습니다.

> **Kelly is a teacher.**
> 주어   동사   보어
>
> 켈리는 선생님이다.

- 주어의 상태나 성질, 신분 등을 설명하는 be동사(am, are, is, was, were 등)는 반드시 뒤에 '보어'를 필요로 합니다. 그래서 be동사인 is 뒤에 있는 명사 a teacher는 보어입니다. 이렇게 be동사 뒤에 위치하여 주어를 설명하는 명사를 주격보어라고 합니다.
- 보어 자리에 명사가 들어갈 때는 '(주어)는 (보어)다'(주어 = 보어)라고 해석합니다.
- 보어는 주어와 동일성을 가지지만, 목적어는 주어와 동일성을 가지지 않습니다.

 켈리쌤 문법 쪼개기!

주어와 보어의 수일치

2형식 동사 뒤의 보어 자리에 명사가 들어갈 때는 꼭 주어와 같은 수로 일치시켜 주세요.

Kelly is teachers. (X)
켈리는 한 명(단수)인데 보어로 복수명사 teachers를 쓰면 안되겠죠?

James and Peter are a teacher. (X)
주어가 2명을 가리키므로 보어도 역시 두 사람을 모두 가리키는 복수명사기 되어야 합니다.

> ## You can **call me** Kelly.
> 주어   동사 목적어   보어
>
> 저를 켈리라고 불러주세요.

- 목적어의 상태나 성질, 신분 등을 설명하는 동사는 목적어 뒤에 반드시 뒤에 '보어'를 필요로 합니다. 그래서 me 뒤에 온 명사 Kelly는 보어입니다. 이렇게 목적어 뒤에 위치하여 목적어를 설명하는 명사를 목적격보어라고 합니다.
- "You can call me Kelly."와 같이 목적격보어 자리에 명사가 위치하면 '(목적어)를 (보어)라고 ~하다'라고 해석합니다. (me = Kelly)

 켈리쌤 문법 뽀개기!

명사를 목적격보어로 가지는 동사

타동사 중에 목적어 뿐만 아니라 목적격보어를 가져야 하는 타동사를 5형식 타동사라고 합니다. 5형식 타동사는 목적어 뒤에 명사나 형용사, 또는 to부정사를 목적격보어를 가질 수 있습니다. 그 중에 목적격보어 자리에 명사를 가지는 동사는 다음과 같습니다.

name …을 ~라고 이름 짓다   **call** …을 ~라고 부르다   **appoint** …을 ~로 임명하다
make …을 ~로 만들다

Mark named his dog Mojo.
마크는 그의 개를 Mojo라고 이름지었다.

Since I helped Brian with his work, he **has been calling me** an angel.
내가 브라이언의 일을 도와준 이후로, 그는 나를 천사라고 부르고 있다.

유형 연습하기

빈칸에 들어갈 단어를 선택하고 그 이유를 생각해 보세요.   (정답 및 해설) p.3

1. Appropriate safety attire is a ------- for every employee.

     (A) requirement   (B) requires

2. *Architecture Monthly* is a best-selling -------.

     (A) publication   (B) public

3. The board of directors appointed Ms. Park a store ------- of the New York branch.

(A) manage   (B) manager

4. Carl Benson's first single album made him a ------- of Grammy Awards.

(A) winning   (B) winner

문장 구조 분석하기

유형 연습하기 문제에 쓰인 문장을 주어, 동사, 보어, 목적어, 수식어 등으로 분석하여 문장 구조를 파악해보세요.

1. Appropriate safety attire   is   a requirement   for every employee.
└──── 주어 ────┘ └동사┘ └──── 보어 ────┘ └──── 수식어 ────┘

적절한 안전 복장은   ~이다   필수요건   전 직원들을 위한

2. *Architecture Monthly*   is   a best-selling publication.
└──── 주어 ────┘ └동사┘ └──── 보어 ────┘

*Architecture Monthly*는   ~이다   가장 잘 팔리는 출판물

3. The board of directors   appointed   Ms. Park   a store manager
└──── 주어 ────┘ └─동사─┘ └─목적어─┘ └── 목적격보어 ──┘

이사회는   임명했다   Park 씨를   매장 관리자로

of the New York branch.
└── 수식어(전치사구) ──┘

New York 지점의

4. Carl Benson's first single album   made   him   a winner   of Grammy Awards.
└──── 주어 ────┘ └동사┘ └목적어┘ └목적격보어┘ └── 수식어(전치사구) ──┘

Carl Benson의 첫 싱글 앨범은   만들었다   그를   수상자로   Grammy 상의

실제 토익과 같은 난이도로 출제된 문제입니다. 시험장에서 문제를 푸는 기분으로 10문제를 제한시간 7분 내에 풀어보세요. 그리고 토익은 주어진 시간 내에 풀어야 하는 시험이므로 시간을 꼭 지켜 주세요.

📖 정답 및 해설 p.3

1. Dr. John Smith published the fourth ------- of *Technological Innovations* last month.

   (A) edit
   (B) edits
   (C) edition
   (D) editing

2. A major ------- for the managerial position at Astra Inc. is a degree in Human Resources.

   (A) requiring
   (B) requires
   (C) requirements
   (D) requirement

3. For any faulty Dark Room products, a request for a ------- must be made within 30 days of the purchasing date.

   (A) refunding
   (B) refund
   (C) refunded
   (D) refunds

4. Our technical ------- handle issues related to Firebird products 24 hours a day.

   (A) expert
   (B) expertise
   (C) expertly
   (D) experts

5. Before Friday night's auction, all ------- for sale will be open for viewing on Thursday at 4 P.M.

   (A) appliance
   (B) appliances
   (C) applies
   (D) applicants

6. The decision to change the ------- on the dessert menu was made by Mr. Song.

   (A) choose
   (B) chosen
   (C) choices
   (C) chose

7. Before the official -------, some members will be invited to a special viewing at the library.

   (A) open
   (B) opening
   (C) opens
   (D) opened

8. You can pass by various ------- in Seoul, such as Sungnyemun Gate during our guided bus tours.

   (A) attractions
   (B) attracts
   (C) attractively
   (D) attraction

9. Nanosoft's newly ------- Web site will be online in the next three days.

   (A) designed
   (B) employed
   (C) helped
   (D) scheduled

10. The class attendees will learn about cooking ------- such as baking, grilling, and frying.

   (A) equipment
   (B) manuals
   (C) techniques
   (D) locations

Unit 02
형용사

학습 목표

쉬운 것 같아도 막상 형용사 관련 문제에서는 항상 실수를 하기 마련이죠. 이러한 형용사 문제는 매달 2-3문제씩 출제됩니다. 두 가지 밖에 되지 않는 형용사의 역할을 이용하여 출제되는데, 이마저도 자주 헷갈립니다. 형용사 역할은 명사 앞에서 수식하는 역할과 보어로서의 역할입니다. 이 두 가지를 꼭 기억하세요!

어휘 맛보기

Unit 2에서 다룰 어휘를 미리 확인해봅시다.

최신 기출 포인트 04

• analyze	동 분석하다
• recent	형 최근의
• trend	명 경향
• assign	동 맡기다, 업무를 배정하다
• be assigned to	~에 배정되다
• final exam	명 기말고사, 최종 시험
• handle	동 다루다, 처리하다
• position	명 직위(업무), 일자리
• sufficient	형 충분한
• sufficiency	명 충분한 양, 충분
• appliance	명 기기, 가전 제품
• come with	~가 함께 나오다, 딸려 있다
• insurance plan	명 품질 보증 제도
• enforce	동 집행하다, 시행하다
• strict	형 엄격한
• strictly	부 엄격하게

최신 기출 포인트 05

- exhibition   명 전시회
- successful   형 성공적인
- tidy   형 깔끔한, 정돈된
- advertisement   명 광고
- effective   형 효과적인
- sharing   명 공유
- responsible   형 책임이 있는
- be responsible for   ~을 책임지다/담당하다
- responsibility   명 책임, 책무
- popularize   동 대중화하다
- popular   형 인기 있는, 대중적인
- safety   명 안전
- safe   형 안전한
- until   접 ~때까지

최신 기출 포인트 06

- due to   전 ~로 인해, ~때문에
- rising   형 상승하는, 증가하는
- demand   명 수요, 요구
      동 요구하다
- meat   명 고기, 육류
- rapidly   부 빠르게
- on sale   판매 중인, 판매되는
- limited   형 제한된, 한정된
- complicated   형 복잡한
- complicating   형 복잡하게 만드는
- analyst   명 분석가
- look for   ~을 찾다
- experienced   형 경험이 많은, 능숙한
- volunteer   동 자원 봉사하다
- nursing home   명 양로원
- rewarded   형 보상을 받은
- rewarding   형 보람 있는

명사 앞의 빈칸은 형용사 자리!

최신 기출 POINT 04

형용사는 명사를 수식하기 위해 명사 앞에 위치하는데, 이는 우리말로 '빨간 모자'라는 말에서 명사인 '모자'가 어떤 모습인지를 설명하기 위해 쓰인 '빨간'이라는 형용사가 명사 앞에 위치하는 것과 같은 이치입니다. 영어에서도 명사를 수식하기 위해 형용사는 명사 앞에 위치합니다.

> Only James can analyze the **recent trends**.
> 　　　　　　　　　　　　　　　　형용사　　명사
>
> 오직 James만이 최근의 경향을 분석할 수 있다.

- 형용사는 명사를 수식합니다. 즉, 명사 앞에 빈칸이 있으면 정답은 형용사랍니다!
- 문장의 동사 analyze의 뒤에는 목적어(명사)가 필요해요.
- 명사는 형용사의 수식을 받기 때문에 항상 형용사의 뒤에 명사가 있어요.
- 부사는 명사를 수식할 수 없습니다. 명사를 수식하는 것은 형용사입니다.
- 형용사는 형용사를 수식하지 않습니다. 형용사를 수식하는 것은 부사입니다.

켈리쌤 문법 쪼개기!

관사와 형용사의 어순

형용사가 명사를 수식할 때는 명사 바로 앞에 형용사가 위치합니다. 관사 앞에는 형용사가 위치할 수 없으니 조심하세요! 관사가 함께 쓰는 명사를 형용사가 수식할 경우 어순은 「관사 - 형용사 - 명사」입니다.

Only James can analyze **recent the trends**. (X) 형용사가 관사와 명사 앞에 있어서 틀린 문장
Only James can analyze **the trends recent**. (X) 형용사가 관사와 명사 뒤에 있어서 틀린 문장

빈칸에 들어갈 단어를 선택하고 그 이유를 생각해 보세요.　　　　　　📖정답및해설 p.5

1. Each student will be assigned to a ------- desk for the final exam.

(A) different　　　　　　(B) difference

2. Mrs. Matthews has ------- experience to handle the position.

(A) sufficient　　　　　　(B) sufficiency

3. ------- Shaiwa appliance comes with a two-year insurance plan.

(A) Ever　　　　　　(B) Every

4. Shine Bank enforces ------- rules that its customers must follow.

(A) strict　　　　　　(B) strictly

켈리쌤 문법 쪼개기!

어디까지가 명사일까?

형용사가 명사를 수식할 때, 그 형용사는 명사에 속하게 됩니다. 따라서 문장 속의 주어나 목적어, 또는 보어로 쓰이는 명사는 보통 「(관사+) 형용사+명사」의 구조를 가지고 있습니다. 이것을 하나의 명사 덩어리로 이해하세요!

We should take **the exam** tomorrow. 우리는 내일 시험을 봐야 한다.

관사 the + 명사 exam = 목적어 (명사 덩어리)

We should take **the final exam** tomorrow. 우리는 내일 기말 시험을 봐야 한다.

관사 the + 형용사 final + 명사 exam = 목적어 (명사 덩어리)

문장 구조 분석하기

유형 연습하기 문제에 쓰인 문장을 주어, 동사, 보어, 목적어, 수식어 등으로 분석하여 문장 구조를 파악해보세요.

1. Each student   will be assigned   to a different desk   for the final exam.
└──── 주어 ────┘   └──── 동사 ────┘   └─ 수식어(전치사+목적어) ─┘   └─ 수식어(전치사+목적어) ─┘

각 학생은   배정될 것이다   다른 책상으로   기말 고사를 위해

2. Mrs. Matthews   has   sufficient experience   to handle the position.
└──── 주어 ────┘   └동사┘   └── 목적어(형용사+명사) ──┘   └── 수식어(to부정사) ──┘

Matthews 씨는   가지고 있다   충분한 경험을   그 직무를 처리할

3. Every Shaiwa appliance   comes   with a two-year insurance plan.
└──── 주어(형용사+명사) ────┘   └─ 동사 ─┘   └──── 수식어(전치사+목적어) ────┘

모든 Shaiwa 기기는   나온다   2년간의 품질 보증과 함께

4. Shine Bank   enforces   strict rules   that its customers must follow.
└──── 주어 ────┘   └─ 동사 ─┘   └목적어(형용사+명사)┘   └──── 수식어(형용사절) ────┘

Shine 은행은   시행한다   엄격한 규칙을   그 고객들이 따라야 하는

켈리쌤 문법 뽀개기!

형용사인 all과 every는 '모든'이라는 의미를 가지고 있지만, all 뒤에는 복수명사나 셀 수 없는 명사가 위치해야 하며, every 뒤에는 항상 단수명사가 위치해야 합니다. 또한 형용사 each는 '각각의'라는 의미를 나타내며, 항상 단수명사와 함께 쓰입니다.

형용사는 보어의 자리에도 들어갈 수 있다!

보어 자리에는 명사 뿐만 아니라 형용사도 위치할 수 있습니다. 보어 자리에 위치한 형용사는 주어 또는 목적어의 상태, 모습, 성격 등을 나타내는 역할을 합니다.

Mark Martin's first art exhibition **was** successful.
be동사   보어(형용사)

Mark Martin의 첫 미술 전시회는 성공적이었다.

- 위 문장에서 be동사(am, are, is, was were 등)의 뒤에는 보어가 위치해야 합니다.
- 형용사가 보어로 쓰이면 '(어떠)하다', '~적이다'라고 해석합니다.
- be동사 뒤에 위치하여 주어의 상태를 설명하는 보어를 '주격보어'라고 합니다.
- 「주어 + 동사 + 주격보어」의 어순을 가지는 문장을 2형식 문장이라고 합니다. (부사, 전치사구 등 수식어 포함)
- 주격보어로 쓰인 형용사 바로 앞에 형용사를 수식할 수 있는 부사가 위치할 수도 있습니다.

  highly successful (매우 성공적인)

켈리쌤 문법 뽀개기!

주격보어를 가지는 동사

앞서 동사를 자동사와 타동사로 구분하여 목적어를 가지는 동사를 타동사라는 것을 배웠습니다. 타동사와 달리 목적어를 가지지 않는 동사를 자동사라고 하며, 그 중에 명사나 형용사를 보어로 가지는 동사를 2형식 자동사라고 합니다. 2형식 자동사는 상태와 변화를 나타낼 때 사용되며, 대표적인 2형식 동사는 다음과 같습니다.

be동사 ~이다	**become** ~이 되다, ~한 상태가 되다	**look** ~하게 보이다
seem ~하게 보이다	**remain** -한 상태로 남아있디	**feel** ~한 기분을 느끼다
stay ~한 상태로 있다	**grow** 점점 ~해지다	**get** ~해지다
go ~한 상태가 되다		

'~을/를 ~하다'라고 해석되는 목적어가 필요한 동사와는 달리, 보어가 있는 동사는 대체로 '주어 = 보어'라는 의미를 가지며 '(주어)는 (어떠한) 상태이다/(무엇)이다'라고 해석됩니다. 보어는 목적어와 다르다는 것을 꼭 기억하세요!

The news **made my parents happy.**
　　　　동사　　　목적어　　목적격보어

그 소식은 나의 부모님을 행복하게 만들었다.

- 목적어 뒤에 위치한 형용사나 명사를 '목적격보어'라고 하며, 목적어의 상태나 모습, 성격 등을 나타냅니다. (목적어 = 목적격보어)
- 「주어 + 동사 + 목적어 + 목적격보어」 어순으로 쓰인 문장을 5형식이라고 합니다.
- 위 문장에서 형용사 happy는 목적어인 my parents의 상태를 설명합니다.
- 목적격보어 자리에는 형용사가 위치할 수 있으며, 이러한 문장은 '(목적어)를 (보어)하게 (동사)하다'라고 해석합니다.
- 형용사는 '~한'이라는 의미를 나타내지만 목적격보어 자리에 위치하면 '~하게'라고 해석되기 때문에 부사에 해당한다고 오해할 수 있습니다. 하지만 5형식 문장의 규칙상 목적격보어 자리에는 부사가 아닌 형용사가 쓰여야 한다는 점에 주의해야 합니다.

켈리쌤 문법 쪼개기!

형용사를 목적격보어로 가지는 동사

다음 동사들은 목적격보어 자리에 형용사를 가지며, '(목적어)를 (형용사)하게/하다고 (동사)하다'라는 의미를 나타냅니다.

keep …을 ~하게 유지하다	**find** …을 ~하다고 생각하다
deem …을 …하다고 생각하다	**consider** …을 ~하다고 여기다/생각하다
make …을 ~하게 만들다	

I have always **kept my desk** tidy. 나는 나의 책상을 항상 깔끔하게 유지한다.

The management **considers the recent advertisement** effective.
경영진은 최근의 광고가 효과적이라고 생각한다.

토익에 자주 출제되는 형용사의 형태

자주 출제되는 형용사의 형태를 알아두면, 뜻을 알지 못해도 빈칸에 들어갈 형용사를 고르는 문제에서 쉽고 빠르게 정답을 고를 수 있습니다.

-ful	successful(성공적인), useful(유용한), cheerful(생기를 주는, 쾌활한)
-ive	comprehensive(종합적인), impressive(인상적인), innovative(혁신적인)
-al	usual(보통의), initial(처음의, 시작의), exceptional(특출한)
-ible, -able	available(이용가능한), reliable(믿을 수 있는), eligible(~을 가질 자격이 있는)
-y	ordinary(일상적인), necessary(필요한), satisfactory(만족스러운)
-ous	courteous(공손한), cautious(조심스러운), various(다양한)
-ent, -ant	dependent(의존적인), relevant(관련 있는), excellent(훌륭한)
-ite, -ate	definite(확실한), fortunate(운이 좋은), adequate(충분한)
-ic	basic(기본의), fantastic(환상적인), specific(구체적인)

유형 연습하기

빈칸에 들어갈 단어를 선택하고 그 이유를 생각해 보세요.   정답 및 해설 p.5

1. The manager will be ------- for the sharing of information.

   (A) responsibility   (B) responsible

2. After their first year of employment, employees of Ark Inc. are ------- to receive a promotion.

   (A) eligibility   (B) eligible

3. The small shoe shop became very ------- in a short time.

   (A) popularize   (B) popular

4. You should keep the bag ------- until I come back.

   (A) safety   (B) safe

문장 구조 분석하기

유형 연습하기 문제에 쓰인 문장을 주어, 동사, 보어, 목적어, 수식어 등으로 분석하여 문장 구조를 파악해보세요.

1. The manager   will be   responsible   for the sharing of information.
     └─── 주어 ───┘ └─ 동사 ─┘ └ 주격보어(형용사) ┘ └───── 수식어(전치사＋명사) ─────┘
     그 매니저가   ~일 것이다   책임지는   정보의 공유에 대해

2. After their first year of employment,   employees   of Ark Inc.   are   eligible
     └─────── 수식어(전치사＋명사) ───────┘ └─ 주어 ─┘ └ 수식어 ┘ └ 동사 ┘ └ 주격보어 ┘
     입사 첫 해 후에   직원들은   Ark 사의   ~이다   자격이 있는

to receive a promotion.
└── 수식어(to부정사) ──┘
   승진을 할

3. The small shoe shop   became   very popular   in a short time.
     └───── 주어 ─────┘ └ 동사 ┘ └ 주격보어(부사＋형용사) ┘ └ 수식어(전치사＋명사) ┘
     그 작은 신발 매장은   되었다   매우 인기있게   짧은 시간에

4. You   should keep   the bag   safe   until I come back.
     └주어┘ └── 동사 ──┘ └ 목적어 ┘ └목적격보어┘ └── 수식어(부사절) ──┘
     당신은   보관해야 한다   그 가방을   안전하게   내가 돌아올 때까지

형용사처럼 보이지 않는 형용사가 있다!

만약 빈칸의 자리가 명사의 바로 앞, 혹은 보어의 자리라면? 그럼 빈칸에는 분명 형용사가 들어가야 하는데, 보기 중에 형용사가 없다면 당황스럽겠죠? 그럴 때는 「동사-ing」, 「동사-ed」 형태의 보기를 주목하세요! 이러한 형태의 단어들도 형용사랍니다. 다음에서 「동사-ing」 형태의 단어와 「동사-ed」 형태의 단어가 어떤 역할을 하는지 확인하세요.

> Due to the **rising** **price**, the demand for meat has rapidly
>   형용사   명사
>
> decreased.
>
> 상승하는 가격으로 인해, 육류에 대한 수요가 빠르게 감소하였다.

- 전치사 Due to의 뒤에는 목적어가 필요합니다.
- 관사 the를 통해 price가 명사이며, Due to의 목적어라는 것을 알 수 있습니다.
- 명사 price의 앞에는 형용사가 위치해야 하므로, rising은 형용사입니다.
- rising은 자동사 rise에 -ing가 붙어서 만들어진 형용사로, '상승하다'라는 동사 의미에서 '상승하는'이라는 의미를 나타냅니다. 형용사 중에는 이렇게 동사에 -ing가 붙은 형태가 있습니다.

켈리쌤 문법 뽀개기!

-ing로 끝나는 형용사

-ing형의 형용사는 대부분 동사에 ing가 붙은 형태입니다. 이런 경우는 '~하는'이라는 의미를 나타내는 현재분사라고 하는데, 이런 형태로 자주 쓰이면서 의미가 굳어진 다음과 같은 -ing형 형용사가 시험에 자주 출제되니 별도로 암기하는 것이 좋습니다.

promising 유망한	**rising** 상승하는	**demanding** 까다로운, 힘든
lasting 지속적인	**missing** 분실된	**challenging** 도전적인, 힘든
existing 기존의	**opposing** 반대의	**outstanding** 뛰어난, 미결제의
rewarding 보람 있는	**leading** 선두적인	

The **existing** system cannot handle the volume of orders coming in.
기존 시스템은 들어오는 주문량을 처리할 수 없다.

The social networking sites still have some **challenging** obstacles to overcome.
소셜 네트워크 사이트들은 여전히 극복해야 할 어려운 장애물들을 가지고 있다.

> ## This will be on sale for a **limited time**.
> 형용사   명사
>
> 이것은 한정된 시간 동안 판매될 것이다.

- 전치사 for의 뒤에는 목적어가 필요합니다.
- 관사 a가 있는 것을 보고 for의 목적어가 명사인 time이라는 것을 알 수 있습니다.
- 명사 time의 앞에는 형용사가 위치해야 하므로, limited는 형용사입니다.
- limited는 타동사 limit에 -ed가 붙어서 만들어진 형용사로, '제한하다', '한정하다'라는 동사 의미에서 '제한된', '한정된'이라는 의미를 나타냅니다. 형용사 중에는 이렇게 동사에 -(e)d가 붙은 형태가 있습니다.

켈리쌤 문법 뽀개기!

-ed로 끝나는 형용사

-ed형의 형용사는 대부분 동사에 -ed가 붙은 형태입니다. 이런 경우는 '~되는'이라는 의미를 나타내는 과거분사라고 하는데, 이런 형태로 자주 쓰이면서 의미가 굳어진, 다음과 같은 -ed형 형용사가 시험에 자주 출제되니 별도로 암기하는 것이 좋습니다. 특히 동사의 과거시제도 -ed로 쓰이는 경우가 많으므로 -ed형 형용사와 구분할 수 있어야 합니다.

limited 제한된	**qualified** 자격이 있는	**established** 기반을 잡은
complicated 복잡한	**accompanied** 동반된	**crowded** 혼잡한
required 필수의	**automated** 자동화된	**experienced** 경험이 많은, 숙련된
dedicated 헌신적인, 전용의		

We are urgently seeking a creative and high-**qualified** web designer.
저희는 창의적이고 뛰어난 자격을 갖춘 웹디자이너를 급히 구하고 있습니다.

This app helps to avoid **crowded** roads in Seoul during the rush hour.
이 앱은 혼잡한 출퇴근 시간 동안 서울의 붐비는 도로를 피하는 것을 도와준다.

The museum has a separate exhibit **dedicated** to each of the European countries.
그 박물관은 유럽의 각 국가들에 대한 전용 전시관을 가지고 있다.

빈칸에 들어갈 단어를 선택하고 그 이유를 생각해 보세요.　　　　　📖 정답 및 해설 p.6

1. Sam found the new Osiris laptop very -------.

   (A) complicated　　　　　(B) complicating

2. Analysts believe that the new technology seems -------.

   (A) promising　　　　　(B) promised

3. We are looking for an ------- teacher who can work six hours a day.

   (A) experiencing　　　　　(B) experienced

4. Usually, volunteering at a nursing home is very -------.

   (A) rewarded　　　　　(B) rewarding

문장 구조 분석하기

유형 연습하기 문제에 쓰인 문장을 주어, 동사, 보어, 목적어, 수식어 등으로 분석하여 문장 구조를 파악해보세요.

1. Sam　found　the new Osiris laptop　very　complicated.
└주어┘　└동사┘　└──────목적어──────┘　└부사┘　└─목적격보어─┘

   Sam은 알아차렸다　새로운 Osiris 노트북 컴퓨터가　매우　　복잡한

2. Analysts　believe　that　the new technology　seems　promising.
└──주어──┘　└─동사─┘ └명사절 접속사┘ └─────주어(명사절)─────┘ └동사(명사절)┘ └주격보어(명사절)┘

   분석가들은　　믿는다　　~라는 것을　，　새로운 기술이　　~하게 보인다　전도유망한

3. We　are looking　for an experienced teacher　who can work six hours a day.
└주어┘ └──동사──┘ └──전치사 + 목적어(관사 + 형용사 + 명사)──┘ └────────수식어(형용사절)────────┘

   우리는　　찾고 있다　　경험이 많은 선생님을　　　하루에 6시간 일할 수 있는

4. Usually,　volunteering　at a nursing home　is　very　rewarding.
└수식어(부사)┘ └───주어───┘ └──수식어(전치사구)──┘ └동사┘ └부사┘ └──주격보어──┘

   보통　　자원봉사를 하는 것은　　요양원에서　　~이다　아주　　보람있는

실제 토익과 같은 난이도로 출제된 문제입니다. 시험장에서 문제를 푸는 기분으로 10문제를 제한시간 7분 내에 풀어보세요. 그리고 토익은 주어진 시간 내에 풀어야 하는 시험이므로 시간을 꼭 지켜 주세요.

📖 정답 및 해설) p.7

1. ABC Burger Brothers has provided its customers with ------- service since its establishment 100 years ago.

(A) except
(B) exceptionally
(C) exception
(D) exceptional

2. For the past three years, Justin has aspired to become the ------- sales person at Taiwan Motors.

(A) to lead
(B) leading
(C) led
(D) leads

3. Professor Watkins teaches the most ------- course on campus, and he also receives some of the best student evaluations.

(A) demands
(B) demanding
(C) demanded
(D) demand

4. Mitchum Steel Inc. manages a ------- basketball team.

(A) professionals
(B) profession
(C) professional
(D) professionally

5. Modega Shopping provides ------- discounts to their VIP customers whenever they shop online.

(A) add
(B) additional
(C) additionally
(D) addition

6. Over the last decade, Zenith News has built its reputation as one of the most ------- news channels in America.

(A) reliance
(B) reliable
(C) rely
(D) reliant

7. If employees follow the manager's suggestions, it will result in a more ------- restaurant.

(A) productively
(B) production
(C) produce
(D) productive

8. Since the opening of a similar restaurant, there has been no ------- increase in sales.

(A) significant
(B) significantly
(C) signification
(D) signify

9. Please click the link below if you would like to subscribe to our ------- magazine.

(A) monthly
(B) qualified
(C) experienced
(D) missing

10. At the front gate, visitors of Allman Power Plant must ------- a security pass card.

(A) get off
(B) pick up
(C) pass by
(D) set up

Unit 03
부사

학습 목표

수식어 중에서 가장 활용 빈도가 높은 것이 부사입니다. 부사는 문장의 필수 구성 성분은 아니지만 문장의 의미를 좀 더 명확하고 자세하게 나타내는 데 필요한 말입니다. 그래서 부사는 동사를 수식하거나 형용사를 수식하며, 때로는 문장 전체를 수식하기도 합니다. 토익에서는 부사가 필요한 자리를 빈칸으로 두어 보기 중에서 부사를 찾아야 하는 문제가 출제되기도 하며, 문맥상 어울리는 의미를 가진 부사를 고르는 문제가 출제되기도 합니다. 따라서 우리는 부사의 형태와 역할을 이해하고 정확한 해석을 하기 위한 연습이 필요합니다.

어휘 맛보기

Unit 3에서 다룰 어휘를 미리 확인해봅시다.

최신 기출 포인트 07

• decide	통 결정하다
• finally	분 마침내
• extend	통 연장하다
• business hours	명 영업시간
• inspection	명 점검, 검사
• perform	통 수행하다, 시행하다
• jointly	분 공동으로
• safety officer	명 안전 관리자
• completely	분 완전하게, 완전히
• set up	통 설치하다, 마련하다
• account	명 계좌, 계정
• personal	형 개인적인
• thoroughly	분 철저하게
• fresh	형 신선한
• support	통 지원하다, 도와주다
• through	전 ~을 통해서
• funding	명 자금, 재정 지원
• donation	명 기부
• main	형 주요한, 주된
• mainly	분 주로
• even though	접 비록 ~지만

- swiftly　　　　　　　图 신속하게
- swift　　　　　　　　图 신속한
- convenient　　　　　图 편리한
- conveniently　　　　图 편리하게
- design　　　　　　　图 고안하다, 설계하다
- exclusively　　　　　图 독점적으로, 오로지
- exclusive　　　　　　图 독점적인, 배타적인
- durable　　　　　　　图 내구성이 있는
- harsh　　　　　　　　图 혹독한
- weather condition　图 기상 상태

최신 기출 포인트 08

- replace　　　　　　　图 교체하다
- highly　　　　　　　　图 매우, 대단히
- unfortunately　　　　图 불행히도
- miss　　　　　　　　　图 놓치다
- keynote speech　　　图 기조 연설
- because of　　　　　图 ~때문에
- traffic congestion　图 교통 체증
- negotiation　　　　　图 협상
- well　　　　　　　　　图 잘
- despite　　　　　　　图 ~에도 불구하고
- communication　　　图 의사 소통
- compared to　　　　~와 비교하여
- survey　　　　　　　图 설문 조사
- capture　　　　　　　图 정확히 포착하다, 반영하다
- accurate　　　　　　图 정확한

- accurately　　　　　图 정확하게
- present　　　　　　　图 내보이다, 소개하다
- appointed　　　　　　图 임명된
- chief financial officer 图 재무 담당 이사
- cut　　　　　　　　　图 줄이다, 삭감하다
- in half　　　　　　　절반으로
- occasion　　　　　　图 (특정한) 경우, 행사
- occasionally　　　　图 때때로, 가끔
- special offer　　　　图 특가 판매
- at time of　　　　　~할 때, ~시에

최신 기출 포인트 09

- submit　　　　　　　图 제출하다
- application　　　　　图 지원, 신청
- form　　　　　　　　图 서류, 양식
- late　　　　　　　　　图 늦은 图 늦게
- later　　　　　　　　图 나중에
- even if　　　　　　　图 비록 ~이더라도
- earliest　　　　　　　图 가장 빠른, 가장 이른
- attribute A to B　　A를 B의 덕분으로 보다
- outstanding　　　　图 뛰어난, 특출난
- record　　　　　　　图 기록
- personality　　　　　图 성격
- merger　　　　　　　图 합병
- possible　　　　　　图 가능성이 있는
- sell out　　　　　　图 매진되다, 다 팔다
- immediately　　　　图 즉시, 즉각적으로

부사는 동사를 수식한다!

부사는 동사를 수식하기 위해 동사 앞이나 문장 맨 뒤에 위치하는데, 이는 우리말로 '빠르게 달린다'라는 말에서 동사인 '달린다'라는 동작을 어떻게 하는지 설명하기 위해 쓰인 '빠르게'라는 부사가 명사를 수식하는 것과 같은 이치입니다. 우리말에서는 동사를 수식하는 부사는 동사 앞에 위치하지만 영어에서 부사는 동사 앞이나 뒤, have p.p.와 같이 2개의 단어로 이루어진 동사 사이에도 위치할 수 있어서 위치가 비교적 자유롭습니다.

Mill Street Bank **finally has decided** to extend its business hours.
　　　　　　　부사(동사 수식)　동사

Mill Street Bank **has finally decided** to extend its business hours.
　　　　　　　동사 부사(동사 수식)　동사

Mill Street Bank는 영업시간을 연장하기로 마침내 결정하였다.

- 문장의 주어는 Mill Street Bank이고 동사는 has decided입니다.
- 동사인 has decided는 has와 decided라는 두 개의 동사가 모여 하나의 동사를 이루고 있습니다.
- 이렇게 두 개, 세 개의 단어가 모여서 하나의 동사를 만드는 것을 동사 덩어리라고 합니다.
- 부사는 동사 덩어리 앞, 사이에 위치하여 동사를 수식할 수 있습니다.
- 동사를 수식하는 것은 부사이므로, 부사의 자리에는 형용사나 명사가 들어갈 수 없습니다.

 **켈리쌤** 문법 뽀개기!

부사의 형태

모든 부사가 그런 것은 아니지만 대부분의 부사는 다음과 같이 형용사 뒤에 -ly가 붙은 형태를 가집니다.

형용사 **final**(최종의) + ly ⇒ 부사 **finally**(마침내)

형용사 **recent**(최근의) + ly ⇒ 부사 **recently**(최근에)

형용사 **complete**(완전한) + ly ⇒ 부사 **completely**(완전히)

형용사 **thorough**(철저한) + ly ⇒ 부사 **thoroughly**(철저히)

형용사 **main**(주된, 주요한) + ly ⇒ 부사 **mainly**(주로)

형용사 **swift**(신속한) + ly ⇒ 부사 **swiftly**(신속하게)

형용사 **regular**(규칙적인) + ly ⇒ 부사 **regularly**(규칙적으로)

형용사 **special**(특별한) + ly ⇒ 부사 **specially**(특별히)

형용사 **general**(일반적인) + ly ⇒ 부사 **generally**(일반적으로)

The inspection **was performed jointly** by Mr. Brown and a
동사(수동태)　　　부사(동사 수식)

safety officer.

점검은 Brown 씨와 안전 관리자에 의해 공동으로 시행되었다.

- 문장의 주어는 inspection이고, 동사는 was performed로 수동태 형태(be동사 + 과거분사)의 동사입니다.
- 수동태 동사 뒤에는 목적어나 보어가 위치할 수 없으나, 부사는 위치할 수 있습니다.
- 이렇게 수동태 동사의 경우, 부사는 동사의 뒤 또는 be동사와 과거분사 사이에 위치하기도 합니다.

켈리쌤 문법 뽀개기!

to부정사, 동명사를 수식하는 부사

to부정사나 동명사는 각각 「to + 동사원형」과 「동사 + ing」라는 형태로, 모두 동사가 변형된 형태입니다. 동사가 변형된 것이므로 부사가 to부정사와 동명사의 앞 또는 뒤에서 수식할 수 있습니다.

To set up online accounts **completely**, Lemon Music asks its members for their
to부정사
personal information.

온라인 계정을 완벽하게 설정하기 위해, Lemon Music은 회원들에게 개인정보를 요구합니다.

By **thoroughly cleaning** the filter, you can drink fresh water everyday.
　　　　　　　　동명사
필터를 철저하게 청소함으로써, 당신은 신선한 물을 매일 마실 수 있다.

유형 연습하기

빈칸에 들어갈 단어를 선택하고 그 이유를 생각해 보세요.　　　　　📖 정답 및 해설 p.9

1. Wideway Productions is ------- supported through the funding of public donations.

   (A) main　　　　　　　(B) mainly

2. Even though the interview was short, Sally ------- answered all the questions.

   (A) swiftly　　　　　　(B) swift

3. Our service center is ------- located near the subway station.

(A) conveniently   (B) convenient

4. These backpacks have been ------- designed to be durable in harsh weather conditions.

(A) special   (B) specially

유형 연습하기 문제에 쓰인 문장을 주어, 동사, 보어, 목적어, 수식어 등으로 분석하여 문장 구조를 파악해보세요.

1. Wideway Productions   is mainly supported   through the funding
└─────── 주어 ───────┘ └─ 동사(부사＋수동태) ─┘ └─── 수식어(전치사구) ───┘
    Wideway Productions는   주로 지원된다   재정지원을 통해

of public donations.
└── 수식어(전치사구) ──┘
    공공 기부의

2. Even though the interview was short,   Sally   swiftly   answered
└──────────── 수식어(부사절) ────────────┘ └ 주어 ┘ └ 수식어(부사) ┘ └── 동사 ──┘
        비록 면접이 짧았지만,   Sally는   신속하게   답했다

all the questions.
└── 목적어 ──┘
  모든 질문들에

3. Our service center   is conveniently located   near the subway station.
└──── 주어 ────┘ └── 동사(부사＋수동태) ──┘ └──── 수식어(전치사구) ────┘
   저희의 서비스 센터는   편리하게 위치해 있다   지하철역 근처에

4. These backpacks   have been specially designed   to be durable
└──── 주어 ────┘ └──── 동사(부사＋수동태) ────┘ └ 수식어(to부정사) ┘
    이 가방들은   특별히 고안되었다   견딜 수 있도록

in harsh weather conditions.
└──── 수식어(전치사구) ────┘
    혹독한 기상 상태에서

부사는 형용사, 부사, 문장 전체를 수식한다!

부사는 동사 뿐만 아니라 형용사, 부사, 문장 전체, 그리고 부사와 역할이 같은 전치사구도 수식할 수 있습니다. 부사는 동사를 수식할 경우를 제외하고 항상 수식하는 대상 앞에 위치합니다.

Replacing your air conditioner's filter every year is **highly**
부사

important.
형용사

매년 에어컨 필터를 교체하는 것은 매우 중요하다.

- 전체 문장의 동사는 be동사인 is이므로 그 뒤에 반드시 주격 보어가 필요합니다.
- 주격 보어의 자리에는 명사나 형용사가 들어가는데, 이 문장에는 important라는 형용사가 보어로 쓰였습니다.
- highly는 형용사 important를 수식하고 있으므로 부사입니다.
- 부사는 문장의 필수 구성 요소가 아니기 때문에 부사가 없어도 문장은 성립할 수 있습니다.

Unfortunately, I missed Mr. Stevenson's keynote speech
부사

because of the traffic congestion.

불행히도, 나는 교통 체증 때문에 Stevenson 씨의 기조 연설을 놓쳤다.

- 문장의 맨 앞에 부사가 위치해 있으면, 이 부사는 문장 전체를 수식하는 역할을 합니다.
- 문장을 수식하는 부사는 특정 형용사나 부사가 아닌 문장 전체에 부가적인 의미를 추가합니다.
- 문장을 수식하는 부사는 항상 문장 맨 앞에 쓰고 콤마(,)를 써야 합니다.

QR특강 02
부사의 위치

> The negotiations are going **really** **well** despite some
> 부사   부사
>
> communication problems.
>
> 몇 가지 의사소통 문제에도 불구하고 협상은 정말 잘 되어가고 있다.

- 전체 문장의 동사는 are going으로, 동사 go의 현재진행형입니다.
- go는 1형식 동사이기 때문에 목적어나 보어를 필요로 하지 않습니다.
- 동사 뒤에 있는 really와 well은 각각 부사인데, 이 두 부사는 우리말로 '정말 잘'이라고 해석됩니다.
- '정말'이라는 말은 '잘'이라는 부사에 대해 '얼마나/어떻게'에 해당하는 말이기 때문에, '잘'이라는 말을 수식한다는 것을 알 수 있습니다.
- 부사는 다른 부사의 수식을 받을 수도 있습니다.

> The new accounting software was designed **exclusively**
> 부사
>
> **for schools.**
> 전치사구(수식어)
>
> 새로운 회계 소프트웨어는 오로지 학교를 위해서 고안되었다.

- 전체 문장의 동사는 was designed이며, 수동태입니다.
- 동사 뒤에 위치한 부사 exclusively는 '오로지', '전적으로'라는 의미의 부사입니다.
- 부사 exclusively는 의미상 동사를 수식하는 것이 아니라 for schools라는 전치사구를 수식하여 '오로지 학교를 위해서'라는 의미를 나타내며 for schools의 의미를 강조합니다.
- only(오직), specially(특별히), especially(특별히)와 같은 몇몇 부사는 이렇게 전치사구를 수식할 수 있습니다.

QR특강 03
부사와 전치사구

형용사와 부사의 형태가 동일한 단어

대부분의 형용사에는 -ly가 붙어서 부사로 쓰이지만, 형용사로 쓰일 때와 부사로 쓰일 때의 형태가 동일한 단어도 있습니다.

fast ⑲ 빠른 ⑱ 빠르게	late ⑲ 늦은 ⑱ 늦게
enough ⑲ 충분한 ⑱ 충분히	early ⑲ 이른 ⑱ 일찍
high ⑲ 높은 ⑱ 높게	pretty ⑲ 예쁜 ⑱ 꽤
deep ⑲ 깊은 ⑱ 깊게	hard ⑲ 단단한, 어려운 ⑱ 열심히, 강력하게
only ⑲ 오직 ~의, 유일한 ⑱ 오직 ~만, 오로지	close ⑲ 가까운 ⑱ 가까이
short ⑲ 짧은 ⑱ 짧게	

유형 연습하기

빈칸에 들어갈 단어를 선택하고 그 이유를 생각해 보세요.　　　　📱 정답 및 해설 p.9

1. Compared to the survey of last year, this year's survey captures the students' opinions more -------.

   (A) accurate　　　　　　(B) accurately

2. Viking Industries presented the ------- appointed chief financial officer.

   (A) recently　　　　　　(B) recent

3. -------, Burger Power cuts the prices of its burgers in half.

   (A) Occasion　　　　　　(B) Occasionally

4. The special offer is available at time of purchase, but ------- on the Internet.

   (A) only　　　　　　(B) highly

문장 구조 분석하기

유형 연습하기 문제에 쓰인 문장을 주어, 동사, 보어, 목적어, 수식어 등으로 분석하여 문장 구조를 파악해보세요.

1. Compared to the survey of last year,　this year's survey　captures
└─────── 수식어 ───────┘　└─── 주어 ───┘　└─ 동사 ─┘

　　　작년의 설문조사와 비교하여　　　올해의 설문조사는　　반영한다

the students' opinions　more accurately.
└─── 목적어 ───┘　└─ 수식어(부사＋부사) ─┘

　　학생들의 의견을　　　　더욱 정확하게

2. Viking Industries　presented　the　recently　appointed　chief financial officer.
└─── 주어 ───┘　└─ 동사 ─┘ └ 관사 ┘ └─ 부사 ─┘ └─ 형용사 ─┘ └──── 명사 ────┘
　　　　　　　　　　　　　　└──────────────── 목적어 ────────────────┘

Viking Industries는　　소개했다　　그　　최근에　　임명된　　　재무 담당 이사를

3. Occasionally,　Burger Power　cuts　the prices　of its burgers　in half.
└ 부사(문장 수식) ┘ └─── 주어 ───┘ └ 동사 ┘ └─ 목적어 ─┘ └ 수식어(전치사구) ┘└ 수식어(전치사구) ┘

　　때때로　　Burger Power는　　줄인다　　가격을　　그곳의 버거들의　　절반으로

4. The special offer　is　available　at time of purchase,　but　only
└─── 주어 ───┘ └ 동사 ┘└ 주격보어 ┘ └─── 수식어(전치사구) ───┘ └ 접속사 ┘└ 부사 ┘

　　특가 판매는　　　~이다　이용가능한　　　구매 시에　　　하지만　오직

on the Internet.
└ 수식어(전치사구) ┘

인터넷으로만

혼동하기 쉬운 부사는 해석을!

만약 부사인데, -ly로 끝나지 않는 것이 있다면? 혹은 부사가 아닌데 -ly로 끝나서 마치 부사처럼 생긴 것이 있다면? 혹은 비슷하게 생겼는데 뜻이 아주 다른 부사가 있다면? 해석하지 않는 이상 구분하기 힘든 부사들이 있습니다. 이러한 부사들은 혼동하기 쉬워서 자칫 오답으로 고르게 됩니다. 이러한 부사들을 함께 알아봅시다!

> ## Please submit your application form **later**.
> 부사
>
> 귀하의 지원서를 나중에 제출하세요.

- 동사 submit 뒤에 목적어 application form이 있기 때문에 그 뒤에는 부사가 올 수 있습니다.
- late도 부사이지만, '늦게'라는 의미가 submit your application form과 어울리지 않으므로 위 문장의 later 자리에 late를 쓸 수 없습니다.

 켈리쌤 문법 뽀개기!

혼동하기 쉬운 부사

late 늦게, later 나중에	lately 최근에
almost 거의	mostly 주로, 대개
close 가까이	closely 밀접하게, 자세히
short 짧게	shortly 곧, 얼마 안 되어
high 높이, 높게	highly 매우, 대단히
hard 열심히, 세게	hardly 거의 ~않다

late, close, short, high, hard는 모두 부사의 의미가 이미 있으므로 lately, closely, shortly, highly, hardly와 의미를 구분하여 암기해야 합니다.

켈리쌤 문법 뽀개기!

-ly로 끝나는 형용사

-ly로 끝나지만 부사가 아니라 형용사인 단어도 있어요!

costly 비싼   **monthly** 매달의, 월별의   **daily** 매일의

timely 시기적절한   **lively** 활기찬   **friendly** 친근한, 우호적인

유형 연습하기

빈칸에 들어갈 단어를 선택하고 그 이유를 생각해 보세요.   📖정답및해설 p.10

1. Mr. Davidson will arrive ------- to the conference on Tuesday afternoon even if he takes the earliest flight.

(A) late   (B) lately

2. Mr. Welch attributes his outstanding sales record to his ------- personality.

(A) friendly   (B) friend

3. Negotiations will be finished soon, so the merger happening before Halloween is ------- possible.

(A) high   (B) highly

4. Tickets for the rock band's last concert sold out ------- immediately.

(A) almost   (B) mostly

문장 구조 분석하기

유형 연습하기 문제에 쓰인 문장을 주어, 동사, 보어, 목적어, 수식어 등으로 분석하여 문장 구조를 파악해보세요.

1. Mr. Davidson　will arrive　late　to the conference　on Tuesday afternoon

└──주어──┘ └──동사──┘ └수식어(부사) └─수식어(전치사구)─┘ └──수식어(전치사구)──┘

　Davidson 씨는　　도착할 것이다　늦게　　컨퍼런스에　　　　화요일 오후에

even if he takes the earliest flight.

└────수식어(부사절)────┘

　그가 가장 이른 비행기를 타더라도

2. Mr. Welch　attributes　his outstanding sales record　to his friendly personality.

└──주어──┘ └──동사──┘ └───────목적어───────┘ └────수식어(전치사구)────┘

　Welch 씨는　(~덕분으로) 본다　자신의 뛰어난 판매 기록을　　자신의 친근한 성격 덕분으로

3. Negotiations　will be finished　soon,　so　the merger

└──주어──┘ └──동사──┘ └수식어(부사) 접속사 └──주어──┘

　협상은　　　　　끝날 것이다　　곧　그래서　합병은

happening before Halloween　is　highly　possible.

└────수식어────┘ └동사 └수식어(부사) └주격보어┘

　할로윈 전에 발생하는　　~이다　매우　가능성이 있는

4. Tickets　for the rock band's last concert　sold out　almost　immediately.

└─주어─┘ └──────수식어(전치사구)──────┘ └─동사─┘ └수식어(부사) └─수식어(부사)─┘

　티켓은　　그 록 밴드의 마지막 콘서트에 대한　　매진되었다　거의　　　즉시

실제 토익과 같은 난이도로 출제된 문제입니다. 시험장에서 문제를 푸는 기분으로 10문제를 제한시간 7분 내에 풀어보세요. 그리고 토익은 주어진 시간 내에 풀어야 하는 시험이므로 시간을 꼭 지켜 주세요.

정답및해설 p.10

1. After more than 20 years, the Woodway Library will ------- receive its long-awaited renovation.

   (A) final
   (B) finalize
   (C) finally
   (D) finalization

2. Please make sure that everyone's seat belts are ------- fastened.

   (A) securely
   (B) security
   (C) secure
   (D) secures

3. Prime Minister Kim ------- answered some difficult questions.

   (A) hesitate
   (B) hesitantly
   (C) hesitant
   (D) hesitation

4. Although there were a few problems, the lecture was ------- successful.

   (A) surprised
   (B) surprise
   (C) surprisingly
   (D) surprising

5. Please send me a text message if I do not answer the door -------.

   (A) immediate
   (B) immediateness
   (C) immediately
   (D) immediacy

6. To ------- operate the new jet printer, you can refer to the instructions.

(A) ease
(B) easy
(C) easily
(D) easier

7. By ------- attempting to acquire Alpha Industries, Steele Devices is looking to widen its business.

(A) aggression
(B) aggressiveness
(C) aggressive
(D) aggressively

8. The film *Red Skies* was ------- popular at the beginning of the month.

(A) incredibly
(B) incredible
(C) incredibility
(D) incredibleness

9. Sun Electronics ------- hires people with amazing communication skills.

(A) shortly
(B) perfectly
(C) recently
(D) always

10. Even after being open for just one month, Oliver's Burgers was ------- quite popular.

(A) once
(B) while
(C) near
(D) still

Unit 04
대명사(1)

학습 목표

대명사란 명사를 대신해서 지칭하는 것! 그 중에서도 토익에 매달 나오는 인칭대명사는 반드시 짚고 넘어가야 합니다. 인칭대명사, 부정대명사, 지시대명사 이렇게 세 가지 종류 중에 인칭대명사는 매달 출제가 되기 때문이죠. 팁을 하나 드리자면, 인칭대명사 격 변화표는 세로로 알아두면 쉬워요! (p.58 참조)

어휘 맛보기

Unit 4에서 다룰 어휘를 미리 확인해봅시다.

최신 기출 포인트 10

• manual	몡 설명서
• require	통 요구하다
• be required to do	~하는 것이 요구되다
• submit	통 제출하다
• request	몡 요청
	통 요청하다
• west	혱 서쪽의
• stairs	몡 계단, 층계
• get to	~에 도착하다, ~로 가다
• confirmation	몡 확인(서)
• reservation	몡 예약
• within	젠 ~이내에
• announce	통 발표하다, 알리다
• headquarters	몡 본사, 본부

최신 기출 포인트 11

- rule　　　　　　　　명 규칙, 원칙
- pledge　　　　　　명 공약, 약속, 맹세
- performer　　　　명 연기자, 공연자
- play　　　　　　　명 연극
- attend　　　　　　동 참석하다
- rehearsal　　　　명 리허설, 예행연습
- chairman　　　　　명 회장, 의장
- matter　　　　　　명 문제
- department　　　　명 부서
- candidate　　　　명 지원자, 후보자
- application form　명 신청서
- attach　　　　　　동 첨부하다
- review　　　　　　동 검토하다
- unemployment　　명 실업 (상태)
- rate　　　　　　　명 비율
- be tired of　　　~가 지겹다, ~에 싫증나다
- keep a record　　기록을 남기다
- daily　　　　　　　형 매일의, 일상의

최신 기출 포인트 12

- repair　　　　　　동 수리하다
- sales report　　　명 영업 보고서, 매출 보고서
- conduct　　　　　동 실시하다, 수행하다
- research　　　　　명 조사, 연구
- underground　　　형 지하의
- skillfully　　　　부 능숙하게
- plan out　　　　상세히 계획하다, 구상하다
- blueprint　　　　명 (건물 설계용) 청사진, 설계도
- proposal　　　　　명 제안서
- director　　　　　명 (기업의) 이사, 임원
- prefer　　　　　　동 선호하다

주격은 주어 자리, 목적격은 목적어 자리, 그리고 소유격은 명사의 앞에 위치한다!

		주격	소유격	목적격	소유대명사	재귀대명사
단수	1인칭	I	my	me	mine	myself
	2인칭	you	your	you	yours	yourself
	3인칭	he	his	him	his	himself
		she	her	her	hers	herself
		it	its	it	-	itself
복수	1인칭	we	our	us	ours	ourselves
	2인칭	you	your	you	yours	yourselves
	3인칭	they	their	them	theirs	themselves

한 명사가 이미 언급되었거나 이미 무엇을 언급하는지 알고 있을 때 그 명사는 대명사로 쓰입니다. 하지만 대명사는 위의 표에서 확인하실 수 있듯이 사람을 지칭하는지, 사물을 지칭하는지에 따라, 인칭에 따라, 그리고 단수인지 복수인지에 따라 나뉘어집니다. 특히 대명사는 문장에서 어느 자리에 쓰이는지에 따라 다른 형태를 써야 합니다. 주어의 자리에는 주격을, 목적어 자리에는 목적격을, 다른 명사에 대한 소유의 의미를 나타낼 때는 소유격을 써야 합니다.

> **You** should read the manual before calling the customer
> 주어
>
> service center.
>
> 당신은 고객 서비스 센터로 전화하기 전에 설명서를 읽어야 한다.

- 대명사가 주어 자리(평서문에서는 동사 앞)에 올 경우 주어에 맞는 형식으로 써야 하는데, 이를 주격이라고 합니다.
- 주어 자리에 쓰인 You는 2인칭 대명사이며, 주격 대명사입니다.
- 주격 대명사에는 "은/는/이/가"를 붙여 해석합니다.
- 주어 자리에 주격 대명사가 아닌, 다른 격의 대명사는 위치할 수 없습니다.

  Your(소유격) should read the manual. **(X)**
  Yourself(재귀대명사) should read the manual. **(X)**

Did you read **your manual** before calling the customer center?
소유격   명사

고객 서비스 센터에 전화하기 전에 당신의 설명서를 읽었나요?

- 타동사 read의 뒤에는 꼭 목적어가 필요합니다. read 뒤에 위치한 your manual이 목적어인 것을 알 수 있습니다.
- 목적어 역할을 할 수 있는 것은 명사 또는 대명사의 목적격이므로 소유격인 your은 목적어가 아니라 목적어로 쓰인 manual을 수식(한정)하는 역할을 합니다.
- Your은 2인칭 소유격이며 '당신의'라는 의미를 나타냅니다. 이렇게 소유격은 '~의'라고 해석하며, 명사가 무엇을 가리키는지 한정합니다.
- 대명사 중에서 소유격만 명사 앞에 위치하여 명사를 수식(한정)할 수 있습니다.

You have the manual. You should **read it** before calling the
타동사 목적어

customer service center.

당신은 설명서를 가지고 있다. 고객 서비스 센터로 전화하기 전에, 당신은 그것을 읽어야 한다.

- 타동사 read의 뒤에는 목적어가 필요합니다. 목적어 자리에 있는 it은 목적격 대명사입니다. 이렇게 목적격 대명사는 문장에서 목적어 자리에 위치할 수 있으며, 주로 '~을/를'이라고 해석됩니다.
- It이 가리키는 것은 앞문장에 있는 단수명사 the manual이므로, 목적격 대명사 중 사물을 나타내는 단수 대명사 it이 쓰였습니다. 단수명사를 대신해서 쓸 때 복수대명사인 them은 쓸 수 없습니다.

You have **the manual**. You should read **them**. (X)

QR특강 04
인칭, 격의 개념

목적어는 두 개를 쓰면 안되나요?

목적어를 두 개 쓰는 문장은 4형식 문장입니다. 보통 4형식 문장의 동사는 '~주다'라는 의미를 가지고 있으며, '누구(무엇)에게', '무엇을'에 해당하는 목적어가 두 개 필요합니다. (Unit 06 최신 기출 POINT 17 참조)

Did you read you manual?이라는 문장이 틀린 이유는 '당신은 당신에게 설명서를 읽어주었나요?'라고 해석되기 때문에 의미상 오류가 발생하며, 또한 manual이라는 명사는 가산 명사인데, 앞에 관사나 한정사가 없기 때문입니다. 소유격은 명사의 한정사 역할도 할 수 있기 때문에 manual 앞에 있는 you를 your이라는 소유격으로 써야 합니다.

유형 연습하기

빈칸에 들어갈 단어를 선택하고 그 이유를 생각해 보세요.   📖 정답 및 해설 p.12

1. Professors are required to submit ------- requests for vacations.

(A) them   (B) their

2. At the west end of the building, ------- can use the stairs to get to the restaurant.

(A) yourself   (B) you

3. Confirmation of your hotel reservation will be sent to ------- within 3 days.

(A) yourself   (B) you

4. Justinia Printing officially announced plans to move ------- headquarters to Paris.

(A) it   (B) its

문장 구조 분석하기

유형 연습하기 문제에 쓰인 문장을 주어, 동사, 보어, 목적어, 수식어 등으로 분석하여 문장 구조를 파악해보세요.

1. Professors　are required　to submit　their requests　for vacations.
└─ 주어 ─┘　└─ 동사 ─┘　└─ to부정사 ─┘　└─ to부정사의 목적어 ─┘　└─ 수식어(전치사구) ─┘
　　　　　　　　　　　　　　　　　　　　　　(소유격+명사)
　　　　　　　　　　　　　　　　└────────── 수식어 ──────────┘

　　교수들은　　　　요구된다　　　제출하도록　　그들의 요청을　　　휴가를 위한

2. At the west end of the building,　you　can use　the stairs
└──────── 수식어(전치사구) ────────┘　└주어┘　└동사┘　└목적어┘

　　　　　건물의 서쪽 끝에서　　　　　　당신은 사용할 수 있다　계단을

to get to the restaurant.
└─ 수식어(to부정사 + 전치사구) ─┘

　　식당에 가기 위해

3. Confirmation　of your hotel reservation　will be sent　to you　within 3 days.
└─ 주어 ─┘　└──── 수식어(전치사구) ────┘　└─ 동사 ─┘　└ 수식어 ┘　└ 수식어(전치사구) ┘
　　　　　　　　　　　　　　　　　　　　　　　　　(전치사+대명사)

　　확인서는　　　　당신의 호텔 예약의　　　　　보내질 것이다　당신에게　　3일 이내에

4. Justinia Printing　officially　announced　plans
└──── 주어 ────┘　└수식어(부사)┘　└─ 동사 ─┘　└목적어┘

Justinia Printing은　　공식적으로　　　발표했다　　계획을

to move　its headquarters　to Paris.
└ to부정사 ┘　└── to부정사의 목적어 ──┘　└ 수식어(전치사구) ┘
　　　　　　　(소유격+명사)
└────────── 수식어(목적어 수식) ──────────┘

　　옮기는　　　그것의(=그 회사의) 본사를　　파리로

지시대명사와 부정대명사

대명사에는 인칭대명사 외에도 지시대명사와 부정대명사가 있습니다. 지시대명사는 인칭에 상관없이 앞서 언급된 명사를 거리에 따라, 상관 관계에 따라 나타낼 때 사용하는 대명사이며, this, these, that, those가 있습니다. 부정대명사는 정해지지 않은 불특정 대상을 대신하는 말로, one, another, each other, anything, nobody, each 등이 있습니다. 주로 수량 관계를 이용한 문제나, 부정대명사의 고유한 문법적 기능을 묻는 형태로 출제됩니다.

The new rule on working hours has been announced.

This was Mr. Fitzgerald's first pledge as a new CEO.
= The new rule on working hours

근무 시간에 관한 새로운 규칙이 발표되었다. 이것은 새로운 CEO로서 Fitzgerald 씨의 첫 공약이었다.

	화자로부터 가까운 것	화자로부터 멀리 있는 것
단수	**this** 이것 / 이 사람	**that** 저것 / 저 사람
복수	**these** 이것들 / 이 사람들	**those** 저것들 / 저 사람들

- '이것'이라는 의미를 나타내는 지시대명사 this는 단독으로 쓰여서 주어, 목적어, 보어로 사용될 수 있습니다.
- 위의 두 번째 문장에서 This는 첫 문장에서 언급된 The new rule on working hours를 지칭합니다.
- 지시대명사는 단독으로 쓰이기도 하고, 명사 앞에 위치하여 지시형용사 역할을 하기도 합니다.

All of the performers in the play **are** required to attend the
부정대명사　　　　복수명사　　　　　　　복수동사

rehearsals.

이 연극의 모든 연기자들은 반드시 리허설에 참석해야 한다.

- '모든 (것/사람)'을 나타내는 부정대명사 all은 「all + 복수명사/불가산 단수명사」, 「all of the 복수명사/불가산명사」의 형태로 사용되며, 복수명사와 쓰이면 복수명사 취급됩니다.
- 전치사 of는 복수명사와 함께 쓰이면 '~중에'라는 의미를 나타냅니다.
- 주어인 All of the performers가 복수이므로 동사 또한 복수동사로 are이 쓰였습니다.

부정대명사의 종류

one (불특정) 하나	앞서 언급된 단수명사를 대신 지칭할 때 사용합니다. 주로 관사나 형용사와 함께 사용됩니다. 복수형은 ones입니다. I've lost my bicycle, so I need to buy a new **one**. 나는 나의 자전거를 잃어버려서, 새것을 사야 한다.
another 또 다른 하나	앞서 언급된 단수 명사에 추가로 하나를 더 이야기할 때 사용되며, 단독으로 사용되거나 (대명사), 또는 단수명사를 수식하는 형용사로도 쓰입니다. The chairman decided to discuss the matter at **another time**. 회장님은 그 문제에 대해 다른 때에 논의하기로 결정하셨다.
each other 서로	앞서 복수명사가 등장하고, 동사의 목적어나 전치사의 목적어 자리에 사용됩니다. 명사와 함께 쓰일 경우 「each other's + 명사」의 형태로 사용됩니다. Employees working in the same department should be kind to **each other**. 같은 부서에서 일하는 직원들은 서로에게 친절해야 한다.
each 각각(의)	복수의 대상을 하나씩 따로 분리해서 말하고 싶을 때 사용됩니다. each를 단독으로 써서 대명사로 쓰거나 「each + 단수명사」 또는 「each of the + 복수명사」의 형태로 사용됩니다. each는 복수명사와 함께 쓰여도 항상 단수명사 취급됩니다. **Each of the candidates** was given the application form. 각각의 지원자는 신청서를 받았다.

유형 연습하기

빈칸에 들어갈 단어를 선택하고 그 이유를 생각해 보세요.　　　　　　정답및해설 p.13

1. I attached a few files, and ------- should be reviewed carefully.

(A) this　　　　　　(B) these

2. The unemployment rate of Maxwell County is lower than ------- of Eastville.

(A) that　　　　　　(B) those

3. I am tired of wearing my red jacket, so I am planning to buy a black -------.

(A) one　　　　　　(B) it

4. ------- of the employees in the HR department keeps a daily record of their work tasks.

(A) Each　　　　　　(B) All

유형 연습하기 문제에 쓰인 문장을 주어, 동사, 보어, 목적어, 수식어 등으로 분석하여 문장 구조를 파악해보세요.

1. I attached a few files, and these should be reviewed carefully.
　　└주어┘└─동사─┘　└──목적어──┘　└접속사┘└주어┘　└────동사(수동태)────┘　└수식어(부사)┘

　나는　첨부했다　몇몇의 파일들을　그리고　이것들은　검토되어야 한다　신중하게

2. The unemployment rate of Maxwell County is lower
　└──────주어──────┘　└──수식어(전치사구)──┘└동사┘└주격보어┘

　　　　　실업률은　　　　　Maxwell County의　~이다　더 낮은

than that of Eastville.
└전치사┘└전치사의 목적어┘└수식어(전치사구)┘
└──────수식어(전치사구)──────┘

　~보다　　그것　　Eastville의

3. I am tired of wearing my red jacket, so I am planning
　└주어┘└동사┘└주격보어┘└────수식어(전치사구)────┘　└접속사┘└주어┘└──동사──┘

　나는~이다　지겨운　　나의 빨간 재킷을 입는 것이　　그래서　나는　계획 중이다

to buy a black one.
└─목적어(to부정사 + 목적어)─┘

　검은색 하나를 사는 것을

4. Each of the employees in the HR department keeps a daily record
　└주어┘└──수식어(전치사구)──┘└──수식어(전치사구)──┘└동사┘└──목적어──┘

　각각은　　　직원들의　　　인사부에 있는　　　남긴다　일일 기록을

of their work tasks.
└──수식어(전치사구)──┘

　그들의 업무의

재귀대명사와 소유대명사

재귀대명사는 주어와 동일한 사람/사물을 목적어에도 언급해야 할 때 목적격 대명사 대신에 쓰는 대명사이며, 소유대명사는 「~의 것」이라는 의미로 소유격과 명사가 합쳐진 하나의 대명사로, 소유격과 달리 주어, 목적어, 보어 자리에 단독으로 쓰일 수 있습니다.

> **I love myself.**
> 주어   목적어(재귀대명사)
> 나는 나 자신을 사랑한다.

- 재귀대명사는 「주어=목적어」인 특수한 상황에서 목적어로 사용되는 대명사로, 주어의 인칭/수/성별에 따라 사용합니다.

- 주어가 본인(I)이고 목적어 자리에도 본인을 언급할 때는 목적격 me가 아니라 재귀대명사 myself를 써야 하고, 만약 주어가 '그(he)'라면, 목적어 자리에 동일한 대상인 '그'를 언급할 때 목적격 him이 아닌 himself를 써야 합니다.

- 따라서 주어와 같은 대상을 가리키는 목적어는 재귀대명사를 쓰며, 목적격(me, you, him, her, it, them 등)으로 쓸 수 없습니다.

- 재귀대명사는 목적어로만 쓰일 뿐, 주어로는 쓰일 수 없습니다.

I love **me. (X)**   **Myself** love me. **(X)**

> **Mr. Anderson** repaired the TV **himself.**
> 주어   동사   목적어 수식어(재귀대명사)
> Anderson 씨는 TV를 직접 수리했다.

- 주어는 Mr. Anderson이고, 타동사 repair은 3형식 동사이므로 뒤에 목적어 the TV가 있는 것으로 완전한 문장 성분을 갖추었습니다. 따라서 재귀대명사 himself는 대명사가 아닌 문장 성분으로 취급되지 않는 수식어(부사)로 분류됩니다.

- 재귀대명사는 목적어로 쓰이는 것과 별개로 부사(수식어)의 역할을 할 수 있습니다. 이 경우 주어와 호응하여 '(주어)가 직접'이라는 의미를 나타냅니다.

- 주어가 3인칭 남성 단수명사이므로 himself가 쓰였습니다. 만약 주어가 3인칭 여성 단수명사면 herself, you이면 yourself를 씁니다.

켈리쌤 문법 뽀개기!

재귀대명사를 이용한 관용 표현

재귀대명사는 전치사 by나 for와 함께 자주 쓰입니다.

by oneself 혼자서, 홀로, 다른 사람 없이 (= alone)

for oneself 스스로, 자력으로

I did it **by myself.** 나는 그것을 혼자서 했다.

She made chicken soup **for herself.** 그녀는 치킨 스프를 스스로 만들었다.

Mr. Son submitted **his sales report**, but **I** didn't submit **mine.**

동사   목적어
(=my sales report)

Son 씨는 그의 영업 보고서를 제출하였지만, 나는 나의 것을 제출하지 않았다.

- 소유대명사는 '~의 것'이라는 의미의 대명사로, 문장에서 주어, 목적어, 보어 역할을 할 수 있습니다.
- 소유대명사는 「소유격 + 앞서 언급된 명사」를 대신해서 지칭합니다.

유형 연습하기

빈칸에 들어갈 단어를 선택하고 그 이유를 생각해 보세요.   📖정답 및 해설 p.13

1. Professor Singh conducted the research on underground rivers -------.

   (A) ourselves   (B) himself

2. Although Mr. Son uses the X200 camera skillfully, the camera is not -------.

   (A) him   (B) his

3. Mrs. Dixon planned out blueprints for every building at the university for -------.

   (A) her   (B) herself

4. All team members submitted proposals, but the director preferred -------.

   (A) me   (B) mine

문장 구조 분석하기

유형 연습하기 문제에 쓰인 문장을 주어, 동사, 보어, 목적어, 수식어 등으로 분석하여 문장 구조를 파악해보세요.

1. Professor Singh　　conducted　　the research　　on underground rivers　　himself.
└───주어───┘　　└──동사──┘　　└──목적어──┘　　└──수식어(전치사구)──┘　　└─수식어(부사)─┘

　　Singh 교수는　　　　수행했다　　　　연구를　　　　지하 하천에 대한　　　　직접

2. Although Mr. Son uses the X200 camera skillfully,　　the camera　　is not　　his.
└────────수식어(부사절)────────┘　　└──주어──┘　└수식어┘ └주격보어┘

　　비록 Son 씨는 X200 카메라를 능숙하게 사용하지만,　　그 카메라는　　아니다　그의 것이

3. Mrs. Dixon　　planned out　　blueprints　　for every building　　at the university
└──주어──┘　　└──동사──┘　　└──목적어──┘　　└──수식어(전치사구)──┘　　└──수식어(전치사구)──┘

　　Dixon 씨는　　　　구상했다　　　　설계도를　　　　모든 건물에 대한　　　　그 대학교에 있는

for herself.
└수식어(전치사구)┘

그녀 혼자 힘으로

4. All team members　　submitted　　proposals,　　but　　the director
└───주어───┘　　└──동사──┘　　└─목적어─┘　└접속사┘ └──주어──┘

　　모든 팀원이　　　　제출했다　　　제안서들을　　하지만　　그 이사는

preferred　　mine.
└──동사──┘ └목적어┘

선호했다　　나의 것을

실제 토익과 같은 난이도로 출제된 문제입니다. 시험장에서 문제를 푸는 기분으로 10문제를 제한시간 7분 내에 풀어보세요. 그리고 토익은 주어진 시간 내에 풀어야 하는 시험이므로 시간을 꼭 지켜 주세요.

정답 및 해설 p.14

1. ------- have obtained and processed your request for membership cancellation.

(A) We
(B) It
(C) She
(D) He

2. We will be glad to help you with ------- financial needs.

(A) you
(B) yours
(C) your
(D) yourself

3. Please confirm your book order #5893, which was shipped to ------- on March 5th.

(A) you
(B) yours
(C) your
(D) yourself

4. I have my car key, so the one on the desk is not -------.

(A) my
(B) me
(C) mine
(D) myself

5. Mr. Chen worked on the company logo ------- before asking for some professional help.

(A) he
(B) his
(C) him
(D) himself

6. In the press release, the president of Good Will Apparel compared the trade figures of the domestic market to ------- of the overseas market.

   (A) them
   (B) those
   (C) it
   (D) that

7. If the photocopier goes out of order within one month, we will replace it with ------- or provide a full refund.

   (A) another
   (B) each other
   (C) others
   (D) other

8. Please let Mrs. Lee know that ------- visit to Beijing is now rescheduled for April 20th.

   (A) my
   (B) me
   (C) myself
   (D) I

9. The Manager's Manual ------- the best techniques for resolving conflicts with employees.

   (A) produces
   (B) contacts
   (C) details
   (D) rents

10. People attending the conference must purchase tickets one month in -------.

   (A) advance
   (B) early
   (C) rapid
   (D) quickly

Unit 05
대명사(2) (Part 6)

학습 목표

토익 시험에서 Part 6는 131번부터 146번에 걸쳐 16개의 문제로 출제됩니다. 총 4개의 지문으로 이루어져 있으며, 각 지문에는 4개의 문제가 포함되어 있습니다. 각 지문은 문장 삽입 유형 문제 1개, 어휘 및 문법 문제 3개로 이루어져 있습니다. Part 5와는 달리 Part 6에서는 하나의 지문을 읽고 전체적으로 이해하는 능력이 필요하기 때문에 정확한 해석으로 문맥을 파악해야 합니다.

어휘 맛보기

Unit 5에서 다룰 어휘를 미리 확인해봅시다.

최신 기출 포인트 13

• order	통 주문하다
• pair	명 (두 개로 이루어진) 짝, 쌍

최신 기출 포인트 14

• record	명 기록
	통 기록하다
• dish	명 접시, 요리
• be scheduled to do	~하기로 예정되어 있다
• deliver	통 배달하다, 배송하다
• both	대 둘 다, 두 개 모두

최신 기출 포인트 15

• strongly	부 강력히
• advise A to do	A에게 ~할 것을 조언하다, 충고하다
• valued	형 소중한, 귀중한
• following	형 다음의
• additional	형 추가적인
• take steps	조치를 취하다
• ensure	통 확실히 ~하다
• privacy	명 개인 정보, 사생활

- reflect   통 반영하다
- reply   통 응답하다, 답장을 보내다
- account   명 계좌
- make sure   반드시 ~하도록 하다, 확실히 하다
- apologize   통 사과하다
- inconvenience   명 불편
- cause   통 발생시키다, 초래하다
- on a monthly basis   매달마다, 월주기로

유형 연습하기

- chairman   명 의장, 회장
- would like to do   ~하고 싶다, ~하기를 원하다
- cordially   부 진심으로, 몹시
- attend   통 참석하다
- awards ceremony   명 시상식
- positive   형 긍정적인
- feedback   명 (서비스, 제안에 대한) 의견
- finally   부 마침내
- approve   통 승인하다
- announce   통 알리다, 발표하다
- specialize   통 전공하다, 전문으로 하다
- file   통 (서류를) 정리하여 보관하다
- provide   통 제공하다
- decide   통 결정하다
- decision   명 결정

최신 기출 POINT 13
대명사는 사람을 가리키는지, 사물을 가리키는지 따지면 정답이 보인다.

대명사는 명사를 대신해서 쓰는 것! 그렇기 때문에 보기에서 대명사를 골라야 할 경우 빈칸에 들어갈 대명사가 가리키는 대상이 사람인지, 개념, 감정과 같은 추상명사나 사물인지를 따지면 풀기가 수월해집니다.

We received your message on March 29th. I checked **our database**, and

------- showed that you had ordered three pairs of Navila basketball
　주어　　　동사
shoes from our Web site on March 23rd.

(A) it　　　　　(B) he

저희는 당신의 메시지를 3월 29일에 받았습니다. 저는 저희의 데이터베이스를 확인하였고, -------은 당신이 3월 23일에 저희 웹사이트로부터 Navila 농구화 3컬레를 주문하셨다는 것을 보여주었습니다.

- 동사인 showed 앞에 있는 빈칸은 주어가 들어가야 하는 위치입니다.
- 대명사는 앞서 언급된 명사를 대신하는데, 문맥상 빈칸에 들어갈 대명사는 앞에 있는 our database를 가리킵니다. 그래서 빈칸에는 사물을 대신하는 대명사인 it이 적절하므로 정답은 (A) it입니다.
- 대명사 it은 사물이나 물건, 개념 등을 가리키는 명사를 대신하지만, he는 사람(남자)을 가리키는 대명사입니다.

 켈리쌤 문법 뽀개기!

대명사의 사람/사물 구분

사람을 의미하는 대명사		사물을 의미하는 대명사	
he	그	it	그것
she	그녀	they	그것들
they	그들	this	이것
you	당신	these	이것들
anybody/anyone	어떤 사람/누군가	anything	어떤 것
somebody/someone	어떤 사람	something	어떤 것
nobody/no one	아무도 ~아닌	nothing	아무것도 ~아닌
one another	(셋 이상) 서로	everything	모든 것
each other	(둘 사이에) 서로	none (of 복수명사)	(~중에) 아무것도 ~아닌
whoever	누구든지	whichever	어느 것이든지

대명사는 단수인지 복수인지 따지면 정답이 보인다.

명사를 단수명사, 복수명사로 구분하듯이, 대명사도 단수명사를 대신하는 대명사, 복수명사를 대신하는 대명사로 구분합니다. 대명사가 가리키는 대상이 단수인지 복수인지를 따져보고 알맞은 수의 대명사를 써야 합니다.

Our records show that you ordered **a cup and a dish** from our online

Web site. ------- **are** scheduled to be delivered on March 21st.
　　　　　주어　동사

(A) Both　　　　　(B) Everything

> 저희의 기록은 당신이 저희의 온라인 웹사이트에서 컵과 접시를 주문하였다는 것을 나타냅니다. -------은 3월 21일에 배송될 것으로 예정되어 있습니다.

- 동사인 are 앞에 있는 빈칸은 주어가 들어가야 하는 위치입니다.
- are는 주어가 2인칭(you)이거나 복수명사일 경우에 쓰이는 be동사입니다.
- 빈칸이 포함된 문장이 '3월 21일에 배송될 것으로 예정되어 있다'라는 의미이므로, 문맥상 빈칸에는 배송되는 물건을 언급하는 대명사가 들어가야 합니다.
- 배송될 물건은 '컵과 접시' 두 가지이므로 '둘 다, 두 개'를 의미하는 대명사 (A) Both가 정답입니다.
- 문맥상 '모든 것'을 의미하는 Everything도 가능하지만, Everything은 단수명사이기 때문에 뒤의 복수동사 are와 수가 일치하지 않습니다.

켈리쌤 문법 쪼개기!

대명사의 단수/복수 구분

단수명사로 취급되는 대명사		복수명사로 취급되는 대명사	
each	각각	both	둘 다
either / neither	둘 중에 하나 / 둘 다 아닌	many	많은 것, 다수
another	또 다른 것	others	다른 것들
everyone / everybody	모든 사람	few	적은 수, 몇몇
everything	모든 것		
anyone / anybody	어떤 사람, 누구든		
anything	어떤 것		
no one / nobody	아무도 ~아닌		
nothing	아무것도 ~아닌		
someone / somebody	어떤 사람, 누군가		
something	어떤 것		

문장 삽입 유형의 문제도 대명사를 힌트로 활용한다.

Part 6의 각 지문에 1문제씩 출제되는 문장 삽입 유형의 문제는 문맥을 파악하는 것이 무엇보다 중요합니다. 문맥 파악에 대명사가 힌트로 사용될 수 있는데, 빈칸에 들어갈 문장은 앞 문장과의 연결고리라 할 수 있는 대명사를 포함하기 때문입니다. 보기 (A)~(D) 중에서 대명사가 있다면 앞 문장의 어떤 명사를 가리키는지 확인해보고 문맥상 자연스럽게 연결되는 문장을 고르는 것이 중요합니다.

We strongly advise our valued customers to take the following additional steps to ensure their privacy. First, do not create **your password** that reflects your birthday, address, or family name. -------. Second, do not reply to any e-mail that requests personal information or your bank account number.

(A) Please submit **these** by e-mail.
(B) Make sure **it** is difficult to guess.
(C) We apologize for the inconvenience **it** will cause.
(D) We will update **this** on a monthly basis.

저희는 개인 정보 보호를 위해 다음의 추가적 조치를 취할 것을 소중한 고객 여러분들께 강력히 충고 드립니다. 첫째, 귀하의 비밀번호를 생일이나 주소 또는 성을 반영하는 것으로 만들지 마십시오. -------. 둘째, 개인 정보 또는 은행 계좌번호를 요청하는 이메일에 응답하지 마십시오.

(A) 이것들을 이메일로 제출해 주십시오.
(B) 반드시 그것을 추측하기 어렵도록 하시기 바랍니다.
(C) 그것이 발생시킬 불편에 대해 사과 드립니다.
(D) 저희는 이것을 월별로 업데이트할 것입니다.

- 보기 (A)~(D)에서 사용된 대명사 these, it, this가 가리키는 것이 무엇인지 앞 문장에서 찾아야 합니다.

- 대명사 it과 this는 사물을 가리키는 단수 대명사이므로 앞 문장에서 your password를 지칭하는 것으로 볼 수 있습니다.

- 대명사 these는 복수 대명사이므로 앞 문장에서 your birthday, address, or family name을 지칭하는 것으로 볼 수 있습니다.

- (A)에서 언급된 these가 your birthday, address, or family name일 경우 '생일과 주소 또는 성을 이 메일로 제출한다'는 의미가 되는데, 이는 전체 문맥과 어울리지 않으므로 오답입니다.

- (C)에서 언급된 it이 your password일 경우 문맥상 '당신의 비밀번호가 발생시킬 불편에 대해 사과한 다'는 내용은 의미상 오류가 발생하므로 오답입니다.

- (D)에서 언급된 this가 your password일 경우 문맥상 '당신의 비밀번호를 저희가 매달 업데이트할 것' 이라는 내용이 되는데, 이것 또한 의미상 자연스럽지 않으므로 오답입니다.
- 지문의 주제가 '개인 정보를 위한 추가적인 조치'이므로 (B)에서 언급된 it이 your password일 경우 '당신의 비밀번호를 추측하기 어렵도록 하라'는 내용이 되어 주제와 부합하는 내용임을 알 수 있으므로 (B)가 정답입니다.

유형 연습하기

빈칸에 들어갈 단어 또는 문장을 선택하고 그 이유를 생각해 보세요.

정답및해설 p.16

Questions 1-4 refer to the following letter.

31 October
Mark Yu
123 Dover Street
PORTLAND
A25 4JB

Dear Mr. Yu,

As the chairman of Portland Skateboards, I would like to cordially invite ------- to
1.
attend *Flying Board Magazine*'s Skateboarder of the Year awards ceremony on
25 December at the Regency Hotel Convention Hall. -------. Dinner will be -------
2.   3.
at the beginning of the show. It will then be followed by the start of the awards
ceremony. By 11 November, please let me know of your -------. I hope to hear
4.
from you very soon.

Sincerely,

Brady Miller

1. (A) whichever
   (B) everything
   (C) you
   (D) both

2. (A) It was sent a few days ago.
   (B) It received positive feedback.
   (C) It begins at 6:30 P.M.
   (D) It was finally approved.

3. (A) announced
   (B) specialized
   (C) filed
   (D) provided

4. (A) decide
   (B) decision
   (C) deciding
   (D) decided

실제 토익과 같은 난이도로 출제된 문제입니다. 시험장에서 문제를 푸는 기분으로 8문제를 연속해서 풀어보세요.

📱정답 및 해설 p.16

Questions 1-4 refer to the following letter.

January 21
Jimmy Stewart
789 Hope Lane Seattle,
WA 98026

Dear Mr. Stewart,

I am happy to offer you the managerial position with us at West Creek Industries. The job will start on February 10. In the ------- document, your pay
1.
rate, benefits, and insurance information are all listed.

As discussed during the interview, you will be ------- answering e-mails from
2.
our clients, addressing questions from customers, and handling any complaints from our clients.

I assume that you will agree with all that is written down on the document. -------.
3.
We are definitely excited and looking forward to our time working with -------.
4.

Sincerely,

Mark Chen
Human Resources

---

1. (A) enclosed
   (B) rising
   (C) qualified
   (D) educated

2. (A) on behalf of
   (B) in charge of
   (C) provided for
   (D) in addition to

3. (A) Please sign and return it as soon as possible.
   (B) Please contact us if you have any delivery problems.
   (C) Please visit our website for registration.
   (D) Please send us your résumé.

4. (A) several
   (B) whichever
   (C) nobody
   (D) one another

---

31 August

Dear Loyal Customer,

This letter is to let ------- know about your newspaper subscription, which
                        5.
will expire next month. So, to have another 12 months of up-to-date and
eye-opening news, please apply for renewal as soon as possible, before it is
too late. Also, there is a ------- offer for the next two weeks for subscribers who
                           6.
would like to renew.

If you renew before 15 September, we will add two months free to your new
------- ! -------. Please call our toll-free number or visit our homepage for more
 7.   **8.**
information.

Sincerely,

Mark Smithsonian
www.whatsnew.com

---

5. (A) you
    (B) yours
    (C) yourself
    (D) your

6. (A) limited
    (B) delayed
    (C) fallen
    (D) shipped

7. (A) subscribers
    (B) subscriber
    (C) subscription
    (D) subscribe

8. (A) We have several jobs currently
        available.
    (B) Your items can be shipped by
        express mail.
    (C) Extending your current plan is
        simple.
    (D) The online survey provides
        valuable feedback.

Unit 06
동사의 종류

학습 목표

영어에는 문장의 단어 배열 순서를 결정하는 아주 큰 힘을 가진 단어가 하나 있습니다. 그것은 바로 동사입니다. 한 문장의 동사는 그 뒤의 문장 성분의 구성을 결정지으며 문장의 의미 구조에도 영향을 줍니다. 영어의 동사에는 총 5가지 종류가 있으며, 그 중 90%에 달하는 동사가 목적어를 가지는 유형의 동사입니다. 동사의 종류를 이해하면 문장 구조 분석은 물론, 독해 능력도 향상시킬 수 있습니다.

어휘 맛보기

Unit 6에서 다룰 어휘를 미리 확인해봅시다.

최신 기출 포인트 16

• error	명 실수, 오류
• occur	동 발생시키다
• cause	동 발생시키다, 초래하다
• negative	형 부정적인
• impact	명 영향
• global warming	명 지구 온난화
• discuss	동 논의하다
• as soon as possible	부 가능한 한 빨리
• incredibly	부 엄청나게, 믿을 수 없게
• seafood	명 해산물
• fame	명 명성
• famous	형 유명한, 명성이 있는

최신 기출 포인트 17

- check into   (호텔에) 투숙하다
- present   통 제시하다, 보여주다
- identification   명 신분증
- identify   통 신원을 확인하다
- price   명 가격
- include   통 포함하다, 포함시키다
- inspection   명 점검, 검사
- inspect   통 점검하다, 검사하다
- exhibition   명 전시

최신 기출 포인트 18

- confidential   형 기밀의
- safe   형 안전한
- safety   명 안전
- difficulty   명 어려움
- staff   명 직원
- clear   형 명백한, 명확한
- instruction   명 설명, 지시
- instruct   통 설명하다, 지시하다
- understandable   형 이해하기 쉬운
- skillful   형 능숙한, 숙련된

1형식/2형식 동사

문장의 형식은 크게 5개의 형식으로 분류됩니다. 그리고 문장의 형식을 결정하는 것이 바로 동사입니다. 동사 뒤에 필요한 것이 무엇인가에 따라 문장의 형식이 달라집니다. 동사는 크게 자동사와 타동사로 나뉘는데, 그 기준은 동사가 나타내는 동작/행위의 대상이 되는 '목적어'의 필요 여부입니다. 자동사는 목적어를 가지지 않는 동사이며, 1형식 동사와 2형식 동사가 여기에 속합니다.

자동사	타동사
1형식 동사 2형식 동사	3형식 동사 4형식 동사 5형식 동사

> **Mr. Kim arrived at the airport.**
> 　주어　　　　동사　　　　수식어(전치사구)
>
> Kim 씨는 공항에 도착했다.

- 위 문장에서 주어는 Mr. Kim이고, 동사는 arrived입니다. arrived는 동사원형 arrive에 -d가 붙은 형태로 과거시제를 나타내며, 그 의미는 '도착했다'입니다.
- 동사인 arrived 뒤에는 목적어로 쓰일 수 있는 명사가 없습니다.
- arrive처럼 목적어나 보어가 뒤에 나타나지 않아도 문장을 완성시키는 동사를 1형식 동사라고 합니다.
- at the airport는 '공항에'라는 의미로, arrived 뒤에 있지만 전치사구(전치사+명사)는 부사와 같은 수식어로 취급되며, 동사의 목적어로 쓰일 수 없습니다.
- at the airport는 장소를 나타내는 수식어(구)로서, 이 수식어구를 쓰지 않고 Mr. Kim arrived. 라고 써도 완전한 문장이 성립됩니다.

 **켈리쌤** 문법 쪼개기!

토익에 자주 나오는 1형식 동사

1형식 동사는 동사 뒤에 목적어나 보어를 가지지 않고 단독으로 쓰일 수 있는 자동사입니다. 1형식 동사 뒤에는 부사나 전치사구가 위치하는 경우가 많습니다.

go 가다	**come** 오다	**arrive** 도착하다	**react** 반응하다
respond 응답하다	**rise** 상승하다	**talk** 말하다	**work** 일하다
walk 걷다	**complain** 불평하다	**happen** 발생하다	**occur** 일어나다

After their first year of employment, Ark Tech's employees **are**
동사

eligible to receive a promotion.
주격보어(형용사)

근무 첫 해 이후에, Ark Tech 사의 직원들은 승진할 자격이 있다.

- 문장의 주어는 Ark Tech's employees이고 동사는 are입니다.

- are는 주어가 복수명사일 때 쓰는 be동사의 현재시제입니다. 그리고 be동사 뒤에는 명사나 형용사가 위치해야 합니다.

- be동사 뒤에 위치하는 명사나 형용사는 동작의 대상이 아니기 때문에 목적어가 아닙니다. 이 단어는 동작의 대상이 아니라 주어가 무엇인지, 주어가 어떤 상태인지를 설명하는 말로, 주격보어라고 합니다.

- 위 문장의 eligible이라는 형용사는 이 문장에서 주격보어로 쓰였으며, 이렇게 be동사처럼 목적어가 아닌 주격보어를 필요로 하는 동사를 2형식 동사라고 합니다. (p. 33 참조)

QR특강 05
1형식 자동사와
2형식 자동사

유형 연습하기

빈칸에 들어갈 단어를 선택하고 그 이유를 생각해 보세요.   📘정답 및 해설 p.19

1. No errors must ------- during the basketball team's championship game.

    (A) occur   (B) cause

2. President Gore will ------- about the negative impact of global warming.

    (A) discuss   (B) talk

3. Please ------- to this e-mail message as soon as possible.

    (A) respond   (B) answer

4. Busan is ------- for its incredibly delicious seafood.

    (A) fame   (B) famous

유형 연습하기 문제에 쓰인 문장을 주어, 동사, 보어, 목적어, 수식어 등으로 분석하여 문장 구조를 파악해보세요.

1. No errors   must occur   during the basketball team's championship game.
└──── 주어 ────┘ └동사(조동사+동사원형)┘ └────────────── 수식어(전치사+명사) ──────────────┘

그 어떤 실수도   일어나서는 안 된다   그 농구팀의 결승전 동안

2. President Gore   will talk   about the negative impact   of global warming.
└───── 주어 ─────┘ └─ 동사 ─┘ └───── 수식어(전치사+명사) ─────┘ └── 수식어(전치사+명사) ──┘

Gore 대통령은   말할 것이다   부정적인 영향에 대해   지구 온난화의

3. Please   respond   to this e-mail message   as soon as possible.
└감탄사┘ └동사(명령문)┘ └──── 수식어(전치사+명사) ────┘ └──── 수식어(부사) ────┘

부디   응답하세요   이 이메일 메시지에   가능한 한 빨리

4. Busan   is   famous   for its incredibly delicious seafood.
└주어┘ └동사┘ └주격보어┘ └──────── 수식어(전치사+명사) ────────┘

부산은   ~이다   유명한   엄청나게 맛있는 해산물로

3형식/4형식 동사

3형식과 4형식 동사는 목적어를 반드시 가져야 하는 타동사입니다. 3형식 동사는 목적어 1개만을 가지며, 4형식 동사는 목적어를 2개를 가집니다.

> You should **submit a weekly report** every Friday.
>   동사   목적어
>
> 당신은 금요일마다 주간 보고서를 제출해야 한다.

- submit은 '~을 제출하다'라는 의미의 동사입니다. 그 뜻에서도 볼 수 있듯이 submit은 '~을'에 해당하는 목적어가 필요한 동사입니다.
- 위 문장에서는 submit 뒤에 a weekly report(주간 보고서)라는 명사가 있습니다.
- 동사 뒤에 오는 명사가 '~을/를'에 해당하는 의미를 나타낸다면 그것은 목적어입니다.
- every Friday는 시간을 나타내는 부사이므로 수식어에 속하기 때문에 문장 성분으로 취급되지 않습니다.
- submit과 같이 1개의 명사 목적어만 가지는 동사를 3형식의 동사라고 부릅니다.
- 3형식 동사는 「주어-타동사-목적어」라는 문장의 구조를 결정합니다.
- 목적어의 자리에는 명사 뿐만 아니라, 명사와 같은 역할을 하는 대명사도 쓰일 수 있습니다.

 켈리쌤 **문법 뽀개기!**

자동사, 타동사 의미를 모두 가지는 동사

자동사 중에는 타동사의 의미도 가지고 있는 동사가 있습니다. 이러한 동사의 경우 문장에서 보어나 목적어의 유무를 확인하고 자동사로 쓰였는지 타동사로 쓰였는지 파악한 후에 그에 맞는 의미로 해석해야 합니다.

	자동사	타동사
run	달리다	운영하다, 작동시키다
move	움직이다, 이사하다	옮기다, 이동시키다
increase	증가하다	증가시키다
speak	말하다	(언어를) 할 줄 알다, 쓰다
open	열리다	열다, 벌리다
grow	자라다, 증가하다, ~해지다	재배하다, 키우다
expand	확대되다, 확장되다	확대시키다, 확장시키다

> ## He **gave** **me** **a lot of money.**
> 주어 수여동사 간접목적어 직접목적어
>
> 그는 나에게 많은 돈을 주었다.

- give는 '~에게 ~을/를 주다'라는 의미의 동사입니다. 그 뜻에서도 알 수 있듯이 give는 '~에게'와 '~을/를'에 해당하는 2개의 목적어가 필요한 동사입니다.
- 위 문장에서는 give의 과거형 gave 뒤에 대명사 me와 명사구 a lot of money가 있습니다.
- '~에게'에 해당하는 me를 간접목적어라고 하며, '~을/를'에 해당하는 a lot of money를 직접목적어라고 합니다.
- 이처럼 간접목적어와 직접목적어를 순서대로 가져야 하는 동사를 '수여동사'라고 합니다.

 **켈리쌤 문법 뽀개기!**

간접목적어, 직접목적어를 가지는 4형식 동사(수여동사)

아래의 동사들은 '~에게', '~을/를'에 해당하는 2개의 목적어(간접, 직접)가 필요한 수여동사입니다.

give 주다	**show** 보여주다	**send** 보내주다	**bring** 갖다 주다
teach 가르쳐주다	**make** 만들어 주다	**tell** 말해 주다	**buy** 사주다
lend 빌려주다	**offer** 제공하다	**pass** 전달하다	**forward** 전달하다

* 4형식 동사 뒤에 직접목적어를 먼저 쓸 경우, 그 뒤에 「전치사 to/for + 간접목적어」를 써야 합니다. 이 때 문장의 형식은 4형식이 아닌 3형식 문장이 됩니다.

* 「수여동사 + 간접목적어 + 직접목적어」 순서로 쓸 경우, 각 목적어 앞에는 전치사를 쓰지 않습니다.

유형 연습하기

빈칸에 들어갈 단어를 선택하고 그 이유를 생각해 보세요.   (📖 정답및해설) p.19

1. When checking into the hotel, please present your -------.

   (A) identification   (B) identify

2. The price of an oil change includes an ------- of the engine.

   (A) inspection   (B) inspect

3. The Museum of Modern Art will show ------- a new exhibition next month.

   (A) you   (B) to you

4. If you tell me -------, I will send you a present.

(A) your address   (B) about your address

문장 구조 분석하기

유형 연습하기 문제에 쓰인 문장을 주어, 동사, 보어, 목적어, 수식어 등으로 분석하여 문장 구조를 파악해보세요.

1. When checking into the hotel,   please   present   your identification.
└──────── 수식어 ────────┘   └ 감탄사 ┘ └ 동사(명령문)┘ └──── 목적어 ────┘

　　　호텔에 투숙할 때,　　　　　　부디　　제시하세요　　당신의 신분증을

2. The price   of an oil change   includes   an inspection   of the engine.
└─ 주어 ─┘ └── 수식어(전치사구) ──┘ └ 동사 ─┘ └─── 목적어 ───┘ └─ 수식어(전치사구) ─┘

　　가격은　　　오일 교환의　　　포함한다　　점검을　　　엔진의

3. The Museum of Modern Art   will show   you   a new exhibition
└──────── 주어 ────────┘ └ 동사 ┘ └간접목적어┘ └── 직접목적어 ──┘

　　　　현대 미술 박물관은　　　　보여줄 것이다 여러분에게　　새로운 전시를

next month.
└ 수식어(부사) ┘

다음 달에

4.   If   you   tell   me   your address,   I   will send   you
└접속사┘ └주어┘ └동사┘ └간접목적어┘ └── 직접목적어 ──┘ └주어┘ └─ 동사 ─┘ └간접목적어┘
└──────────── 수식어(부사절) ────────────┘

　　만약　 당신이 말해준다면 나에게　　당신의 주소를　　　　내가　　보내줄 것이다　　당신에게

a present.
└ 직접목적어 ┘

선물을

5형식 동사

5형식 동사는 목적어와 목적격보어를 가지는 타동사입니다. 5형식 동사 뒤에 목적어만 있고 목적격보어가 없으면 의미가 불완전해집니다. 하지만 5형식 동사는 3형식으로 쓰이는 경우도 많기 때문에 목적어 뒤에 목적격 보어가 없으면 3형식 동사로 쓰일 때의 의미로 해석해야 합니다.

> **You make me happy.**
> 주어 동사 목적어 목적격보어
>
> 당신은 나를 행복하게 만든다.

- 5형식의 동사는 그 뒤에 목적어, 그리고 목적격보어가 순서대로 필요합니다.
- make는 5형식의 동사로서, 「make-목적어-목적격보어」의 순서로 문장이 나열되며, '(목적어)를 (목적격 보어)하게 만들다'라고 해석합니다.
- 타동사 make의 뒤는 목적어 자리이기 때문에 목적격인 me가 위치하였습니다.
- 타동사 make는 4형식 동사로도 쓰이지만, happy는 형용사이므로 make의 직접목적어가 아니라 목적 격보어로 사용되었습니다. 이를 통해 make의 의미를 구분하여 해석할 수 있습니다.
- 대부분의 5형식 동사들은 목적격보어의 자리에 형용사를 가집니다. (p. 34 참조)

유형 연습하기

빈칸에 들어갈 단어를 선택하고 그 이유를 생각해 보세요.   정답 및 해설 p.20

1. You should keep the confidential files -------.

    (A) safe   (B) safety

2. Mr. Son found the questions ------- to answer.

    (A) difficult   (B) difficulty

3. Please leave the door ------- when you enter the office.

    (A) opening   (B) open

4. This chart makes the presentation more -------.

(A) understand   (B) understandable

문장 구조 분석하기

유형 연습하기 문제에 쓰인 문장을 주어, 동사, 보어, 목적어, 수식어 등으로 분석하여 문장 구조를 파악해보세요.

1. You should keep the confidential files safe.

└주어┘ └─동사─┘ └─────목적어─────┘ └목적격보어┘

당신은 보관해야 한다 기밀 파일들을 안전하게

2. Mr. Son found the questions difficult to answer.

└─주어─┘ └─동사─┘ └──목적어──┘ └목적격보어┘ └─수식어─┘

Son 씨는 알아차렸다 그 질문들을 어렵다고 대답하기에

3. Please leave the door open when you enter the office.

└감탄사┘ └동사┘ └목적어┘ └목적격보어┘ └──────수식어(부사절)──────┘

부디 남겨두세요 그 문을 열린 채로 당신이 사무실에 들어갈 때

4. This chart makes the presentation more understandable.

└─주어─┘ └동사┘ └──목적어──┘ └─목적격보어 (부사+형용사)─┘

이 차트는 만든다 그 발표를 더 이해하기 쉽게

켈리쌤 문법 뽀개기!

직접목적어와 목적격보어의 구분

4형식 동사의 직접목적어와 5형식 동사의 목적격보어 자리에는 똑같이 명사가 위치할 수 있습니다. Make와 같이 하나의 동사가 4형식과 5형식 문장에 모두 쓰일 수 있다면, 동사 뒤에 위치한 2개의 명사가 간접목적어/직접목적어인지, 목적어/목적격보어인지 문맥에 맞게 해석해야 합니다.

Mr. Ryu made his daughter a beautiful doll.

간접목적어 직접목적어(명사)

Ryu 씨는 그의 딸에게 아름다운 인형을 만들어 주었다. (4형식: '그의 딸'에게 '아름다운 인형'을)

Mr. Ryu made his daughter a skillful speaker.

목적어 목적격보어(명사)

Ryu 씨는 그의 딸을 능숙한 연설가로 만들었다. (5형식: '그의 딸' = '능숙한 연설가')

실제 토익과 같은 난이도로 출제된 문제입니다. 시험장에서 문제를 푸는 기분으로 10문제를 제한시간 7분 내에 풀어보세요. 그리고 토익은 주어진 시간 내에 풀어야 하는 시험이므로 시간을 꼭 지켜 주세요.

정답 및 해설 p.20

1. Staff members must ------- the workshop at least twice a year.

    (A) attend
    (B) participate
    (C) make
    (D) put

2. Please ------- the manual before you install the software onto the computer.

    (A) react
    (B) read
    (C) respond
    (D) rise

3. Remember to mention the upcoming concert when you ------- to the crowd.

    (A) praise
    (B) discuss
    (C) speak
    (D) welcome

4. By next Wednesday, all employees must submit their monthly -------.

    (A) reports
    (B) reportable
    (C) reportedly
    (D) reporter

5. Until 6 P.M. on January 10th, tickets that are purchased for the baseball game at Jamsil Stadium are completely -------.

    (A) refunds
    (B) refundable
    (C) refund
    (D) refunding

6. The people of Oak Town are enthusiastically ------- for the café, which will replace the supermarket.

(A) awaiting
(B) expecting
(C) waiting
(D) running

7. As the CEO of the company, Mrs. Hendricks must make every shareholder -------.

(A) satisfy
(B) satisfied
(C) satisfaction
(D) satisfyingly

8. Mr. Goulding was very ------- with connecting local businesses to foreign investors.

(A) help
(B) helped
(C) helping
(D) helpful

9. The CEO of HJ Motors will ------- a speech during today's benefit luncheon.

(A) give
(B) warn
(C) participate
(D) talk

10. After his return to Los Angeles, John Kim ------- a best-selling book about his journey.

(A) published
(B) processed
(C) placed
(D) packed

Unit 07
수일치

학습 목표

영어는 수에 매우 민감한 것 같아요. 명사가 단수인지, 복수인지 따져야 하는데, 명사가 주어일 때는 동사의 형태까지 영향을 주거든요. 토익에서는 수일치에만 관련된 문제는 출제되지 않습니다. 하지만, 수일치를 알지 못하면 보기 중에 정답이 마치 2개인 것 같은 상황이 발생합니다. 한번에 정확하게 정답을 고를 수 있도록 명사의 수에 따른 동사의 수일치를 확실히 알아봅시다.

어휘 맛보기

Unit 7에서 다룰 어휘를 미리 확인해봅시다.

최신 기출 포인트 19

• client	몡 고객, 의뢰인
• Inc. (=incorporated)	혱 주식회사, 법인의
• adult	몡 성인, 어른
• in a row	연속으로, 연달아
• promotion	몡 홍보, 승진
• linguistics	몡 언어학
• retirement	몡 은퇴
• announce	통 발표하다, 알리다
• fundraiser	몡 모금 행사
• meet	통 충족시키다
• goal	몡 목표
• design	통 고안하다, 설계하다
• provide A with B	A에게 B를 제공하다

최신 기출 포인트 20

- additional   형 추가의, 추가적인
- add   동 추가하다, 더하다
- package   명 소포
- weigh   동 무게가 나가다
- over   전 ~이상으로, ~넘어
- instructional   형 교육용의
- storage   명 저장, 저장고
- logistics   명 물류 관리
- cooperation   명 협력, 협조
- overtime   명 초과 업무, 시간외 근무
- appreciate   동 감사하다, 고마워하다
- be held   (행사 등이) 열리다, 개최되다
- local   형 지역의, 현지의
- pamphlet   명 소책자, 팸플릿

최신 기출 포인트 21

- below   부 아래에
- would like to do   ~하고 싶다
- subscribe   동 구독하다
- monthly   형 매달의, 월 단위의
- application form   명 신청서
- in advance   미리, 사전에
- attend   동 참석하다
- share   동 공유하다, 나누다

주어가 단수명사면, 동사도 단수동사로 맞춘다.

동사는 주어의 수에 맞추어 형태를 변화시켜야 합니다. 주어가 단수명사인지 복수명사인지에 따라 동사의 형태가 변하는데, 주어가 셀 수 없는 명사(불가산명사)일 경우 항상 단수명사 취급됩니다. 특히, 동사의 형태 변화는 여러 시제에도 단수, 복수형태가 다르게 적용되므로 암기할 필요가 있습니다.

단수주어(단수명사)	단수동사
A client He / She / It EDC Inc.(고유명사) To submit your résumé on time Submitting your résumé on time (to부정사/동명사) That I submitted my résumé on time (명사절)	is (be동사 현재) was (be동사 과거) has (+p.p.) 동사원형+(e)s

---

The cost of tickets to the concert for adults **is** $30.
　주어(단수명사)　　　　　　　　　　　　　　　　　　단수동사

콘서트의 성인 티켓 가격은 30달러이다.

- 위의 문장의 주어는 The cost이며, 동사는 is입니다.

- 주어와 동사 사이에 있는 of tickets, to the concert, for adults는 모두 주어에 대한 수식어(전치사구)입니다.

- 주어가 단수명사인 The cost이므로, 동사 또한 단수명사 주어에 맞는 형태를 취해야 합니다. 현재시제인 경우 be동사는 is, 일반동사는 동사에 -(e)s를 붙입니다. 과거시제일 경우 be동사는 was, 일반동사는 과거형태(-ed)로 씁니다.

 **켈리쌤** 문법 쪼개기!

과거시제/미래시제 동사의 수일치

과거시제와 미래시제의 일반동사는 주어의 수에 상관없이 모두 동일한 과거/미래 형태를 가집니다.

I/You/Kelly/They **watched** two movies in a row last night.
나는/너는/켈리는/그들은 지난 밤에 두 편의 영화를 연속으로 보았다.

I/You/Kelly/They **will attend** the meeting this afternoon.
나는/너는/켈리는/그들은 오늘 오후에 그 회의에 참석할 것이다.

> **Doori Tours starts** a promotion event every summer.
> 　주어(단수명사)　　단수동사
>
> Doori Tours는 매년 여름 홍보 행사를 시작한다.

- 위 문장에서 주어는 Doori Tours이며, 동사는 starts입니다.
- 주어인 Doori Tours는 대문자로 쓰여져 있으므로 고유명사임을 알 수 있습니다. 명사에 -s가 붙은 형태는 복수명사의 형태이지만 회사명과 같이 고유명사이거나, linguistics와 같은 학문의 명칭은 항상 단수 취급합니다.
- 일반동사의 현재시제 단수동사 형태는 동사에 -(e)s가 붙는 형태이므로, 단수명사 주어에 맞춰 일반동사인 start의 단수동사 형태인 starts가 쓰였습니다.

유형 연습하기

빈칸에 들어갈 단어를 선택하고 그 이유를 생각해 보세요.　　📱정답 및 해설 p.22

1. Carmelo Anthony ------- his retirement from the Olympic basketball team.

　(A) have announced　　　(B) has announced

2. The ------- for this month's fundraiser has been met.

　(A) goal　　　　　　　　(B) goals

3. The Modern Music Museum ------- designed and built in 1905 by a famous architect.

　(A) was　　　　　　　　(B) were

4. Samic Electronics ------- each worker with a company smartphone for business use.

　(A) provides　　　　　　(B) provide

문장 구조 분석하기

유형 연습하기 문제에 쓰인 문장을 주어, 동사, 보어, 목적어, 수식어 등으로 분석하여 문장 구조를 파악해보세요.

1. Carmelo Anthony / has announced / his retirement

└─ 주어 ─┘ └─ 동사 ─┘ └─ 목적어 ─┘

Carmelo Anthony는 / 발표했다 / 그의 은퇴를

from the Olympic basketball team.

└─ 수식어(전치사구) ─┘

올림픽 농구팀으로부터의

2. The goal / for this month's fundraiser / has been met.

└─ 주어 ─┘ └─ 수식어(전치사구) ─┘ └─ 동사(수동태) ─┘

목표는 / 이번 달의 모금행사에 대한 / 충족되었다

3. The Modern Music Museum / was designed and built / in 1905

└─ 주어 ─┘ └─ 동사(수동태) ─┘ └─ 수식어(전치사구) ─┘

현대 음악 박물관은 / 설계되고 지어졌다 / 1905년에

by a famous architect.

└─ 수식어(전치사구) ─┘

유명한 건축가에 의해

4. Samic Electronics / provides / each worker / with a company smartphone

└─ 주어 ─┘ └─ 동사 ─┘ └─ 목적어 ─┘ └─ 수식어(전치사구) ─┘

Samic Electronics는 / 제공한다 / 각 직원에게 / 회사를 위한 스마트폰을

for business use.

└─ 수식어(전치사구) ─┘

업무용으로

주어가 복수명사면, 동사도 복수동사로 맞춘다.

주어가 복수명사일 경우 동사도 복수동사를 사용해야 합니다. 복수동사는 be동사의 형태만 따로 가질 뿐, 그 외에는 현재시제에서 모두 동사원형과 동일한 형태로 사용되며, 과거시제와 미래시제는 단수동사와 동일합니다.

복수주어(복수명사)	복수동사(현재시제)
Many clients	are (be동사)
We / You / They	have
A book and a pen (A and B)	일반동사 원형

> **Additional costs are** added when sending packages that
> 　　주어(복수명사)　　복수동사
> **weigh over 50 pounds.**
>
> 50파운드 이상 무게가 나가는 소포를 보낼 때는 추가 비용이 더해집니다.

- 주어가 additional costs(복수명사)이기 때문에 동사도 복수동사가 쓰여야 합니다.
- be동사의 복수형은 are와 were가 있는데, 현재시제이므로 are를 씁니다. (were=과거시제)
- 주어가 복수명사일 때 단수동사를 쓸 수 없습니다. (주어-동사 수 불일치)
- 복수동사는 are/were(be동사), have p.p.(현재완료시제), 일반동사는 현재시제 기준으로 동사원형을 쓰며, 과거와 미래시제는 단수, 복수 동일한 형태를 씁니다.

유형 연습하기

빈칸에 들어갈 단어를 선택하고 그 이유를 생각해 보세요.　　　　정답 및 해설 p.23

1. Old instructional videos for yoga used at Health and Wellness Fitness ------- in the storage room.

   (A) are　　　　　　　　(B) is

2. Managers from New Way Logistics ------- the cooperation of its employees concerning the added overtime hours for this weekend.

   (A) appreciates　　　　(B) appreciate

3. Auditions for the town concert ------- being held for amateur musicians.

(A) are   (B) is

4. The ------- for this year's convention are being sent to local cafés.

(A) pamphlets   (B) pamphlet

문장 구조 분석하기

유형 연습하기 문제에 쓰인 문장을 주어, 동사, 보어, 목적어, 수식어 등으로 분석하여 문장 구조를 파악해보세요.

1. Old instructional videos | for yoga | used at Health and Wellness Fitness

　　　주어(복수)　　　　　수식어(전치사구)　　　수식어(과거분사+전치사구)

　오래된 교육용 비디오는　　요가를 위한　　Health and Wellness Fitness에서 사용된

are | in the storage room.

동사(복수)　수식어(전치사구)

있다　　　창고실에

2. Managers | from New Way Logistics | appreciate | the cooperation

　주어(복수)　　수식어(전치사구)　　동사(복수)　　목적어

관리자들은　　New Way Logistics에서의　　감사한다　　협조를

of its employees | concerning the added overtime hours | for this weekend.

수식어(전치사구)　　수식어(전치사구)　　수식어(전치사구)

그 직원들의　　추가 근무에 관련해　　이번 주말동안

3. Auditions | for the town concert | are being held | for amateur musicians.

주어(복수)　　수식어(전치사구)　　동사(복수)　　수식어(전치사구)

오디션은　　시의 콘서트를 위한　　열리고 있다　　아마추어 음악가들을 위해

4. The pamphlets | for this year's convention | are being sent | to local cafés.

주어(복수)　　수식어(전치사구)　　동사(복수)　　수식어(전치사구)

팸플릿은　　올해의 컨벤션을 위한　　보내지고 있다　　지역의 카페들로

조동사 뒤와 명령문에는 항상 동사원형이 위치한다.

주어 없이 감탄사 please로 시작하는 명령문이나 will, can과 같은 조동사 뒤에는 시제나 수일치에 상관없이 항상 동사원형을 씁니다. be동사는 be로, 일반동사는 -(e)s 나 -(e)d가 붙지 않은 원형 그대로를 씁니다.

Please be quiet. / **Be** quiet.
　　　　동사원형　　　　　　동사원형

조용히 해주세요. / 조용히 해.

- 문장에 주어가 없는 상태로 동사원형으로 시작하는 문장을 명령문이라고 합니다.
- 명령문에 감탄사 Please를 함께 사용하여 정중하면서도 간곡한 표현을 나타낼 수 있습니다.
- 주어가 없는 문장에서 Please 뒤에 빈칸이 있다면, 그 빈칸은 동사원형의 자리입니다.

켈리쌤 문법 뽀개기!

명령문의 특징

1. 주어가 없다.
명령문은 항상 상대방(2인칭 you)에게 하는 말이기 때문에 주어인 you가 생략된 문장입니다.

2. 동사원형으로 시작한다.
명령문은 동사원형으로 시작해야 하므로 '친절해라(Be kind)'와 같은 형용사 kind가 쓰여야 하는 명령문에는 be동사의 동사원형 be가 함께 쓰여야 합니다. 일반동사는 -(e)s 또는 -(e)d 등이 붙지 않은 원형 그대로 쓰입니다.

3. 감탄사 please가 함께 쓰일 수 있다.
'부디 ~해주세요', '제발'과 같은 요청의 의미를 담고 있는 감탄사 please는 명령문과 자주 함께 쓰입니다. 명령문 앞에 위치할 수도 있고, 뒤에 위치할 수도 있습니다.

Please have a seat. / Have a seat, **please**. 앉으세요.

Students **should be** quiet in the library.
　주어　　　조동사 동사원형

학생들은 도서관에서 조용히 있어야 한다.

You **can use** the lounge on the first floor if you want to have a
주어　조동사 동사원형

chat with someone.

당신이 누군가와 이야기를 나누고 싶다면 1층에 있는 휴게실을 이용할 수 있다.

- 조동사는 의무, 가능성, 허락 등과 같은 의미를 나타내며 동사의 의미를 보조하는 역할을 합니다.
- 조동사가 쓰인 문장에서 시제나 수일치는 조동사에 적용되기 때문에 주어가 단수명사이든, 복수명사이든 상관없이 조동사 뒤에는 동사원형으로 쓰입니다.
- 위의 두 문장에서 조동사 should, can 뒤에 각각 be동사의 동사원형 be, use의 동사원형 use가 쓰인 것을 확인할 수 있습니다.

QR특강 06
조동사의
종류와 의미

유형 연습하기

빈칸에 들어갈 단어를 선택하고 그 이유를 생각해 보세요.　　　📖정답 및 해설 p.23

1. Please ------- the hyperlink below if you would like to subscribe to our monthly magazine.

   (A) clicking　　　　　(B) click

2. President Lee will ------- 500 schools with free lunches for the next five years.

   (A) provides　　　　　(B) provide

3. ------- the application form in advance if you want to attend this month's conference.

   (A) Completing　　　　(B) Complete

4. At the next staff meeting, the manager will ------- important information with the marketing team.

   (A) shares　　　　　(B) share

유형 연습하기 문제에 쓰인 문장을 주어, 동사, 보어, 목적어, 수식어 등으로 분석하여 문장 구조를 파악해보세요.

1. Please   click   the hyperlink   below
└ 감탄사 ┘ └ 동사 ┘ └── 목적어 ──┘ └ 수식어 ┘

부디   클릭하세요   하이퍼링크를   아래에 있는

if you would like to subscribe our monthly magazine.
└──────────── 수식어(부사절) ────────────┘

만약 당신이 저희의 월간 잡지를 구독하고 싶으시면

2. President Lee   will provide   500 schools   with free lunches
└──── 주어 ────┘ └ 동사(조동사+동사원형) ┘ └── 목적어 ──┘ └── 수식어(전치사구) ──┘

Lee 대통령은   제공할 것이다   500개 학교에   무료 점심을

for the next five years.
└──── 수식어(전치사구) ────┘

향후 5년 동안

3. Complete   the application form   in advance
└── 동사 ──┘ └──── 목적어 ────┘ └ 수식어(전치사구) ┘

완성하세요   신청서를   미리

if you want to attend this month's conference.
└──────── 수식어(부사절) ────────┘

만약 당신이 이번 달 컨퍼런스에 참석하길 원한다면

4. At the next staff meeting,   the manager   will share
└──── 수식어(전치사구) ────┘ └── 주어 ──┘ └ 동사(조동사+동사원형) ┘

다음 직원 회의에서   관리자는   공유할 것이다

important information   with the marketing team.
└──── 목적어 ────┘ └──── 수식어(전치사구) ────┘

중요한 정보를   마케팅팀과 함께

실제 토익과 같은 난이도로 출제된 문제입니다. 시험장에서 문제를 푸는 기분으로 10문제를 제한시간 7분 내에 풀어보세요. 그리고 토익은 주어진 시간 내에 풀어야 하는 시험이므로 시간을 꼭 지켜 주세요.

정답 및 해설 p.24

1. On the recent annual report, AR Media's earnings ------- higher than people had predicted.

(A) be
(B) were
(C) has
(D) have

2. The new Tanaka hard drives ------- more space to download movie files.

(A) have allowed
(B) allows
(C) is allowed
(D) allowing

3. The new Vice President of Operations ------- expected to be Jordan Smith.

(A) are
(B) is
(C) have
(D) been

4. Your request for a schedule change ------- been sent to Human Resources.

(A) have
(B) has
(C) is
(D) will

5. At the night market, both dark chocolate and milk chocolate ------- sold.

(A) was
(B) were
(C) being
(D) be

6. When checking into the hotel, please ------- your reservation information.

(A) presenting
(B) presented
(C) present
(D) presents

7. Heavy rains for the past two months ------- officials from reopening Highway 99.

(A) prevents
(B) is prevented
(C) preventing
(D) have prevented

8. The article ------- carefully written to provide a detailed history of cars.

(A) was
(B) being
(C) are
(D) have

9. Age requirements for renting a vehicle slightly ------- from company to company.

(A) differ
(B) different
(C) difference
(D) differs

10. Neighbors have been ------- about dogs barking at night.

(A) admiring
(B) praising
(C) promising
(D) complaining

Unit 08
시제

학습 목표

동사의 형태를 고르는 문제에서는 동사의 종류 뿐만 아니라, 주어와 동사의 수 일치, 태(능동/수동), 그리고 동사의 시제까지 고려해야 합니다. 특히 동사 관련 문제를 푸는 데 있어서 동사의 시제가 가장 중요한 고려사항입니다. 12가지나 되는 동사의 시제 중에서 가장 기본적인 시제인 현재, 과거, 미래, 현재완료시제에 대해 알아보고, 그 형태와 의미를 짚어보도록 합시다. 또한, 특정 시제와 함께 쓰이는 표현들을 알아두면 동사의 시제에 관련된 문제는 쉽게 풀 수 있으니 반드시 숙지하도록 해야 합니다.

어휘 맛보기

Unit 8에서 다룰 어휘를 미리 확인해봅시다.

최신 기출 포인트 22

• implement	통 시행하다, 실행하다
• security	명 보안, 경비
• at the beginning of	~의 초반에, ~가 시작할 때
• host	통 주최하다
• run	통 지속되다, 운영되다
• fair	명 박람회

최신 기출 포인트 23

• ship	통 배송하다, 운송하다
• official	명 공무원
• environmentalist	명 환경운동가
• preservation	명 보호, 보존
• rain forest	명 (열대) 우림
• fluctuation	명 변동
• purchase	명 구매
• organic	형 유기농의
• further notice	명 추후 통보

최신 기출 포인트 24

- have an interview   면접을 보다
- candidate   ⑲ 후보자, 지원자
- head   ⑲ 수석, 우두머리
- position   ⑲ 직급, 직무, 자리
- phone directory   ⑲ 전화번호부
- a number of   수많은
- recently   ⑼ 최근에
- previously   ⑼ 이전에
- the number of   ~의 (개)수
- contribution (to)   ⑲ (~에 대한) 기여, 공헌

일반동사의 시제 형태

시제의 분류		형태
단순시제	단순과거	동사 + (e)d (규칙동사의 경우)
	단순현재	동사원형 / 동사 + (e)s
	단순미래	will + 동사원형
진행시제	과거진행	was/were + 동사ing
	현재진행	am/are/is + 동사ing
	미래진행	will be + 동사ing
완료시제	과거완료	had p.p.
	현재완료	has/have p.p.
	미래완료	will have p.p.
완료진행시제	과거완료진행	had been + 동사ing
	현재완료진행	has/have been + 동사ing
	미래완료진행	will have been + 동사ing

현재시제와 과거시제

시제는 동사가 나타내는 동작 또는 행위가 발생하는 시점을 나타냅니다. 시제 중에서 가장 대표적인 현재시제와 과거시제의 쓰임과 형태를 배우고 함께 쓰이는 표현을 학습하면 문맥에 맞는 적절한 시제를 고를 수 있습니다.

Mr. Brown visits Japan every two months.
주어 　　　동사(현재)　　　　　수식어(반복을 나타내는 부사)

Brown 씨는 2개월마다 일본을 방문합니다.

- 동사의 시제는 문장에서 시간을 나타내는 표현과 일치해야 합니다.
- every two months는 '매 2개월마다'라는 의미로, 반복적인 시간을 나타내는 부사 표현입니다.
- 반복, 습관, 변하지 않는 사실, 현재의 상태에 관한 표현은 보통 현재시제와 함께 씁니다.

Mr. Brown visited Japan three months ago.
주어 　　　동사(과거)　　　　수식어(과거 시점을 나타내는 부사)

Brown 씨는 3개월 전에 일본을 방문했습니다.

- 동사의 시제는 문장에서 시간을 나타내는 표현과 일치해야 합니다.
- three months ago는 '3개월 전에'라는 의미로, '~전에'라는 의미로 과거를 나타내는 부사 ago가 쓰여 과거시점을 나타내는 표현입니다.
- 과거시제는 과거 사실이나 과거에 있었던 일, 과거의 상태를 언급할 때 사용하는 시제입니다.
- 동사의 과거형은 동사원형에 -(e)d 어미가 붙는 규칙동사와 동사만의 특유한 형태의 과거형을 가지는 불규칙동사가 있습니다.

QR특강 07
동사의 과거형

켈리쌤 문법 뽀개기!

현재시제/과거시제와 함께 쓰이는 표현

앞서 배운 every, ago와 같이 각 시제와 함께 쓰이는 표현에는 더 많은 것들이 있습니다. 이 표현들을 알아두면 동사의 시제를 쉽게 파악할 수 있습니다.

1. 현재시제와 함께 쓰이는 부사

now 지금	**always** 항상	**usually** 일반적으로, 보통	**sometimes** 가끔
often 종종	**frequently** 종종, 자주	「**every** + 시간명사」 ~마다	

2. 과거시제와 함께 쓰이는 부사

ago 전에	**yesterday** 어제	「**last** + 시간명사」 지난 ~에	**previously** 이전에

QR특강 08
현재진행과
과거진행시제

유형 연습하기

빈칸에 들어갈 단어를 선택하고 그 이유를 생각해 보세요. 정답 및 해설 p.26

1. Nanosoft ------- the newest security packages at the beginning of every month.

(A) implements   (B) has implemented

2. Red Star Industries ------- a concert last month.

(A) hosts   (B) hosted

3. Redwood Company's customer service ------- for twelve hours a day now.

(A) runs   (B) ran

4. Mrs. Martin will talk about the Job Fair that she ------- last week in Chicago.

(A) attends   (B) attended

유형 연습하기 문제에 쓰인 문장을 주어, 동사, 보어, 목적어, 수식어 등으로 분석하여 문장 구조를 파악해보세요.

1. Nanosoft implements the newest security packages
└─ 주어 ─┘ └─ 동사(현재) ─┘ └──────── 목적어 ────────┘

Nanosoft는   시행한다   최신 보안 패키지를

at the beginning of every month.
└────── 수식어(전치사구) ──────┘

매달 초에

2. Red Star Industries hosted a concert last month.
└──────── 주어 ────────┘ └ 동사(과거) ┘ └ 목적어 ┘ └ 수식어(과거) ┘

Red Star Industries는   주최하였다   콘서트를   지난 달에

3. Redwood Company's customer service runs
└──────────── 주어 ────────────┘ └ 동사(현재) ┘

Redwood Company의 고객 서비스는   운영한다

for twelve hours a day now.
└────── 수식어(반복시간) ──────┘ └ 수식어(현재) ┘

하루에 12시간 동안   현재

4. Mrs. Martin will talk about the Job Fair
└─ 주어 ─┘ └─ 동사 ─┘ └──── 수식어(전치사구) ────┘

Martin 씨는   이야기할 것이다   채용박람회에 대해

that she attended last week in Chicago.
└ 접속사(관계대명사) ┘ └ 주어 ┘ └ 동사(과거) ┘ └ 수식어(과거) ┘ └── 수식어 ──┘
└──────────────── 수식어(형용사절) ────────────────┘

그녀가   참석했던   지난 주에   시카고에서

미래시제

미래시제는 「will + 동사원형」으로 미래에 일어날 일, 미래에 할 일을 나타내는 시제입니다.

> **I will ship your order tomorrow.**
> 주어 동사(미래)   미래시간부사
>
> 저는 내일 당신의 주문을 배송할 것입니다.

- tomorrow는 '내일'이라는 미래시점을 나타내는 부사이므로 동사의 시제도 미래시제가 되어야 합니다.
- 미래시제는 앞으로 일어날 일이나 미래에 할 일을 나타내며, '~할 것이다'라고 해석됩니다.
- 「will + 동사원형」 대신에 「be동사(is/am/are) going to + 동사원형」을 써서 미래시제를 나타내기도 합니다.

켈리쌤 문법 뽀개기!

미래시제와 함께 쓰이는 표현

tomorrow 내일	**later** 나중에	「**next** + 시점명사」 다음 ~에	「**this** + 시점명사」 이번 ~에
in the future 향후에	**soon** 곧	「**when/if** + 현재시제」 ~할 때, ~하면	

유형 연습하기

빈칸에 들어갈 단어를 선택하고 그 이유를 생각해 보세요.   📖 정답 및 해설 p.26

1. Tomorrow, city officials and environmentalists ------- about the preservation of the rain forests.

　(A) talks　　　　　　(B) will talk

2. Smith High School ------- running buses from Fountain Park to the front of the school next week.

　(A) began　　　　　　(B) will begin

3. Because of recent price fluctuations, every purchase of organic items ------- until further notice.

(A) will be delayed   (B) is delayed

4. Next Saturday, we ------- the department's new marketing plan.

(A) will discuss   (B) discuss

문장 구조 분석하기

유형 연습하기 문제에 쓰인 문장을 주어, 동사, 보어, 목적어, 수식어 등으로 분석하여 문장 구조를 파악해보세요.

1. Tomorrow, city officials and environmentalists will talk
└ 수식어(미래) ┘ └──── 주어 ────┘ └ 동사(미래) ┘
내일　　　　　시의 공무원들과 환경운동가들은　　　　말할 것이다

about the preservation of the rain forests.
└──── 수식어(전치사구) ────┘ └──── 수식어(전치사구) ────┘
보호에 대해　　　　　　열대 우림의

2. Smith High School will begin running buses from Fountain Park
└──── 주어 ────┘ └ 동사(미래) ┘ └ 동명사 ┘ └ 동명사의 목적어 ┘ └──── 수식어(전치사구) ────┘
└──────────── 목적어 ────────────┘
Smith 고등학교는　　시작할 것이다　　버스를 운영하는 것을 Fountain Park에서

to the front of the school next week.
└──── 수식어(전치사구) ────┘ └ 수식어(미래) ┘
학교 앞까지　　　　다음 주에

3. Because of recent price fluctuations, every purchase of organic items
└──────── 수식어(전치사구) ────────┘ └──── 주어 ────┘ └── 수식어(전치사구) ──┘
최근 가격 변동 때문에　　　　모든 구매는　　　유기농 상품의

will be delayed until further notice.
└ 동사(미래/수동태) ┘ └──── 수식어(전치사구) ────┘
연기될 것이다　　　　추후 통보까지

4. Next Saturday, we will discuss the department's new marketing plan.
└──── 수식어(미래) ────┘ └ 주어 ┘ └ 동사(미래) ┘ └──────── 목적어 ────────┘
다음 주 토요일에,　　우리는　　논의할 것이다　　부서의 새로운 마케팅 계획을

현재완료시제

「has/have + p.p.」 형태로 쓰는 현재완료시제는 과거와 현재 사이의 기간 동안 발생하는 행위나 동작을 나타내는 시제입니다. 일반적으로 4가지의 용법으로 쓰인다고 알려져 있으나 그 중 가장 많이 쓰이는 '~해왔다'에 해당하는 계속 용법과 '~했다'에 해당하는 완료 용법에 대해 알아보겠습니다.

> **Mr. Kim has practiced speaking English for three years.**
> 주어　　　　　동사(현재완료)　　　　　　　　　　　　기간을 나타내는 표현
>
> Kim 씨는 3년 동안 영어 말하기를 연습해왔다.

- 현재완료시제 have p.p.는 과거에서 현재로 이어지는 기간을 나타내는 시제입니다.
- 현재완료시제는 「for + 기간(숫자 표현)」(~동안)과 함께 쓰이면 '~해왔다'라는 의미의 계속 용법으로 해석합니다.
- 계속 용법은 과거에서 현재까지 동작이나 행위를 지속적으로 해왔다는 것을 의미합니다.
- Mr. Kim과 같이 주어가 3인칭 단수일 경우에 현재완료시제의 형태는 has p.p.입니다.

> **The managers have just finished the weekly meeting.**
> 주어　　　　　　완료를　동사(현재완료)
> 　　　　　　나타내는 부사
>
> 관리자들은 막 주간 회의를 마쳤다.

- 현재완료시제가 부사 just(방금, 막)와 함께 쓰이면 '~했다'라는 의미의 완료 용법으로 해석합니다.
- 완료 용법으로 쓰인 현재완료시제는 현재시점에서 얼마 지나지 않은 아주 가까운 과거시점에 완료된 행위나 동작을 나타낼 때 쓰입니다.
- 완료 용법은 과거시제와 의미가 거의 동일하지만, ago, yesterday 등과 같은 과거시점을 나타내는 표현과 함께 쓰지 않습니다.
- The managers와 같이 주어가 복수명사일 경우에 현재완료시제의 형태는 have p.p.입니다.

켈리쌤 문법 뽀개기!

현재완료시제와 함께 쓰이는 표현

현재완료의 계속 용법과 완료 용법을 구분하는 가장 쉬운 방법은 바로 함께 쓰이는 표현으로 구분하는 것입니다.

1. 계속 용법에 쓰이는 부사 및 표현

「for/over + 기간」 ~ 동안   「since + 과거시점 명사」 ~이후로 계속

「since + 주어 + 과거시제」 ~했던 이후로 계속

2. 완료 용법에 쓰이는 부사 및 표현

just 방금, 막   **already** 이미, 벌써   **yet** 아직   **recently** 최근에

QR특강 09
현재완료 개념과 용법

유형 연습하기

빈칸에 들어갈 단어를 선택하고 그 이유를 생각해 보세요. 📖 정답 및 해설 p.27

1. Steve Kerr, a general manager, has just ------- an interview with two candidates for the head coach position.

(A) have   (B) had

2. Our phone directory has ------- been updated because of a large number of new employees.

(A) recently   (B) previously

3. Over the last six months, the number of the newspaper's subscribers ------- by almost 50 percent.

(A) has increased   (B) is increasing

4. A large contribution to the development of touch screen technology ------- by Sun Tech Logistics since 2015.

(A) was made   (B) has been made

유형 연습하기 문제에 쓰인 문장을 주어, 동사, 보어, 목적어, 수식어 등으로 분석하여 문장 구조를 파악해보세요.

1. Steve Kerr, a general manager,　has just had　an interview
└──────── 주어 ────────┘　└ 동사(현재완료+부사) ┘　└── 목적어 ──┘
　　　총괄 관리자인 Steve Kerr는　　　　방금 막 했다　　　면접을

with two candidates　for the head coach position.
└── 수식어(전치사구) ──┘　└──── 수식어(전치사구) ────┘
　　두 명의 후보자와　　　　수석 코치직을 위한

2. Our phone directory　has recently been updated
└──── 주어 ────┘　└──── 동사(현재완료+부사) ────┘
　　저희의 전화번호부는　　　최근에 업데이트되었습니다

because of a large number of new employees.
└──────── 수식어(전치사구) ────────┘
　　대단히 많은 수의 신입 직원 때문에

3. Over the last six months,　the number　of the newspaper's subscribers
└──── 수식어(전치사구) ────┘　└── 주어 ──┘　└──── 수식어(전치사구) ────┘
　　　지난 6개월 동안　　　　　수가　　　　　그 신문의 구독자의

has increased　by almost 50 percent.
└ 동사(현재완료) ┘　└── 수식어(전치사구) ──┘
　증가해왔다　　　거의 50퍼센트나

4. A large contribution　to the development　of touch screen technology
└──── 주어 ────┘　└── 수식어(전치사구) ──┘　└──── 수식어(전치사구) ────┘
　　크나큰 기여가　　　　개발에 대한　　　　터치 스크린 기술의

has been made　by Sun Tech Logistics　since 2015.
└ 동사(현재완료) ┘　└── 수식어(전치사구) ──┘　└ 수식어(전치사구) ┘
　이루어져 왔다　　Sun Tech Logistics에 의해　　2015년 이후로

실제 토익과 같은 난이도로 출제된 문제입니다. 시험장에서 문제를 푸는 기분으로 10문제를 제한시간 7분 내에 풀어보세요. 그리고 토익은 주어진 시간 내에 풀어야 하는 시험이므로 시간을 꼭 지켜 주세요.

정답 및 해설 p.27

1. Mr. Strong ------- comes to the office at 1 P.M.

    (A) previously
    (B) recently
    (C) lately
    (D) usually

2. About half a century ago, Fine Motors ------- nearly 200 cars a day.

    (A) is producing
    (B) has produced
    (C) produced
    (D) will produce

3. To focus on concerns regarding air pollution, the Green Air organization ------- a report recently.

    (A) publishes
    (B) is publishing
    (C) publishing
    (D) has published

4. For over 25 years, SWI Motors ------- top quality sedans.

    (A) has manufactured
    (B) is manufacturing
    (C) will manufacture
    (D) manufactures

5. For the last thirty years, Atlanta Shoe ------- high-quality running shoes.

    (A) designed
    (B) has designed
    (C) will design
    (D) is designing

6. Specific details of changes to the holiday schedule will be available ------- Monday.

    (A) next
    (B) into
    (C) by
    (D) for

7. In 1993, the Men's Club of Kansas City ------- officially founded.

    (A) was
    (B) be
    (C) being
    (D) is

8. The staff retreat ------- in the River View Convention Center next week.

    (A) will take place
    (B) has taken place
    (C) to take place
    (D) took place

9. After the presentation, snacks and drinks will be ------- in the back of the meeting room.

    (A) served
    (B) revised
    (C) contacted
    (D) informed

10. Mark Smith, the president of MTB Mountain Bikes, will ------- announce his decision about closing down operations at MTB Factories.

    (A) previously
    (B) periodically
    (C) soon
    (D) usually

Unit 09
수동태/ 능동태

학습 목표

켈리는 그 보고서를 <u>수정하였다.</u>
→ '~하다'는 능동태
그 보고서는 켈리에 의해 <u>수정되었다.</u>
→ '~되다'는 수동태

토익에서 자주 출제되는 문법 문제 중에는 빈칸에 들어갈 동사가 능동인지 수동인지를 구분하는 유형이 있습니다. 능동태와 수동태가 무엇인지 제대로 이해하고 각 문장에 맞는 태를 고르는 연습을 해봅시다.

- management ⑲ 경영, 관리
- equip (with) ⑧ (~으로) 장비를 갖추다
- arrival ⑲ 도착
- departure ⑲ 출발, 떠남
- list ⑧ 열거하다, 나열하다

POINT 정리!

1. 능동태와 수동태

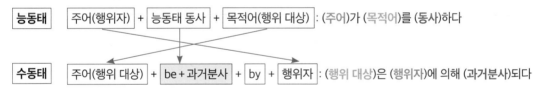

2. 수동태의 현재/과거/미래시제

→ be동사의 시제변화와 동일

시제	be + 과거분사		의미
현재시제	is/am/are	+ 과거분사	~되다 / ~해지다
과거시제	was/were	+ 과거분사	~되었다 / ~해졌다
미래시제	will be	+ 과거분사	~될 것이다 / ~해질 것이다

수동태

태는 문장의 주어가 행위의 주체인지 객체인지 판단하는 관계를 나타냅니다. 주어가 동작의 주체이면 능동태, 주어가 동작의 대상(객체)이면 수동태라고 합니다. Unit 06에서 배운 자동사와 타동사는 모두 능동태 동사이며, 동작의 대상(목적어)을 가지지 않는 자동사는 항상 능동태로만 쓰입니다. 반면에 목적어를 가지는 타동사는 능동태와 수동태로 모두 사용 가능합니다. 따라서 3, 4, 5형식 동사가 쓰인 문장만 수동태로 쓰일 수 있습니다.

Kelly **revised the article** yesterday.　　**[능동태]**
　주어　　　동사　　　　목적어　　　　수식어(부사)

Kelly는 어제 그 기사를 수정하였다.

The article was revised by Kelly yesterday.　　**[수동태]**
　주어　　　　　동사(수동태)　　　수식어　　　수식어(부사)

그 기사는 어제 Kelly에 의해 수정되었다.

• 첫 번째 문장은 「주어 + 타동사 + 목적어」로 구성된 3형식 문장인데, 목적어인 the article을 주어로 쓴 문장이 두 번째 문장입니다.

• 첫 번째 문장과 같이 주어가 동사의 동작/행위를 직접 하는 주체로 쓰인 것을 능동태라고 합니다.

• 3형식 문장의 목적어를 주어로 쓰게 되면 동사의 의미인 '수정하였다'는 '수정되었다'라고 해석해야 원래의 문장과 의미가 동일해집니다.

• 능동태 문장에서 '~하다'라는 의미의 동사를 '~되다'라는 의미로 바꾸어 주어가 능동태 동사의 동작/행위를 받거나 당하는 의미로 쓰인 것을 수동태라고 하며, 「be + p.p.(과거분사)」 형태로 씁니다.

• 동사 revise는 be revised가 되는데, 능동태 문장에서 revise는 과거시제이므로 수동태 be revised는 be동사만 과거시제로 바뀌어 was revised가 됩니다. (주어가 단수명사 The article)

• 능동태의 주어는 수동태 문장에서 「by + 목적격」으로 쓰이며, 동작/행위의 주체임을 나타냅니다.

• Yesterday와 같은 부사로 쓰인 단어 또는 전치사구는 수동태 문장에서도 그대로 사용됩니다.

QR특강 10

4, 5형식 동사의 수동태

능동태와 수동태 비교

능동태의 목적어가 수동태의 주어가 되고, 능동태의 동사는 수동태인 「be + 과거분사(p.p.)」로, 능동태의 주어는 「by + 목적격」으로 바뀝니다. 목적어가 없는 자동사(1, 2형식)는 수동태로 바꿀 수 없습니다.

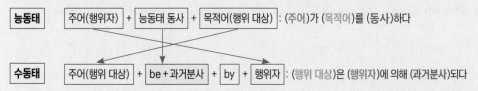

3형식 동사의 목적어는 수동태 문장에서 주어로 쓰이므로, 3형식 동사의 수동태 문장은 목적어를 가지지 않습니다. 따라서 3형식 동사의 수동태 「be + 과거분사(p.p.)」 뒤에 명사/대명사가 목적어로 위치할 수 없습니다. 「by + 행위자」와 같은 전치사구는 수식어구이므로 목적어로 취급되지 않습니다.

QR특강 11
「by + 행위자」를
쓰지 않는 수동태

유형 연습하기

빈칸에 들어갈 단어를 선택하고 그 이유를 생각해 보세요.

정답 및 해설 p.29

1. The invoices for the ADF products were all ------- yesterday.

(A) submitted   (B) submitting

2. The apartment complex ------- by Mr. Park.

(A) was managed   (B) will manage

3. CDs and posters ------- at a table near the entrance after the concert.

(A) will be distributed   (B) will have distributed

4. The official sponsor of the 2028 Olympics ------- next Saturday evening.

(A) will have announced   (B) will be announced

유형 연습하기 문제에 쓰인 문장을 주어, 동사, 보어, 목적어, 수식어 등으로 분석하여 문장 구조를 파악해보세요.

1. The invoices   for the ADF products   were all submitted   yesterday.
        └── 주어 ──┘   └── 수식어(전치사구) ──┘   └── 동사(수동태+부사) ──┘   └─ 수식어(부사) ─┘

       송장들은   ADF 제품을 위한   모두 제출되었다   어제

2. The apartment complex   was managed   by Mr. Park.
        └──── 주어 ────┘   └─ 동사(수동태) ─┘   └─ 수식어(전치사구) ─┘

       아파트 복합단지는   관리되었다   Park 씨에 의해

3. CDs and posters   will be distributed   at a table near the entrance
        └── 주어 ──┘   └── 동사(수동태) ──┘   └──── 수식어(전치사구) ────┘

       CD와 포스터는   배포될 것이다   입구 근처에 있는 테이블에서

after the concert.
└── 수식어(전치사구) ──┘

       콘서트 후에

4. The official sponsor   of the 2028 Olympics   will be announced
        └──── 주어 ────┘   └── 수식어(전치사구) ──┘   └── 동사(수동태) ──┘

       공식 후원사는   2028년 올림픽의   발표될 것이다

next Saturday evening.
└──── 수식어(부사) ────┘

       다음주 토요일 저녁에

최신 기출 POINT 26

수동태의 시제와 수일치

수동태는 능동태의 타동사를 과거분사로 바꾸고 그 앞에 be동사를 붙이는 것이 핵심입니다. 대부분의 동사의 과거분사 형태가 「동사 + (e)d」이기 때문에 과거분사를 과거시제로 오인하는 경우가 많습니다. 과거분사는 과거와는 전혀 상관없는 '수동'의 의미를 나타내는 형용사입니다. 따라서 수동태의 시제는 과거분사 앞에 위치하는 be동사를 통해서만 나타낼 수 있습니다. 즉 다시 말해, be동사를 다른 시제로 바꾸면 다양한 시제의 수동태를 쓸 수 있습니다. 또한 주어의 수(단수/복수)에 따라 알맞은 be동사를 쓰는 수일치에도 주의해야 합니다.

Several bus routes are changed every two months.
주어(복수)   수동태(현재시제)

몇 개의 버스 노선은 2개월마다 변경된다.

- 수동태가 현재시제일 때 be동사만 현재시제로 쓰고, 과거분사는 p.p.(-ed) 형태로만 씁니다.
- 주어가 Several bus routes로 복수명사이기 때문에 복수동사 are가 쓰였습니다.
- changed는 과거시제가 아니라 과거분사(p.p.)로, '변경된'이라는 의미이며, be동사 are와 결합되어 현재시제로 '변경된다'라고 해석됩니다.

Several bus routes were changed last winter.
주어(복수)   수동태(과거시제)

몇 개의 버스 노선이 지난 겨울에 변경되었다.

- 수동태가 과거시제일 때 be동사만 과거시제로 쓰고, 과거분사는 p.p.(-ed) 형태로만 씁니다.
- 주어가 Several bus routes로 복수명사이기 때문에 복수동사 were가 쓰였습니다.
- changed는 과거시제가 아니라 과거분사(p.p.)로, '변경된'이라는 의미이며, be동사 were과 결합되어 과거시제로 '변경되었다'라고 해석됩니다.

> **A new bus route will be implemented** in the middle of next
> 주어(단수)   수동태(미래시제)
>
> **winter.**
>
> 새로운 버스 노선이 내년 겨울 중순에 시행될 것이다.

- 수동태가 미래시제일 때 be동사만 미래시제로 쓰고, 과거분사는 p.p.(-ed) 형태로만 씁니다.
- 미래시제는 조동사 will을 쓰므로 주어의 수(단수/복수)에 영향을 받지 않고 will be로만 씁니다.
- implemented는 과거시제가 아니라 과거분사(p.p.)로, '시행된'이라는 의미이며, will be와 결합되어 미래시제로 '시행될 것이다'라고 해석됩니다.

QR특강 12
수동태의
진행/완료 시제

유형 연습하기

빈칸에 들어갈 단어를 선택하고 그 이유를 생각해 보세요.　　　　　📖 정답 및 해설 p.30

1. The final part of King Inc.'s three-year landscaping project ------- in the next six months.

   (A) will be completed　　　(B) have been completed

2. Suggestions for healthy dieting and proper exercise ------- on the gym's official website.

   (A) is posted　　　(B) are posted

3. All the Volvic models ------- with an automatic temperature management system.

   (A) has equipped　　　(B) are equipped

4. The flight arrival and departure times ------- in every lobby in O'Hare International Airport.

   (A) was listed　　　(B) are listed

유형 연습하기 문제에 쓰인 문장을 주어, 동사, 보어, 목적어, 수식어 등으로 분석하여 문장 구조를 파악해보세요.

1. The final part   of King Inc.'s three-year landscaping project
└─── 주어 ───┘   └───────── 수식어(전치사구) ─────────┘

마지막 부분은   King 주식회사의 3개년 조경 프로젝트의

will be completed   in the next six months.
└─── 동사(수동태) ───┘   └──── 수식어(전치사구) ────┘

완료될 것이다   향후 6개월 후에

2. Suggestions   for healthy dieting and proper exercise   are posted
└── 주어 ──┘   └──────── 수식어(전치사구) ────────┘   └─ 동사(수동태) ─┘

제안들은   건강한 식이요법과 적절한 운동에 대한   게시되어 있다

on the gym's official website.
└──────── 수식어(전치사구) ────────┘

체육관의 공식 웹사이트에

3. All the Volvic models   are equipped
└──── 주어(복수) ────┘   └─ 동사(수동태) ─┘

모든 Volvic 모델들은   갖추어져 있다

with an automatic temperature management system.
└─────────── 수식어(전치사구) ───────────┘

자동 온도 관리 시스템이

4. The flight arrival and departure times   are listed   in every lobby
└──────── 주어(복수) ────────┘   └ 동사(수동태) ┘   └─ 수식어(전치사구) ─┘

비행 도착과 출발 시간은   열거되어 있다   모든 로비에

in O'Hare International Airport.
└──── 수식어(전치사구) ────┘

오헤어 국제 공항에 있는

실제 토익과 같은 난이도로 출제된 문제입니다. 시험장에서 문제를 푸는 기분으로 10문제를 제한시간 7분 내에 풀어보세요. 그리고 토익은 주어진 시간 내에 풀어야 하는 시험이므로 시간을 꼭 지켜 주세요.

정답 및 해설 ▶ p.30

1. If the outdoor concert is cancelled due to rain, everyone's ticket will immediately be -------.

   (A) refunded
   (B) refunding
   (C) refund
   (D) refunds

2. Macro Systems is ------- an extra week of vacation to employees who submit their report before 10 P.M.

   (A) offered
   (B) offering
   (C) offer
   (D) offers

3. Next Thursday, we ------- a reception to celebrate our ten-year anniversary at Downtown Buffet.

   (A) will be held
   (B) holding
   (C) will hold
   (D) are being held

4. After the first round of interviews, the top two selections for the Team Manager position will be -------.

   (A) notify
   (B) notification
   (C) notifying
   (D) notified

5. A special selection of artwork from South American artists is being ------- at the town gallery.

   (A) displays
   (B) displaying
   (C) displayed
   (D) display

6. Starting next week, Warren Apartment residents ------- a monthly letter of updates.

(A) will be received
(B) are being received
(C) have received
(D) will receive

7. The seats must be ------- before the beginning of the lecture.

(A) assignment
(B) assigning
(C) assigned
(D) assign

8. President Park's speech ------- due to flooding in the auditorium.

(A) has postponed
(B) postponing
(C) postponed
(D) has been postponed

9. NH Electronics, a small company, ------- in car speakers for minivans.

(A) manufactures
(B) specializes
(C) depends
(D) postpones

10. ------- for vacation time must be submitted to Mr. Rodriguez approximately a month in advance.

(A) Requests
(B) Contracts
(C) Receipts
(D) Invoices

Unit 10
동사
(Part 6)

학습 목표

Part 6에서 빈칸에 들어갈 동사의 시제나 태를 보기 중에서 고르기 어려운 이유는 바로 빈칸이 포함된 문장에 정답의 단서가 없기 때문입니다. Part 5와는 달리 Part 6의 문제는 이메일이나 편지와 같은 하나의 지문이 제시되는데, 지문 전체를 읽고 문맥을 파악하여, 시제나 태를 유추하도록 출제됩니다. 직접적으로 언급되는 시간 표현이 없더라도 시제를 파악할 수 있는 단서를 찾는 방법을 알아보도록 합시다.

어휘 맛보기

Unit 10에서 다룰 어휘를 미리 확인해봅시다.

최신 기출 포인트 27

• subscriber	명 구독자
• in addition to	~에 덧붙여, 게다가
• access (to)	명 (~에의) 접근
• extra	형 추가의, 여분의
• material	명 자료
• make a reservation	예약하다
• cozy	형 안락한, 아늑한
• atmosphere	명 분위기
• comfortable	형 편안한
• seating	명 좌석
• thoroughly	부 대단히, 완전히
• perform	동 공연하다
• impress	동 감명을 주다, 인상을 주다
• be impressed	감명을 받다, 깊은 인상을 받다
• search for	~을 찾다
• ideal	형 이상적인, 좋은
• back-to-school	형 신학기의
• no further than	~말고는 더 이상 ~않다
• closely	부 자세히
• for sale	판매 중인
• catalog	명 카탈로그, 상품 목록

최신 기출 포인트 28

- congratulate (on)   통 (~에 대해) 축하하다
- credit score   명 신용 점수
- based on   ~에 기반하여, ~을 바탕으로
- limit   명 제한, 한계

유형 연습하기

- join   통 가입하다, 합류하다
- latest   형 최신의
- performance   명 공연, 연주
- issue   명 (발행물의) 호, 부
- in the middle of   ~의 가운데, ~의 중에
- subsequent   형 그 다음의, 차후의
- attach   통 첨부하다, 부착하다
- representative   명 대표, 대리인
- order   명 주문(품)
- apologize for   ~에 대해 사과하다
- inconvenience   명 불편
- cause   통 일으키다, 초래하다
- be satisfied with   ~에 만족하다
- in addition   게다가, 추가로

동사의 시제 문제는 지문의 시제 흐름과 지문의 종류를 살펴라.

Part 6에서 출제되는 빈칸에 알맞은 시제를 찾는 문제는 대부분 그 문장에 정답의 단서가 제시되어 있지 않습니다. 항상 지문 전체를 읽고 각 문장에서 어떤 시제가 쓰였는지 사건의 순서와 지문의 종류에 따른 특징을 이해한 후에 정답을 고를 수 있도록 출제됩니다.

From: TK Newspaper <noreply123@tkpaper.com>

To: Steven Beckham <stevebeck10@supermail.com>

Date: 7 January

Re: Membership Information

We would like to thank you for **becoming a new subscriber** at TK Newspaper. You ------- our newspaper **for the next 12 months** in addition to complete access to our extra online newspaper material.

(A) will receive   (B) have received

TK 신문에 신규 구독자가 되신 것에 대해 당신에게 감사드리고 싶습니다. 당신은 향후 12개월 동안 저희의 신문을 -------, 게다가 저희의 추가적인 온라인 신문 자료에도 모두 접근하실 수 있습니다.

- 빈칸 앞에는 주어인 You가 있고, 빈칸 뒤에는 our newspaper라는 명사가 목적어 역할을 하고 있다는 것을 알 수 있습니다. 따라서 빈칸에는 동사가 들어가야 합니다.
- 보기에는 동사 receive의 각기 다른 시제가 제시되어 있으므로, 이 문제는 동사의 시제를 찾는 문제라는 것을 알 수 있습니다.
- 빈칸이 있는 문장에는 시제를 파악할 수 있는 단서가 없으므로, 지문 전체를 읽고 문맥을 파악해야 합니다. 첫 번째 줄에 쓰인 "becoming a new subscriber"라는 구문을 통해 이메일을 받는 사람이 TK 신문을 신규로 구독을 시작한 사람이라는 것을 알 수 있습니다.
- 이 이메일에서 You는 이메일을 받는 사람을 가리키므로, 수신인인 Steve Beckham이 앞으로 신문을 받을 것이라는 내용을 유추할 수 있습니다. 그리고 빈칸 뒤에 for the next 12 months라는 전치사구를 통해서 신문 구독의 기간이 미래라는 것을 알 수 있습니다. 따라서 빈칸에는 미래시제의 동사가 필요하므로 정답은 (A)입니다.

To the Blue Mountain staff,

I **made** a reservation at your restaurant for Saturday, December 14, for four people. I ------- by the cozy atmosphere, comfortable seating, and delicious foods. We thoroughly **enjoyed** the live jazz band that was performing that evening.

(A) will be impressed   (B) was impressed

블루 마운틴 직원들께,

저는 여러분의 식당에 12월 14일 토요일로 4인의 자리를 예약했습니다. 저는 안락한 분위기와 편안한 좌석, 그리고 맛있는 음식에 -------. 저희는 그 날 공연했던 재즈 밴드를 들으며 대단히 즐거운 시간을 보냈습니다.

- 빈칸이 있는 문장에는 시제를 파악할 수 있는 단서가 없으므로, 지문 전체를 읽고 문맥을 파악해야 합니다. 첫 번째 문장이 과거시제 made로 쓰였지만, 식당 예약일자인 12월 14일이 미래시점일 수도 있기 때문에 빈칸 뒤에 위치한 문장도 확인해야 합니다.
- 빈칸 뒤의 문장 또한 과거시제 enjoyed로 쓰여 있으므로 문맥상 편지를 쓴 사람이 이미 식당을 다녀왔다는 것을 알 수 있습니다. 따라서 빈칸에 들어갈 의미는 '감명을 받았다'라는 과거시제로 쓰여야 하므로 (B)가 정답입니다.

If you are searching for the ideal place to do all of your child's back-to-school shopping, then you should look no further than the Golden Supplies Store. We ------- all kinds of items that your child needs for school such as pens, pencils, notebooks, backpacks, and, of course, all kinds of clothes. Look closely at the items we have for sale in the catalog.

(A) offer   (B) will offer

아이들의 새 학기에 필요한 물품을 구매할 이상적인 장소를 찾고 계신다면, Golden Supplies Store말고는 더 이상 보실 필요가 없습니다. 저희는 펜, 연필, 공책, 책가방 그리고 당연히 모든 종류의 의류와 같이 여러분의 자녀가 학교에서 필요한 모든 종류의 물품을 -------. 카탈로그에서 저희가 판매 중인 상품을 자세히 살펴보세요.

- 빈칸이 있는 문장에는 시제를 파악할 수 있는 단서가 없으므로, 지문의 시제 흐름과 지문의 종류를 파악해야 합니다. 첫 번째 문장 you should look no further than the Golden Supplies Store를 보고 Golden Supplies Store라는 매장의 광고문임을 알 수 있습니다.
- 따라서 빈칸이 있는 문장은 Golden Supplies Store에서 현재 판매 중인 물품을 나열하고 있으므로 '제공하다'라는 의미의 동사 offer는 미래시제가 아닌 현재시제로 쓰여야 합니다. 따라서 정답은 (A)입니다.
- 주로 공지(notice, announcement) 지문은 주로 예정된 일에 대해 설명하기 때문에 미래시제 동사가 자주 쓰이며, 광고(advertisement) 지문에서는 주로 판매하는 물품에 대해 설명하기 때문에 현재시제 동사가 자주 쓰입니다.

동사의 시제 문제는 우선 오답부터 소거한다.

빈칸에 알맞은 동사의 시제를 찾는 문제를 풀 때, 반드시 「수일치-태-시제」 순서로 보기 중의 오답을 소거하여 모든 조건에 맞는 동사의 형태를 정답으로 골라야 합니다.

Dear Mrs. Roberts,

We would like to congratulate you on your perfect credit score and based on your credit score, we ------- **the limit** of credit on your Good Day Card to $20,000.

(A) have increased   (B) have been increased

Roberts 씨께,

저희는 귀하의 완벽한 신용 점수에 대해 축하해드리고 싶습니다. 그리고 귀하의 신용 점수에 근거하여, 저희는 귀하의 Good Day 카드의 신용 한도를 20,000달러로 -------.

- 빈칸 앞에는 주어인 we가 있고, 빈칸 뒤에는 the limit라는 명사가 목적어 역할을 하고 있다는 것을 알 수 있습니다. 따라서 빈칸에는 동사가 들어가야 합니다.

- 이러한 동사 문제는 「수일치-태-시제」의 순서로 오답을 소거합니다.

  1) 수일치: 주어가 복수 대명사인 we이기 때문에 두 개의 보기에 제시된 것도 have로 시작하는 복수동사입니다.

  2) 태: 빈칸의 뒤에는 목적어 the limit가 있으므로 빈칸에는 능동태 동사가 들어가야 합니다. 따라서 보기 중에 능동태인 (A)가 정답입니다.

빈칸에 들어갈 단어 또는 문장을 선택하고 그 이유를 생각해 보세요.   정답 및 해설 p.32

Questions 1-4 refer to the following e-mail.

From: Customer Services <services@newsforyou.com>
To: Danny Nguyen <dn777@supermail.com>
Date: October 15

Subject: Welcome to News For You
Attachment: Membership form.pdf

Dear Mr. Nguyen,

We thank you for joining News For You! You will be among the first few to know about the latest news updates, performances, concerts, and festivals all over lower Manhattan. The first issue ------- in a few days, and then you will receive
1.
------- issue in the middle of the subsequent month. If any issues are late in
2.
arriving, please contact us. -------. You will need your subscriber number and
3.
password to log-in. ------- are on the attached Membership form.
4.

Sincerely,
Daniel Lee
Customer Service Representative

---

1. (A) arriving
(B) has arrived
(C) will arrive
(D) arrived

2. (A) all
(B) most
(C) other
(D) each

3. (A) So, based on this information, you should receive your order on April 3rd.
(B) Again, we apologize for any inconvenience that we may have caused you.
(C) If you are satisfied with your most recent order, please write down a quick review.
(D) In addition, your subscription allows free access to other multimedia on our website.

4. (A) Either
(B) Anything
(C) These
(D) Whoever

실제 토익과 같은 난이도로 출제된 문제입니다. 시험장에서 문제를 푸는 기분으로 8문제를 연속해서 풀어보세요.

📖 정답 및 해설 p.33

Questions 1-4 refer to the following e-mail.

From: John Kim <john.kim@jkrecords.com>
To: Marcus Johnson <mjohnson@contactlist.com>
Date: November 11
RE: Shop Relocation

This e-mail is to tell you that on December 23, JK Records ------- to a larger building. **1.** -------. If you are unable to, please call us to schedule a visit to the **2.** current location of our store. Remember, if ------- don't come by to buy any **3.** items that are on hold, the items will be put back onto the shelves for other customers to purchase.

Thank you for understanding and we hope ------- serving you, one of our valued **4.** customers, to the best of our abilities.

Sincerely,
John Kim, CEO

---

1. (A) will move
(B) moved
(C) moves
(D) has moved

2. (A) Please visit our website for more information.
(B) Please note that the store will close at 3 P.M. during the remodeling.
(C) Please purchase any records you have on hold by the end of this month.
(D) Please be aware of not being able to download certain updates due to computer compatibility issues.

3. (A) passengers
(B) students
(C) accountants
(D) patrons

4. (A) continuing
(B) continue
(C) to continue
(D) continued

Questions 5-8 refer to the following letter.

---

31 December
Eric Haggen
2468 Floral Road, Los Angeles,
California, USA

We would like to thank you for taking the time to apply for the current assistant managerial position. -------, we are grateful that you expressed interest in
    5.
wanting to work with us. Our Human Resources team ------- with your work
                                                        6.
experience and history.

-------. So, we would like to have an interview with you.
7.

We will ------- you about the next steps that you should take in another e-mail
        8.
tomorrow.

Sincerely,

Gaia Lee

Hiring Manager
Solar Power Korea

---

5. (A) In addition
　　 (B) Nevertheless
　　 (C) However
　　 (D) Although

6. (A) impressive
　　 (B) impressed
　　 (C) impressing
　　 (D) was impressed

7. (A) I hope you understand our
　　　 regrettable decision.
　　 (B) Fortunately, the position hasn't
　　　 been filled yet.
　　 (C) Make sure you fully complete
　　　 the application form.
　　 (D) We were pleased to hear you are
　　　 seeking new workers.

8. (A) speak
　　 (B) inform
　　 (C) describe
　　 (D) present

Unit 11
부정사

학습 목표

부정사, 많이 들어보셨을 거예요. 부정사를 이해하지 못해서 영어공부를 포기한다는 학생이 많았습니다. 하지만, 여러분, 토익에서 부정사는 생각보다 많이 출제되지 않아요! 그리고 부정사가 들어가는 "자리"를 물어보는 경우가 많기 때문에 부정사를 어렵게 생각하실 필요가 없습니다. 지금까지 배웠던 명사, 형용사, 부사의 자리만 잘 기억하면 쉬워요! 이번 Unit에서는 부정사의 역할과 자리에 대해 파악하고 해석하는 방법도 함께 알아봅시다.

최신 기출 포인트 30

- branch　　　　　　　　명 지사, 지점
- graduate school　　　명 대학원
- apply (for)　　　　　　동 (~에) 지원하다, 신청하다
- passenger　　　　　　명 승객
- meal　　　　　　　　　명 식사
- flight　　　　　　　　　명 비행
- make a decision　　　결정하다
- production　　　　　　명 생산
- newest　　　　　　　　형 최신의
- reduce　　　　　　　　동 줄이다, 감소시키다
- make an effort　　　　노력하다
- complaint　　　　　　　명 불만
- quickly　　　　　　　　부 빠르게
- respond (to)　　　　　동 (~에) 반응(응답)하다

최신 기출 포인트 31

- increase　　　　　　　동 증가시키다
- efficiency　　　　　　　명 효율
- governor　　　　　　　명 주지사
- host　　　　　　　　　　동 (행사 등을) 주최하다
- charity　　　　　　　　명 자선
- luncheon　　　　　　　명 오찬, 점심 식사
- raise money　　　　　　돈을 모으다, 모금하다
- habitat　　　　　　　　명 서식지, 거주지
- foundation　　　　　　명 재단
- complete　　　　　　　형 완전한
- insurance coverage　명 보험 보상
- make sure (to do)　　확실히 (~하도록) 하다
- register　　　　　　　　동 등록하다
- external　　　　　　　　형 외부의
- team building　　　　　명 팀워크 증진
- retreat　　　　　　　　명 대회, (단합)행사
- depending on　　　　　~에 따라 달려 있는
- progress　　　　　　　명 진행, 진척
- reoperate　　　　　　　동 재가동하다

「to + 동사원형」은 to부정사

동사가 무엇인지는 모두 알고 계실 것입니다. 그 동사 앞에 to만 붙이면 to부정사가 됩니다. 이때, 주의해야 할 점은 동사가 변형된 형태에 붙이는 것이 아니라 동사원형 앞에 to를 붙인다는 것입니다.

다음에서 to부정사 형태인 것은 O에 체크(√)를, to부정사 형태가 아닌 것은 X에 체크하세요.

- to having submitted   [O, X]
- to submit   [O, X]
- to be being submitted   [O, X]
- to be submitted   [O, X]
- to submitting   [O, X]
- to have been submitted   [O, X]
- to have being submitted   [O, X]

정답을 공개하겠습니다!
to 뒤에 동사원형이 위치한 것이 to부정사입니다.

- to having submitted   [X]
- **to submit**   [O]
- **to be being submitted**   [O]
- **to be submitted**   [O]
- to submitting   [X]
- **to have been submitted**   [O]
- to have being submitted   [X]

켈리쌤 문법 뽀개기!

to부정사는 동사의 특징을 그대로 갖는다.

to부정사는 동사에 to를 붙였을 뿐 동사의 성질을 그대로 가지고 있습니다.

1. 동사처럼 부사의 수식을 받습니다.
2. 타동사처럼 능동태는 목적어가 필요합니다.
3. 자동사나 수동태일 경우는 목적어를 가지지 않습니다. (보어는 가능)

To submit your résumé	**[O]**	submit은 타동사, your résumé는 목적어
To have been submitted your résumé	**[X]**	have been submitted는 수동태이므로 목적어를 가지지 않음
To be submitted your résumé	**[X]**	be submitted는 수동태이므로 목적어를 가지지 않음

최신 기출 POINT 29

to부정사는 명사의 자리에 들어간다.

to부정사는 동사원형에 to가 붙어 있는 형태라서 문장에서 동사와는 다른 역할로 사용됩니다. to부정사가 명사 역할을 하면 '~하는 것', '~하기'라는 의미로 쓰이며, 문장 내에서 주어, 보어, 목적어 역할을 할 수 있습니다.

Mr. Kim needs a plan.
　　주어　　타동사　목적어

Kim 씨는 계획이 필요하다.

Mr. Kim needs to announce the addition of a new service.
　　주어　　타동사　　　　　　목적어

Kim 씨는 새로운 서비스의 추가를 발표할 필요가 있다.

- 두 문장의 동사는 모두 need입니다. need는 목적어가 필요한 타동사입니다.
- 두 문장에서 목적어는 각각 명사 a plan과 to부정사인 to announce the addition입니다.
- to부정사는 명사의 역할을 하여 타동사의 목적어로 쓰일 수 있습니다.
- to부정사에 쓰인 동사 announce 또한 타동사이기 때문에 the addition은 announce의 목적어로 쓰였으며, '추가를 발표하는 것'이라고 해석합니다.

켈리쌤 문법 뽀개기!

주어 자리에 to부정사가 들어갈 경우 반드시 단수명사 취급할 것!

주어가 단수명사인지 복수명사인지에 따라 동사의 형태가 달라지는데, to부정사는 명사로 쓰일 경우 항상 단수명사 취급됩니다. 따라서 to부정사가 주어로 쓰일 경우 그 뒤에 위치하는 동사는 단수동사가 쓰여야 합니다.

To announce the addition of new service **is** important. (O) is는 단수동사

To announce the addition of new service **are** important. (X) are는 복수동사

QR특강 13
it 가주어/to부정사
진주어 구문

켈리쌤 문법 뽀개기!

to부정사를 목적어로 취하는 동사

to부정사는 주어로 쓰일 뿐만 아니라 타동사의 목적어로 쓰일 때도 있습니다. 이때, 타동사 중에 to부정사만을 목적어로 취하는 타동사가 있는데, 그 중 자주 쓰이는 타동사는 다음과 같습니다.

want	원하다	**hope**	희망하다
need	필요하다	**wish**	소망하다
choose	선택하다	**decide**	요청하다
expect	예상하다	**prefer**	선호하다
promise	약속하다	**plan**	계획하다
would like	원하다, ~하고 싶다	**try**	노력하다

위와 같은 타동사 뒤에는 to부정사를 목적어로 써서 '~하는 것을[하기로] ~하다'라는 의미를 나타냅니다.
단, 타동사 try는 동명사(-ing)를 목적어로 취할 수도 있는데, 이 때 타동사 try는 '시도하다'라는 의미를 나타냅니다.

QR특강 14
to부정사를 목적격
보어로 취하는 동사

유형 연습하기

빈칸에 들어갈 단어를 선택하고 그 이유를 생각해 보세요.

정답 및 해설 p.35

1. Advertising online is easier than other methods, so many companies prefer ------- on the Internet.

   (A) advertise   (B) to advertise

2. Members of Forest Fitness can choose ------- their fees monthly or annually.

   (A) to pay   (B) payment

3. When patients want ------- their appointment, they will receive a voice message on their phone.

   (A) changing   (B) to change

4. We thank you for your loyalty and would like ------- you with a gift certificate.

   (A) rewarding   (B) to reward

문장 구조 분석하기

유형 연습하기 문제에 쓰인 문장을 주어, 동사, 보어, 목적어, 수식어 등으로 분석하여 문장 구조를 파악해보세요.

1. Advertising online is easier than other methods,
└── 주어 ──┘ └수식어(부사)┘ └동사┘ └주격보어(형용사)┘ └── 수식어(전치사구) ──┘
광고하는 것은 온라인으로 ~이다 더 쉬운 다른 방법보다

so many companies prefer to advertise on the Internet.
└접속사┘ └── 주어 ──┘ └동사┘ └목적어(to부정사)┘ └ 수식어(전치사구) ┘
그래서 많은 회사는 선호한다 광고하는 것을 인터넷에

2. Members of Forest Fitness can choose to pay their fees
└─ 주어 ─┘ └─ 수식어(전치사구) ─┘ └─ 동사 ─┘ └목적어(to부정사＋목적어)┘
회원들은 Forest Fitness의 고를 수 있다 그들의 요금을 지불하는 것을

monthly or annually.
└── 수식어(부사) ──┘
달마다 또는 해마다

3. When patients want to change their appointment, they will receive
└접속사┘ └ 주어 ┘ └동사┘ └── 목적어(to부정사＋목적어) ──┘ └주어┘ └── 동사 ──┘
~할 때 환자들이 원하다 그들의 진료예약을 변경하는 것을 그들은 받을 것이다

a voice message on their phone.
└── 목적어 ──┘ └── 수식어 ──┘
음성 메시지를 그들의 핸드폰에

4. We thank you for your loyalty and would like to reward you
└주어┘ └동사┘ └목적어┘ └─ 수식어(전치사구) ─┘ └접속사┘ └── 동사 ──┘ └목적어(to부정사＋목적어)┘
우리는 감사한다 당신에게 당신의 충성심에 그리고 ~하고 싶다 당신에게 보상하는 것을

with a gift certificate.
└── 수식어(전치사구) ──┘
상품권으로

to부정사는 명사를 꾸며 준다!

to부정사는 문장에서 주어, 보어, 목적어의 역할을 하는 명사적 용법으로 쓰일 뿐만 아니라, 명사를 수식하는 형용사적 용법으로도 쓰일 수 있습니다. 명사를 수식하는 to부정사가 쓰인 문장과 해석 방법에 대해 알아봅시다.

The K burger restaurant has recently announced **new plans**.
　　　　　　　　　　　　　　　　동사(has+p.p.)　　목적어(형용사 + 명사)

K 햄버거 레스토랑은 최근에 새로운 계획을 발표하였다.

The K burger restaurant has recently announced **plans**
　　　　　　　　　　　　　　　　동사(has+p.p.)　　목적어(명사)

to add three branches.
　　형용사(to부정사)

K 햄버거 레스토랑은 최근에 3개의 지점을 추가할 계획을 발표하였다.

- 첫 문장에서 형용사 new는 명사 plans를 앞에서 수식합니다.
- 두 번째 문장에서 to부정사 to add three branches는 명사 plans를 뒤에서 수식합니다.
- to부정사는 이렇게 형용사처럼 명사를 수식할 수 있습니다. 단, 명사를 수식할 때는 언제나 명사의 뒤에서 수식합니다.
- to부정사가 명사를 수식하는 것을 형용사적 용법이라고 하며, to부정사는 '~할 (명사)'라고 해석됩니다.
- plan과 같이 자주 to부정사의 형용사적 용법으로 수식을 받는 명사가 있습니다.

자주 쓰이는 「명사 + to부정사(형용사적 용법)」

다음과 같은 특정 명사들은 to부정사의 수식을 받고 '~할 (명사)'라는 의미를 나타냅니다.

effort to do	~할 노력	right to do	~할 권리
plan to do	~할 계획	ability to do	~할 능력
way to do	~할 방법	capacity to do	~할 능력
time to do	~할 시간	opportunity/chance to do	~할 기회
attempt to do	~할 시도	decision to do	~할 결정

▶ do는 동사원형 자리임을 나타냅니다.

유형 연습하기

빈칸에 들어갈 단어를 선택하고 그 이유를 생각해 보세요. 🔲 정답 및 해설 p.36

1. David returned to America because he has a plan ------- for a graduate school in Chicago.

   (A) applying   (B) to apply

2. On Chinese Airways, passengers have the opportunity ------- which meal they have on flights within Asia.

   (A) choosing   (B) to choose

3. A-Shoes made the decision ------- production of their newest sneaker.

   (A) reduced   (B) to reduce

4. Our repair team makes every effort ------- to customer complaints as quickly as possible.

   (A) to respond   (B) is responding

문장 구조 분석하기

유형 연습하기 문제에 쓰인 문장을 주어, 동사, 보어, 목적어, 수식어 등으로 분석하여 문장 구조를 파악해보세요.

1. David   returned   to America,   because   he   has   a plan   to apply
    └ 주어 ┘   └ 동사 ┘   └ 수식어(전치사구) ┘   └ 접속사 ┘   └ 주어 ┘ └ 동사 ┘   └ 목적어 ┘   └ 수식어(형용사) ┘

   David는   돌아갔다   미국으로   왜냐하면   그는   가지다   계획을   지원할
                                       ~이기 때문에

for a graduate school   in Chicago.
└──── 수식어(전치사구) ────┘   └ 수식어(전치사구) ┘

      대학원에   시카고에 있는

2. On Chinese Airways,   passengers   have   the opportunity   to choose
   └──── 수식어(전치사구) ────┘   └── 주어 ──┘   └ 동사 ┘   └── 목적어 ──┘   └ 수식어(형용사) ┘

    Chinese Airways에서   승객들은   가진다   기회를   선택할

which meal they want on flights within Asia.
└────────── to부정사의 목적어(명사절) ──────────┘

     아시아 내의 비행에서 그들이 어떤 식사를 먹을지

3. A-Shoes   made   the decision   to reduce   production
    └─ 주어 ─┘   └ 동사 ┘   └── 목적어 ──┘   └ 수식어(형용사) ┘   └to부정사의 목적어┘

    A-Shoes는   하였다   결정을   줄일   생산을

of their newest sneaker.
└──── 수식어(전치사구) ────┘

     그들의 최신 운동화의

4. Our repair team   makes   every effort   to respond   to customer complaints
   └──── 주어 ────┘   └ 동사 ┘   └── 목적어 ──┘   └ 수식어(형용사) ┘   └──── 수식어(전치사구) ────┘

    저희 수리팀은   합니다   모든 노력을   응대할   고객들의 불만에

as quickly as possible.
└──── 수식어(부사) ────┘

    가능한 한 빨리

to부정사는 부사로도 쓰일 수 있다.

부사는 앞서 배웠듯이 수식어로 분류되며 형용사 수식, 부사 수식이라는 역할을 가지고 있습니다. to부정사는 이러한 부사의 역할로도 쓰입니다. 완전한 구조의 문장의 맨 앞 또는 맨 뒤, 형용사 뒤가 바로 to부정사가 부사로 쓰이는 자리입니다. 이렇게 문장의 구조를 파악하여 부사의 자리를 제대로 이해한다면 부사적 용법도 결코 어렵지 않습니다.

> **K-Sportswear will remodel its factory next month.**
> 　주어　　　　　　동사　　　　　목적어　　　　부사
> K-Sportswear는 다음 달에 공장을 리모델링할 것이다.
>
> **K-Sportswear will remodel its factory to increase efficiency.**
> 　주어　　　　　　동사　　　　　목적어　　　　　　부사
> K-Sportswear는 효율을 증가시키기 위해서 공장을 리모델링할 것이다.

- 부사는 수식어이기 때문에 문장성분으로 취급되지 않지만, 완전한 구조의 문장에 다양한 의미를 더해 주기 위해 쓰입니다.

- 첫 번째 문장은 「주어(K-Sportswear) + 동사(will remodel) + 목적어(its factory)」의 구조로 3형식 문장입니다. 뒤에 있는 next month는 문장 성분으로 필요하지 않지만 시간을 알려주는 부사입니다.

- 두 번째 문장은 첫 번째와 동일한 3형식 문장입니다. 그런데 뒤에 있는 to부정사는 첫 번째 문장의 부사 next month와 같은 자리에 위치하고 있으므로 부사 역할을 하고 있음을 알 수 있습니다.

- 완전한 구조의 문장 앞이나 뒤에 위치한 to부정사는 대부분 '~하기 위해서'라고 해석됩니다.

- 두 번째 문장의 to increase efficiency는 '효율을 증가시키기 위해서'라고 해석합니다.

주의! 위 문장에서 명사 factory는 to부정사의 수식을 받는 명사가 아니므로 형용사적 용법(~할)으로 해석하지 않도록 주의합니다.

토익에 자주 나오는 to부정사 관용어구

in order to do	~하기 위해서
be able to do	~할 수 있다
be willing to do	기꺼이 ~하다
be about to do	막 ~하려고 하다, ~하려던 참이다
be expected to do	~할 것으로 예상되다
be required to do	~할 것을 요구받다, ~하는 것이 요구되다
be asked to do	~하도록 요청받다
be encouraged to do	~하도록 권장받다
be supposed to do	~하기로 (예정)되어 있다

QR특강 15
문장 구조로
구분하는 to부정사

유형 연습하기

빈칸에 들어갈 단어를 선택하고 그 이유를 생각해 보세요. 📱정답 및 해설 p.36

1. Governor Dan Michaels will host a charity luncheon ------- money for the Habitat for Humanity Foundation.

   (A) to raise   (B) raising

2. ------- complete insurance coverage, make sure to take the time to register your Eastern Digital external hard drive.

   (A) Receive   (B) To receive

3. All new teachers are required ------- a two-day team building retreat.

   (A) attending   (B) to attend

4. Depending on the progress of the repair work, the roller coaster is ------- to reoperate next Monday.

   (A) expected   (B) delayed

문장 구조 분석하기

유형 연습하기 문제에 쓰인 문장을 주어, 동사, 보어, 목적어, 수식어 등으로 분석하여 문장 구조를 파악해보세요.

1. Governor Dan Michaels   will host   a charity luncheon   to raise money
└──────── 주어 ────────┘   └── 동사 ──┘   └──── 목적어 ────┘   └── 수식어(부사) ──┘

Dan Michaels 주지사는   주최할 것이다   자선 오찬을   기금을 모으기 위해

for the Habitat for Humanity Foundation.
└────────── 수식어(전치사구) ──────────┘

Habitat for Humanity 재단을 위한

2. To receive complete insurance coverage,   make sure   to take the time
└──────────── 수식어(부사) ────────────┘   └ 동사(명령문) ┘   └── 수식어(부사) ──┘

완전한 보험 보상을 받기 위해   반드시 ~하세요   시간을 들이도록

to register your Eastern Digital external hard drive.
└─────────── 수식어(형용사) ───────────┘

당신의 Eastern Digital 외장 하드 드라이브를 등록할

3. All new teachers   are required   to attend a two-day team building retreat.
└──── 주어 ────┘   └ 동사(수동태) ┘   └────────── 수식어(부사) ──────────┘

모든 신입 교사들은   요구된다   2일 간의 팀 단합 대회에 참석하도록

4. Depending on the progress of the repair work,   the roller coaster
└──────────── 수식어(전치사구) ────────────┘   └──── 주어 ────┘

수리 작업의 진척에 따라   롤러코스터는

is expected   to reoperate   next Monday.
└ 동사(수동태) ┘   └ 수식어(부사) ┘   └ 수식어(부사) ┘

예상된다   재가동하는 것이   다음 주 월요일에

실제 토익과 같은 난이도로 출제된 문제입니다. 시험장에서 문제를 푸는 기분으로 10문제를 제한시간 7분 내에 풀어보세요. 그리고 토익은 주어진 시간 내에 풀어야 하는 시험이므로 시간을 꼭 지켜 주세요.

정답 및 해설 p.37

1. The Prime Minister announced his decision ------- during his afternoon luncheon.

   (A) to stepping down
   (B) to step down
   (C) stepping down
   (D) stepped down

2. Bill Jonton would like to ------- the TED conference this Friday even though he has a busy schedule.

   (A) attendance
   (B) attending
   (C) attend
   (D) attended

3. After receiving no interest from potential buyers, Mr. Smith decided ------- the price of his minivan.

   (A) lowering
   (B) lowered
   (C) to lower
   (D) will lower

4. SBK Corp. announced plans ------- into Brazil on Monday.

   (A) to expand
   (B) expanding
   (C) to expansion
   (D) expansion

5. Design schools are ------- to attract students by offering one-year scholarship programs.

   (A) trying
   (B) avoiding
   (C) suggesting
   (D) denying

6. Volunteers will come to the venue of the international education fair ------- visitors with parking.

   (A) to assist
   (B) assist
   (C) assisting
   (D) assistant

7. Mr. Fernando always distributes supplementary materials ------- what he discussed during his training sessions.

   (A) supported
   (B) is supporting
   (C) supports
   (D) to support

8. ------- meet the needs of their fan base, the group added three songs to their new album.

   (A) In order to
   (B) Instead of
   (C) Despite
   (D) Owing to

9. All senior employees at Star Alliance Industries must ------- membership workshops every year.

   (A) participate
   (B) attend
   (C) register
   (D) sign up

10. Every single Lee's Hardware customer ------- the best service.

   (A) offers
   (B) provides
   (C) reserves
   (D) deserves

Unit 12
동명사

학습 목표

동명사는 그 이름에서도 알 수 있듯이, "동사"가 "명사"로 쓰이는 것입니다. 그 형태는 「동사 + -ing」이며, 동사가 명사 역할을 하는 것이기 때문에 문장에서 to부정사의 명사적 용법과 거의 동일하게 사용될 수 있습니다. 또한 동사가 명사로 변화된 것이기 때문에 일반 명사와의 차이점도 있습니다. 동명사가 어떤 점에서 to부정사나 명사와 같은 역할을 하는지, 어떤 점에서 동사의 특징을 갖는지 알아보도록 합시다.

최신 기출 포인트 33

- install   통 설치하다
- look over   훑어보다, 살펴보다
- terms   명 (계약 등의) 조건
- condition   명 조건
- be able to do   ~할 수 있다
- at a time   한번에
- make a promise   약속을 하다
- request   명 요청, 신청
- carefully   부 주의 깊게, 신중하게
- come into contact (with)   (~와) 접촉하다, ~을 만지다
- thoroughly   부 철저하게
- tax filing   명 세금신고
- need   명 요구(사항)

최신 기출 포인트 34

- receive   통 받다
- valuable   형 귀중한, 가치 있는
- belongings   명 소지품
- remove   통 치우다, 없애다
- comprehensive   형 종합적인
- experiment   명 실험
- redo   통 다시 하다
- strongly   부 강력하게
- copy   명 복사본
- identification   명 신분증
- abroad   부 해외로
- replace A with B   A를 B로 교체하다

동명사 미리 배우기

「동사 + -ing」는 동명사의 형태

이제 동사의 형태는 어떤지 잘 알고 계시죠? 동사에 ing를 붙이면 바로 동명사가 된답니다. 단, be동사 외에 -e로 끝나는 동사는 -e를 생략하고 -ing를 붙이며, i, o와 같은 단모음 뒤에 -t와 같은 단자음으로 끝나는 동사는 해당 단자음을 중복으로 추가한 다음 -ing를 붙이는 규칙이 있습니다.

	look	take	say	submit
+	ing	ing	ing	ing
동명사	looking	taking	saying	submitting

단, 수동태(be + p.p.)가 쓰인 문장에서 to부정사나 동명사를 만들 때는 항상 be동사를 변형합니다. 즉, 수동태의 to부정사 형태는 to be p.p.이며, 동명사 형태는 being p.p.입니다.

QR특강 16
동사에 -ing를
붙이는 방법

다음에서 동명사 형태인 것은 O에 체크(√)를, 동명사 형태가 아닌 것에는 X에 체크하세요.

- having submitting   [O, X]
- submitting   [O, X]
- being submitted   [O, X]
- having being submitted   [O, X]
- having been submitted   [O, X]
- being submit   [O, X]

정답을 공개하겠습니다!
-ing를 뺐을 때 동사원형이 남는 것이 동명사입니다.

- having submitting   [X]   having -ing 형태의 동명사는 없어요!
- **submitting**   [O]   단모음 i + 단자음 t로 끝나는 동사
- **being submitted**   [O]   수동태(being p.p.)의 동명사
- having being submitted   [X]   having -ing + p.p. 형태의 동명사는 없어요!
- **having been submitted** [O]   현재완료 수동태(have been p.p.)의 동명사
- being submit   [X]   be 동사 뒤에 동사원형이 올 수 없어요!

최신 기출 POINT 32 동명사는 주어로 쓰일 수 있다.

동명사는 명사 역할을 할 수 있으므로 주어의 자리에 위치할 수 있습니다. 하지만 동명사인 「동사 + ing」만 위치하는 것이 아니라, 타동사가 동명사가 된 경우 해당 타동사의 목적어가 함께 쓰여야 하며, 자동사의 경우 자동사의 보어, 그리고 의미상 필요한 부사나 전치사구가 함께 문장의 주어 자리에 위치할 수 있습니다.

Becoming full-time staff **takes** much time.
주어(동명사 + 보어)　　　　　　동사

정규 직원이 되는 것은 많은 시간이 걸린다.

- 위 문장에서 동사 takes의 앞에는 주어가 들어가야 하는데, 주어 자리에 Becoming full-time staff가 위치했습니다.
- Becoming full-time staff에서 -ing를 빼면 become full-time staff이며, '정규 직원이 되다'라고 해석됩니다. 여기서 become은 2형식 자동사이며, full-time staff는 become의 보어입니다.
- 동사 become에 -ing가 붙은 형태가 주어 자리에 위치해 있으므로 becoming full-time staff라는 동명사이며, '정규 직원이 되는 것은'이라고 해석됩니다.
- 동명사가 주어로 쓰일 경우 동명사는 항상 단수 취급 받습니다. 그래서 동사가 take에 -(e)s가 붙은 형태인 takes입니다.

Improving productivity **is** an important factor for small
주어(동명사 + 목적어)　　　동사

businesses.

생산성을 향상시키는 것은 소규모 업체들에게 중요한 요소이다.

- 위 문장에서는 주어 자리에 Improving productivity가 위치했습니다.
- Improving productivity에서 -ing를 빼면 improve productivity이며, '생산성을 향상시키다'라고 해석됩니다. 여기서 improve은 3형식 타동사이며, productivity는 improve의 목적어입니다.
- 동사 improve에 -ing가 붙은 형태가 주어 자리에 위치해 있으므로 Improving productivity는 동명사이며, '생산성을 향상시키는 것은'이라고 해석됩니다.

명사와 동명사의 차이: 목적어 유무

다음 문제와 같이 빈칸이 주어 자리이지만, 빈칸 뒤에 명사 또는 명사구가 위치할 경우 빈칸에는 명사가 아닌 동명사가 들어가야 합니다.

------- **all of the damaged computers** will cost more than repairing them.

모든 손상된 컴퓨터들을 교체하는 것은 그것들을 수리하는 것보다 더 많은 비용이 들 것이다.

(A) Replacement   (B) Replacing

명사는 전치사 없이 목적어를 가질 수 없으므로, 명사 Replacement가 아닌 타동사 replace의 동명사 형태인 Replacing이 정답입니다. 명사 Replacement가 주어로 쓰인다면 명사 앞에 관사 the와 전치사 of를 사용해야 동일한 의미를 나타낼 수 있습니다.

The replacement of all of the damaged computers will cost more than repairing them.

모든 손상된 컴퓨터들의 교체가 그것들을 수리하는 것보다 더 많은 비용이 들 것이다.

QR특강 17
동명사와
명사의 구별

유형 연습하기

빈칸에 들어갈 단어를 선택하고 그 이유를 생각해 보세요.　　　 정답 및 해설 p.39

1. ------- a lasting impression on the interviewer is important.

(A) Make　　　　　　　(B) Making

2. ------- items on our website is easy, quick, and safe.

(A) Purchased　　　　　(B) Purchasing

3. Not ------- the bag to humidity will prevent it from spoiling.

(A) exposure　　　　　(B) exposing

4. ------- the prices allowed Olana Travel to attract more tourists.

(A) Decreasing　　　　(B) Decreased

문장 구조 분석하기

유형 연습하기 문제에 쓰인 문장을 주어, 동사, 보어, 목적어, 수식어 등으로 분석하여 문장 구조를 파악해보세요.

1. Making   a lasting impression   on the interviewer   is   important.
└─ 동명사 ─┘ └───── 동명사의 목적어 ─────┘ └──── 수식어(전치사구) ────┘ └ 동사 ┘ └── 주격보어 ──┘
└─────────────────── 주어 ───────────────────┘

주는 것은   오래 남는 인상을   면접관에게   ~이다   중요한

2. Purchasing   items   on our website   is   easy, quick, and safe.
└── 동명사 ──┘ └ 동명사의 목적어 ┘ └─ 수식어(전치사구) ─┘ └ 동사 ┘ └──── 주격보어 ────┘
└─────────────── 주어 ───────────────┘

구매하는 것은   상품을   저희의 웹사이트에서   ~이다   쉽고, 빠르고, 안전한

3. Not exposing   the bag   to humidity   will prevent   it   from spoiling.
└──── 동명사 ────┘ └ 동명사의 목적어 ┘ └ 수식어(전치사구) ┘ └──── 동사 ────┘ └ 목적어 ┘ └─ 수식어(전치사구) ─┘
└─────────────── 주어 ───────────────┘

노출시키지 않는 것은   가방을   습기에   방지할 것이다   그것을   못쓰게 만드는 것으로부터

4. Decreasing   the prices   allowed   Olana Travel   to attract more tourists.
└── 동명사 ──┘ └ 동명사의 목적어 ┘ └ 동사 ┘ └── 목적어 ──┘ └──── 목적격보어(to부정사) ────┘
└─────────── 주어 ───────────┘

줄이는 것은   가격을   가능하게 하였다   Olana 여행사가   더 많은 관광객을 끌어들이는 것을

동명사는 전치사의 목적어로 쓰일 수 있다.

in, at, on, of, about 등과 같은 전치사 뒤에 '~하는 것', '~하기'라는 의미를 나타내기 위해서는 to부정사가 아닌 반드시 동명사를 써야 합니다. 주어 역할로 쓰이는 동명사와 마찬가지로, 동명사가 필요로 하는 목적어, 보어, 전치사구 등이 한 덩어리로 묶여 전치사 뒤에 위치할 수 있습니다.

Before installing the program, please look over the terms and
전치사   동명사   동명사의 목적어

conditions in the user manual.

그 프로그램을 설치하기 전에, 사용자 설명서에 있는 조건들을 살펴보세요.

- 전치사 before의 뒤에는 목적어가 필요하고, 목적어 자리에 들어가는 명사를 대신하여 「동명사 + 목적어」가 쓰일 수 있습니다.
- 그래서 위 문장의 Before installing the program은 '그 프로그램을 설치하기 전에'라고 해석합니다.
- 동명사는 '~하는 것'이라고도 해석되지만 또 다른 명사형인 '~하기'로도 해석됩니다.

We **look forward to** hearing from you soon.
전치사   동명사

저희는 당신으로부터 곧 소식을 듣기를 고대합니다.

- 전치사 to의 뒤에는 목적어가 필요하고, 목적어 자리에 들어가는 명사를 대신하여 「동명사 + 목적어」가 쓰일 수 있습니다.
- look forward to는 '~을 고대하다'라는 의미로 쓰이는 숙어로, to는 to부정사의 to가 아닌 전치사 to입니다.
- 위 문장의 look forward to hearing은 '소식을 듣기를 고대하다'라고 해석합니다.

「전치사 + 동명사」 표현

on[upon] -ing ~하자마자	**by -ing** ~함으로써
be used[accustomed] to -ing ~하는 것에 익숙하다	**succeed in -ing** ~하는 것에 성공하다
be dedicated[committed] to -ing ~하는 것에 전념하다	**be capable of -ing** ~할 수 있다
look forward to -ing ~하기를 고대하다	**cannot help -ing** ~할 수밖에 없다
feel like -ing ~하고 싶다	**when it comes to -ing** ~에 관한 한
be good at -ing ~하는 것에 능숙하다	**a key/secret to -ing** ~하는 비결
far from -ing ~하는 것과 거리가 먼, 결코 ~하지 않는	**be opposed to -ing** ~하는 것에 반대하다
prevent[stop] A from -ing A가 ~하는 것을 막다	**be subject to -ing** ~하기 쉽다
refrain from -ing ~하는 것을 삼가다	**be different [differ] from -ing** ~와 다르다

QR특강 18
전치사의
목적어 자리

유형 연습하기

빈칸에 들어갈 단어를 선택하고 그 이유를 생각해 보세요.　 📖 정답 및 해설 p.40

1. By ------- the latest update, you will be able to download three files at a time on your laptop.

   (A) installing　　　　(B) installment

2. Before making a -------, it is important to listen to the request carefully.

   (A) promise　　　　(B) promising

3. Before ------- into contact with food or drinks, every Applebee's employee must wash their hands thoroughly.

   (A) come　　　　(B) coming

4. Thank you for ------- TurboTax to help you with your tax filing needs.

   (A) choice　　　　(B) choosing

유형 연습하기 문제에 쓰인 문장을 주어, 동사, 보어, 목적어, 수식어 등으로 분석하여 문장 구조를 파악해보세요.

1. By installing the latest update, you will be able to download
└ 전치사 ┘ └─ 동명사 ─┘ └── 동명사의 목적어 ──┘ └ 주어 ┘ └────── 동사 ──────┘
└────── 수식어(전치사구) ──────┘

~함으로써 설치하는 것을 최신의 업데이트를 당신은 다운로드 할 수 있을 것이다

three files at a time on your laptop.
└─ 목적어 ─┘ └─ 수식어 ─┘ └── 수식어 ──┘

3개의 파일을 한번에 당신의 노트북 컴퓨터에

2. Before making a promise, it is important to listen to the request
└ 전치사 ┘ └─ 동명사 ─┘ └ 동명사의 목적어 ┘ └가주어┘└동사┘ └─ 주격보어 ─┘ └──── 진주어 ────┘
└────── 수식어(전치사구) ──────┘

약속을 하기 전에 ~이다 중요한 요청을 듣는 것이

carefully.
└ 수식어(부사) ┘

주의 깊게

3. Before coming into contact with food or drinks,
└ 전치사 ┘ └─ 동명사 ─┘ └ 수식어(전치사구) ┘ └── 수식어(전치사구) ──┘
└────── 수식어(전치사구) ──────┘

~전에 접촉하기 음식 또는 음료와

every Applebee's employee must wash their hands thoroughly.
└────── 주어 ──────┘ └─ 동사 ─┘ └─ 목적어 ─┘ └ 수식어(부사) ┘

모든 Applebee의 직원은 씻어야 한다 그들의 손을 철저하게

4. Thank you for choosing Turbo Tax
└ 동사 ┘ └ 목적어 ┘└전치사┘ └─ 동명사 ─┘ └─ 목적어 ─┘
└────── 수식어(전치사구) ──────┘

감사합니다 당신에게 ~에 대해 선택한 것 Turbo Tax를

to help you with your tax filing needs.
└────── 수식어(to부정사) ──────┘

당신의 세금 신고 요구에 도움이 되도록

34

동명사는 타동사의 목적어로 쓰일 수 있다.

동사 중에는 90% 정도가 목적어가 필요한 타동사입니다. 그 중에 동명사만을 목적어로 취하는 동사가 있습니다. 이러한 동사는 to부정사를 목적어로 취하는 동사와 서로 구별하여 숙지하셔야 합니다.

Mr. Davis wants a badge. [O]
　주어　　　동사　목적어 = 명사

Davis 씨는 배지를 원한다.

- 동사 want의 뒤에는 목적어가 필요합니다. 목적어 자리에 명사 a badge가 위치해 있습니다.

Mr. Davis wants to receive a badge. [O]
　주어　　　동사　　　　목적어 = to부정사

Davis 씨는 배지를 받기를 원한다.

- 동사 want의 목적어로 to부정사가 쓰여서 「want to + 동사원형」은 '~하는 것을 원하다'라는 의미를 나타냅니다.

Mr. Davis wants receiving a badge. [X]
　주어　　　동사　　　목적어 = 동명사

- 동사 want의 목적어로 동명사인 receiving a badge가 쓰였습니다. 동명사도 명사의 역할을 할 수 있기에 목적어 자리에 위치할 수도 있지만, 목적어로 쓸 경우에는 항상 앞에 위치한 타동사가 무엇인지 확인해야 합니다. 동사 want는 to부정사만을 목직어로 취하며, 동명사를 목적으로 취하지 않습니다.

Mr. Davis suggests receiving a badge. [O]
　주어　　　동사　　　　목적어 = 동명사

Davis 씨는 배지를 받기를 제안한다.

- 동명사를 목적어로 쓸 때에는 그 앞의 동사가 동명사를 목적어로 취하는 동사인지 확인해야 합니다. 동사 suggest는 '제안하다'라는 의미로, 동명사를 목적어로 취하는 동사입니다.

켈리쌤 문법 뽀개기!

동명사를 목적어로 취하는 동사

목적어를 쓸 때 '~하는 것', '~하기'라는 의미를 나타내기 위해 to부정사가 아닌 동명사를 써야 하는 타동사가 있습니다. 이 동사 뒤에 to부정사나 동명사가 목적어로 필요하다면 반드시 동명사가 위치해야 합니다.

consider	고려하다	**suggest**	제안하다
recommend	추천하다	**quit**	그만두다
keep	계속 ~하다	**include**	포함하다
avoid	피하다	**mind**	꺼리다
deny	부인하다	**dislike**	싫어하다

유형 연습하기

빈칸에 들어갈 단어를 선택하고 그 이유를 생각해 보세요. 정답 및 해설 p.40

1. The teacher recommended ------- valuable belongings from the lockers.

(A) removing　　(B) to remove

2. After a comprehensive study of the experiment's results, the research scientist suggested ------- the tests.

(A) redoing　　(B) redo

3. The travel agency strongly ------- having a copy of your identification and passport when traveling abroad.

(A) requests　　(B) plans

4. The Mama Burger chain is ------- replacing olive oil with grape seed oil for cooking fried foods.

(A) considering　　(B) deciding

문장 구조 분석하기

유형 연습하기 문제에 쓰인 문장을 주어, 동사, 보어, 목적어, 수식어 등으로 분석하여 문장 구조를 파악해보세요.

1. The teacher recommended removing valuable belongings
└── 주어 ──┘ └── 동사 ──┘ └ 동명사 ┘ └── 동명사의 목적어 ──┘
                                      └──── 목적어 ────┘

  선생님은   권장하였다   귀중품을 치우는 것을

from the lockers.
└── 수식어(전치사구) ──┘

  사물함에서

2. After a comprehensive study of the experiment's results,
└──────── 수식어(전치사구) ────────┘

       실험 결과에 대한 종합적인 연구 후에

the research scientist suggested redoing the tests.
└──── 주어 ────┘ └ 동사 ┘ └ 동명사 ┘ └ 동명사의 목적어 ┘
                              └──── 목적어 ────┘

  연구원은   제안했다   실험을 다시 하는 것을

3. The travel agency strongly requests
└── 주어 ──┘ └ 수식어(부사) ┘ └ 동사 ┘

  여행사는   강력하게   요청한다

having a copy of your identification and passport when traveling abroad.
└ 동명사 ┘ └──── 동명사의 목적어 ────┘ └──── 수식어(부사) ────┘
└──── 목적어 ────┘

  당신의 신분증과 여권의 복사본을 가지고 있는 것을   해외를 여행할 때

4. The Mama Burger chain is considering
└── 주어 ──┘ └ 동사 ┘

  Mama Burger 체인점은   고려하고 있다

replacing olive oil with grape seed oil for cooking fried foods.
└ 동명사 ┘ └ 동명사의 목적어 ┘ └ 수식어(전치사구) ┘ └── 수식어(전치사구) ──┘
└──── 목적어 ────┘

  올리브유를 포도씨유로 교체하는 것을   튀긴 음식을 조리하는 것에 대해

실제 토익과 같은 난이도로 출제된 문제입니다. 시험장에서 문제를 푸는 기분으로 10문제를 제한시간 7분 내에 풀어보세요. 그리고 토익은 주어진 시간 내에 풀어야 하는 시험이므로 시간을 꼭 지켜 주세요.

정답 및 해설 p.41

1. Limiting the ------- of new homes might address the problem.

(A) construct
(B) constructing
(C) construction
(D) constructs

2. While on board the aircraft, please refrain from ------- your smartphone.

(A) usage
(B) using
(C) uses
(D) usable

3. The CEO is considering ------- the partnership with MQ Sports.

(A) continue
(B) to continue
(C) continuing
(D) continues

4. Before ------- Korea, all tourists must carefully read every customs rule.

(A) entrance
(B) entering
(C) enter
(D) to enter

5. Because last year's music festival was not successful, local restaurants ------- supporting the upcoming Indie band festival.

(A) managed
(B) planned
(C) wished
(D) avoided

6. For a year-end bonus, employees have the choice of ------- cash in place of a check.

(A) receipt
(B) receiving
(C) receive
(D) receives

7. Applying for university applications ------- the topic of today's workshop.

(A) are
(B) be
(C) were
(D) is

8. Taking legal ------- from a professional is highly recommended.

(A) advice
(B) advise
(C) advises
(D) advising

9. All professors are ------- for paid vacations after working for one year at the university.

(A) eligible
(B) capable
(C) likely
(D) able

10. Beta Sciences understands the ------- for a greater investment in research and equipment.

(A) performance
(B) significance
(C) nominations
(D) appointment

Unit 13
분사

학습 목표

형용사의 역할을 하는 분사! 형용사의 역할을 제대로 이해하고 계시다면 분사도 쉽게 이해하실 수 있습니다. 분사의 두 가지 종류인 현재분사와 과거분사를 구분하는 문제가 종종 출제되기 때문에 현재분사와 과거분사를 구분하는 방법도 함께 알아 두어야 합니다.

어휘 맛보기

Unit 13에서 다룰 어휘를 미리 확인해봅시다.

최신 기출 포인트 35

• security	명 보안, 경비
• shoplifter	명 가게 좀도둑
• save	통 저축하다
• due to	전 ~로 인해
• grow	통 커지다, 증가하다
• interest rate	명 이자율
• operate	통 운영하다
• extend	통 늘이다, 연장하다
• agent	명 대리인, 직원
• look to do	~하고자 하다, 기대하다
• hire	통 고용하다, 채용하다
• professional	형 전문적인
• certify	통 증명하다, 보증하다
• certified	형 보증된, 공인의
• discount	명 할인
• limited	형 제한된
• visiting speaker	명 초대 연사
• deliver a speech	연설을 하다

최신 기출 포인트 36

- hold   동 (행사 등) 열다, 개최하다
- unique   형 독특한
- propose   동 제안하다
- promote   동 승진하다
- bank statement   명 은행 거래내역서
- be in error   잘못되어 있다, 실책하다
- issue   동 발급하다, 발행하다
- matter   명 문제
- individually   부 개별적으로
- council   명 의회
- confidential   형 기밀의
- promotion   명 승진, 홍보
- opportunity   명 기회
- contact   동 연락하다
- seek   동 추구하다, 찾다
- awareness   명 인지, 지각
- produce   동 생산하다
- utensil   명 조리도구
- organic   형 유기농의
- wheat   명 밀

최신 기출 포인트 37

- recover   동 복구시키다, 회복시키다
- deadline   명 마감시한
- feasible   형 실현 가능한
- feature   동 ~을 특징으로 하다
- connection   명 연결
- allow A to do   A를 ~하는 것을 가능하게 하다
- per   전 ~당, ~마다
- inspire   동 영감을 주다, 격려하다

분사 미리 배우기

분사는 동사가 형용사로 바뀐 것으로, 문장에서 명사를 수식하거나 보어로 사용될 수 있습니다. 분사는 현재분사와 과거분사로 나뉘며, 각각의 분사는 고유한 특징을 가지고 있습니다.

현재분사: 능동 관계

동사에 ing를 더한 것을 현재분사라고 합니다. 현재분사는 동명사와 같은 형태이지만 완전히 다른 역할을 합니다. 현재분사는 형용사로 쓰여서 명사를 수식하지만, 동명사는 명사로 쓰여서 문장 내에서 주어, 목적어, 보어로 쓰일 수 있습니다. 현재분사는 '~하는'이라는 의미로, 명사를 수식하거나 보어로 사용됩니다. 그리고 수식 받는 명사는 현재분사가 나타내는 행위의 주체가 되며, 이때 현재분사와 명사는 능동 관계에 있다고 합니다.

동사 **increase** 증가하다 ⇒ 현재분사 **increasing** 증가하는

It is recommended to start saving money due to **increasing interest rates**.

현재분사   수식받는 명사: '이자율'

증가하는 이자율로 인해 저축을 시작하는 것이 권장된다.

▶ 수식받는 명사가 현재분사의 동작을 하면 능동 관계: interest rates가 '증가함'(increase)

과거분사: 수동 관계

타동사의 과거분사는 '~되는', '된', '당하는'이라는 의미로, 명사를 수식하거나 보어로 사용됩니다. 수식 받는 명사는 과거분사가 나타내는 행위의 객체가 되며, 이때 과거분사와 명사는 수동 관계에 있다고 합니다. 동사의 3단 변화에서 3번째 단계가 바로 과거분사 형태입니다. 예를 들어, 타동사 write의「write-wrote-written」이라는 3단 변화에서 첫 번째인 write가 동사원형, wrote가 과거시제, written이 과거분사 형태입니다. 대부분의 동사는 -ed를 붙여서 과거분사로 쓰는데, write처럼 과거, 과거분사 형태가 모두 다른 동사도 있으니 숙지하셔야 합니다. 또한, 과거분사는 수동태에 쓰이기도 하고(be + p.p.), 현재완료시제 (has/have + p.p.)에도 쓰입니다.

동사 **attach** ~을 첨부하다 ⇒ 과거분사 **attached** 첨부된

The **attached file** contains the user's manual and a one-year warranty.

과거분사   수식받는 명사: '파일'

첨부된 파일은 사용 설명서와 1년 보증서를 포함하고 있습니다.

▶ 수식받는 명사가 과거분사의 동작을 당하면 수동 관계: file이 '첨부됨'(attached)
▶ file은 스스로 '첨부하는' 것이 아니라 '첨부되는' 것

분사는 명사를 앞에서 수식한다!

형용사가 명사를 앞에서 수식하듯이 동사가 형용사로 변화한 분사 또한 명사를 앞에서 수식할 수 있습니다.

> With the security system, there will be a **reduced number** of
> 　　　　　　　　　　　　　　　　　　　　　　　　　과거분사　　명사(주어)
>
> **shoplifters.**
> 새로운 보안시스템으로, 줄어든 수의 좀도둑이 있을 것입니다.

- 관사인 a와 명사인 number(수) 사이는 명사를 수식하는 형용사 자리입니다.
- reduced는 명사 number를 수식하는 분사입니다. 형태가 -ed이기 때문에 분사 중에서도 과거분사입니다.
- 과거분사는 '~된, 되어진'이라고 해석하므로 reduced는 '줄어든/줄여진'이라고 해석합니다.
- 수식 받는 명사 number가 타동사 reduce(줄이다)가 나타내는 행위의 대상이므로 현재분사가 아닌 과거분사로 수식을 받습니다.
- 수식 받는 명사 number가 직접 reduce의 행위를 하는 것이 아니기 때문에 현재분사 reducing은 들어갈 수 없습니다. 현재분사는 '~하는, ~하고 있는'이라고 해석되므로, a reducing number는 number가 직접 reduce를 하고 있다는 의미를 나타내게 되어 의미상 오류가 발생합니다.

> It is recommended to start saving money due to **growing**
> 　　　　　　　　　　　　　　　　　　　　　　　　　　　현재분사
>
> **interest rates.**
> 　　　명사
> 커지는 이자율로 인해 저축을 시작하는 것이 권장된다.

- 명사인 interest rates(이자율)는 전치사 due to의 목적어로 쓰였으며, 명사 interest rates 앞은 형용사 자리입니다.
- growing은 명사 interest rates를 수식하는 분사입니다. 형태가 -ing이기 때문에 분사 중에서도 현재분사입니다.
- 현재분사는 '~하는, 하고 있는'이라고 해석하므로 growing은 '커지는', '증가하는'이라고 해석합니다.
- 수식 받는 명사 interest rates가 자동사 grow(커지다, 증가하다)가 나타내는 행위의 주체이므로 과거분사가 아닌 현재분사로 수식을 받습니다.

켈리쌤 문법 뽀개기!

1. 명사 앞에 형용사 자리에 들어가는 현재분사와 과거분사 구분하기
수식 받는 명사의 입장에서 해석을 한다.

'~하는'이라고 해석 ➡ 능동(수식받는 명사가 주체) ➡ 현재분사(-ing)가 정답

'~되는/된'이라고 해석 ➡ 수동(수식받는 명사가 객체/대상) ➡ 과거분사(p.p.)가 정답

2. 빈출 분사 표현

「현재분사 + 명사」		「과거분사 + 명사」	
missing luggage	분실된 짐	complicated problem	복잡한 문제
existing facility	기존 시설	dedicated member	헌신적인 구성원
rewarding task	보람있는 업무	experienced engineer	경험 많은 엔지니어
challenging task	어려운 업무	qualified applicant	자격을 갖춘 지원자
demanding customer	까다로운 고객	attached file	첨부된 파일
increasing sales	증가하는 매출	damaged parcel	파손된 소포
leading manufacturer	선두적인 제조업체	certified accountant	공인 회계사
upcoming event	다가오는 행사	limited edition	한정판
promising candidate	유망한 후보자	detailed report	상세 보고서
rising costs	상승하는 비용	classified document	기밀 서류
lasting impact	지속적인 영향	distinguished career	뛰어난 경력

유형 연습하기

빈칸에 들어갈 단어를 선택하고 그 이유를 생각해 보세요. 📖 정답 및 해설 p.43

1. Seoul Transit operates on ------- hours during special holidays like Chuseok or Seollal.

   (A) extend   (B) extended

2. You should talk to a ------- agent of the firm when looking to hire a professional lawyer.

   (A) certify   (B) certified

3. For a ------- time, shoppers can receive a discount of 50 percent.

   (A) limitation   (B) limited

4. The ------- speaker delivered a speech to the new employees at Fairfield, Inc.

   (A) visiting   (B) visit

문장 구조 분석하기

유형 연습하기 문제에 쓰인 문장을 주어, 동사, 보어, 목적어, 수식어 등으로 분석하여 문장 구조를 파악해보세요.

1. Seoul Transit operates on extended hours during special holidays
주어 — 동사 — 전치사 — 명사구(과거분사+명사) — 수식어(전치사구)
수식어(전치사구)

Seoul Transit은 　 운영된다 　 연장된 시간으로 　 특별 휴일 동안

like Chuseok or Seollal.
수식어(전치사구)

추석이나 설날 같은

2. You should talk to a certified agent of the firm
주어 — 동사 — 전치사 — 명사구(과거분사+명사) — 수식어(전치사구)
수식어(전치사구)

당신은 　 말해야 한다 　 공인된 직원에게 　 그 회사의

when looking to hire a professional lawyer.
수식어(부사절)

전문 변호사를 고용하고자 한다면

3. For a limited time, shoppers can receive a discount of 50 percent.
전치사 — 명사구(과거분사+명사) — 주어 — 동사 — 목적어 — 수식어(전치사구)
수식어(전치사구)

제한된 시간 동안 　 쇼핑객들은 　 받을 수 있다 　 할인을 　 50퍼센트의

4. The visiting speaker delivered a speech to the new employees
주어(현재분사+명사) — 동사 — 목적어 — 수식어(전치사구)

초대 연사가 　 연설을 했다 　 신입사원들에게

at Fairfield, Inc.
수식어(전치사구)

Fairfield 사의

분사는 명사를 뒤에서도 수식할 수 있다!

형용사와 같이 수식어가 1개의 단어일 경우에 명사 앞에서 수식할 수 있지만, 타동사의 현재분사는 목적어를 함께 써야 하고, 과거분사는 반드시 함께 써야 하는 전치사구나 부사가 있을 수 있습니다. 이 때 수식어는 2단어 이상으로 구성되므로 명사 앞에서 수식할 수 없고 명사 뒤에서 수식해야 합니다.

> The New Town Council held a meeting to discuss **the unique design plan** proposed by Sam Arina.
> 과거분사 + 전치사구
>
> New Town 의회는 Sam Arina에 의해 제안된 특별 디자인 계획안을 논의하기 위해 회의를 열었다.

- proposed by Sam Arina는 the unique design plan이라는 명사를 수식합니다. 이처럼 명사 앞에 수식하는 어구가 이미 많을 경우, 그리고 proposed by Sam Arina처럼 과거분사가 한 단어가 아닌 여러 단어로 의미를 이룰 경우에는 명사 뒤에서 수식합니다.
- proposed by Sam Arina는 'Sam Arina에 의해 제안된'이라고 해석됩니다.
- 이 문장에서 과거분사구를 proposing by Sam Arina라고는 쓸 수 없습니다. propose라는 동사 자체가 타동사이기 때문에 목적어를 취해야 하는데, 능동의 의미인 현재분사로 바뀌었을 때에도 목적어가 필요하기 때문입니다. 또한, proposing은 '제안하는'이라고 해석되어 의미상 오류가 발생합니다.

> **The employee** managing overseas sales team is expected to
> 주어(명사)   현재분사   명사(현재분사의 목적어)   동사
>
> be promoted.
> 해외 영업팀을 관리하는 그 직원은 승진할 것으로 예상된다.

- managing overseas sales team은 명사 The employee를 수식합니다. manage가 타동사이므로 현재분사 형태인 managing도 목적어를 가져야 하며, 그 뒤에 위치한 overseas sales team이 managing의 목적어입니다.
- 2개 이상의 단어가 The employee라는 명사를 수식해야 해서 명사 앞에서 수식하지 않고 뒤에서 수식합니다.
- managing overseas sales team은 '해외 영업팀을 관리하는'이라고 해석됩니다.

- 이 문장에서 현재분사구를 managed로 쓸 수 없습니다. 타동사의 과거분사는 수동의 의미를 가지므로 목적어를 가질 수 없기 때문입니다. 또한 문맥상 수식 받는 명사 The employee가 manage 행위의 주체이므로 능동 관계를 나타내는 현재분사 managing으로 쓰는 것이 적절합니다.

켈리쌤 문법 뽀개기!

명사 뒤에서 꾸며주는 현재분사와 과거분사 구분하기

타동사 출신의 분사라면 빈칸의 목적어의 유/무를 확인합니다.

목적어가 있음 → 능동 → 현재분사(-ing)가 정답

목적어가 없음 → 수동 → 과거분사(p.p.)가 정답

QR특강 19
자주 쓰이는
감정 동사의 분사

유형 연습하기

빈칸에 들어갈 단어를 선택하고 그 이유를 생각해 보세요. 📖 정답 및 해설 p.43

1. Bank statements ------- during the month of March may be in error because of a computer problem.

   (A) issue   (B) issued

2. All matters individually ------- by employees of the council are confidential.

   (A) discussing   (B) discussed

3. Workers ------- advice about promotion opportunities should contact Ms. Randall.

   (A) seek   (B) seeking

4. Star Organic advertises green awareness by producing kitchen utensils ------- from organic wheat.

   (A) making   (B) made

문장 구조 분석하기

유형 연습하기 문제에 쓰인 문장을 주어, 동사, 보어, 목적어, 수식어 등으로 분석하여 문장 구조를 파악해보세요.

1. Bank statements　issued　during the month of March　may be
　　　└───주어───┘　└과거분사┘　└────수식어(전치사구)────┘　└─동사─┘
　　　　　　　　　　　└──────────────수식어──────────────┘

　　은행 거래내역서는　　　　　　　3월 동안 발급된　　　　　　~있을지도 모른다

in error　because of a computer problem.
└수식어┘　└────수식어(전치사구)────┘

　잘못되어　　　컴퓨터 문제 때문에

2. All matters　individually　discussed　by employees of the council　are
　　　└──주어──┘　└──부사──┘　└─과거분사─┘　└────수식어(전치사구)────┘　└동사┘
　　　　　　　　└──────────────────수식어──────────────────┘

　모든 사안들은　　　　　　의회 직원들에 의해 개별적으로 논의된　　　　　~이다

confidential.
└──주격보어──┘

　기밀의

3. Workers　seeking advice　about promotion opportunities　should contact
　　　└─주어─┘　└현재분사 + 목적어┘　└──────전치사구──────┘　└───동사───┘
　　　　　　　└──────────────수식어──────────────┘

　직원들은　　　　　진급 기회에 대한 조언을 구하는　　　　　연락해야 한다

Ms. Randall.
└──목적어──┘

Randall 씨에게

4. Star Organic　advertises　green awareness　by　producing　kitchen utensils
　　　└──주어──┘　└─동사─┘　└──목적어──┘　└전치사┘　└동명사┘　└──목적어──┘
　　　　　　　　　　　　　　　　　　　　　　　└──────수식어(전치사구)──────┘

made　from organic wheat.
└과거분사┘　└──수식어(전치사구)──┘
└──────수식어──────┘

　유기농 밀로 만들어진

부사의 자리에 들어가는 분사를 분사구문이라고 한다!

형용사 역할만 하는 줄 알았던 분사가 부사의 역할까지?! 사실, 분사가 부사의 역할을 모두 하는 것이 아니라 문장 맨 앞, 맨 뒤에 쓰여서 부사절의 축약 형태로 쓰일 뿐입니다. 완전한 문장(주절)의 맨 앞과 맨 뒤에 분사가 있다면, 그건 분사구문이라는 것만 알아 두세요!

Usually, you can recover your deleted files. [3형식 문장]
　　부사　　　　주어　　　　　동사　　　　　목적어

보통, 당신은 당신의 삭제된 파일을 복구할 수 있습니다.

● 부사가 문장의 앞에 위치하여 문장을 수식할 때, 부사 뒤에 콤마(,)와 함께 써야 합니다.

[주절]

Using File Magnet software, you can recover your deleted files.
　　　　부사(분사구문)　　　　　　　　주어　　　　　동사　　　　　　목적어

File Magnet 소프트웨어를 사용하여, 당신은 당신의 삭제된 파일을 복구할 수 있습니다.

● 위 문장의 부사 자리에 현재분사 Using File Magnet software가 위치해 있고 그 뒤에 콤마(,)도 위치해 있으므로, 분사가 부사 역할을 하고 있다는 것을 알 수 있습니다.

● 분사가 문장 앞이나 뒤에서 부사 역할을 하는 것을 분사구문이라고 하며, 이는 「부사절 접속사 + 주어 + 동사 등」이 갖추어진 부사절에서 접속사와 주어를 생략하고 동사를 분사로 바꾼 것을 말합니다. 부사절 접속사가 생략되어 있으므로 분사구문의 내용과 주절의 내용을 파악하여 알맞은 의미의 접속사를 추론하여 해석합니다.

● 위 문장에서 분사구문은 'File Magnet 소프트웨어를 사용한다'라는 의미이고, 주절은 '당신은 삭제된 파일을 복구할 수 있다'는 내용이므로 생략된 부사절 접속사는 '~하여', '~한다면', '~할 때'라는 시간이나 조건의 의미로 파악할 수 있습니다.

Extended by one week, the deadline was more feasible.
부사(분사구문)   주어   동사   주격보어

일주일 연장되었기 때문에, 마감시한이 더 실현 가능해졌다.

- 위 문장의 부사 자리에 과거분사 Extended by one week가 위치해 있고 그 뒤에 콤마(,)도 위치해 있으므로, 분사가 부사 역할을 하고 있다는 것을 알 수 있습니다.
- 위 문장에서 분사구문은 '일주일 연장되다'라는 의미이고, 주절은 '마감시한이 더 실현 가능해졌다'라는 내용이므로 생략된 부사절 접속사는 '~때문에'라는 이유나 원인의 의미로 파악할 수 있습니다.

QR특강 20
부사절과 분사구문

유형 연습하기

빈칸에 들어갈 단어를 선택하고 그 이유를 생각해 보세요.   📖 정답 및 해설 p.44

1. The new XPhone 5 features a faster Internet connection, ------- users to download 1 gigabyte file in just three seconds.

    (A) allow   (B) allowing

2. Sky Creations' Swift printer can print 10 pages per minute, ------- printing time by 50 percent.

    (A) reducing   (B) reduced

3. ------- three years ago, the Space Mall is one of the largest shopping malls in Harborville.

    (A) Construction   (B) Constructed

4. ------- the violin together, both musicians inspired each other.

    (A) Practicing   (B) Practiced

문장 구조 분석하기

유형 연습하기 문제에 쓰인 문장을 주어, 동사, 보어, 목적어, 수식어 등으로 분석하여 문장 구조를 파악해보세요.

1. The new XPhone 5   features   a faster Internet connection,
└── 주어 ──┘   └─ 동사 ─┘   └── 목적어 ──┘

새로운 X폰 5는   특징으로 한다   더 빠른 인터넷 연결을

allowing   users   to download 1 gigabyte file   in just three seconds.
└ 현재분사 ┘   └ 목적어 ┘   └── 목적격보어(to부정사) ──┘   └── 수식어(전치사구) ──┘
└────────── 수식어(분사구문) ──────────┘

사용자가 1 기가바이트 파일을 단 3초 만에 다운로드하는 것을 가능하게 하면서

2. Sky Creations' Swift printer   can print   10 pages   per minute,
└── 주어 ──┘   └ 동사 ┘   └ 목적어 ┘   └ 수식어(전치사구) ┘

Sky Creations의 Swift 프린터는   출력할 수 있다   10페이지를   1분당

reducing   printing time   by 50 percent.
└ 현재분사 ┘   └ 목적어 ┘   └ 수식어(전치사구) ┘
└────── 수식어(분사구문) ──────┘

출력 시간을 50퍼센트까지 줄이면서

3. Constructed   three years ago,   the Space Mall   is   one
└ 과거분사 ┘   └── 수식어 ──┘   └── 주어 ──┘   └동사┘ └보어┘
└────── 수식어(분사구문) ──────┘

3년 전에 건설된   Space Mall은   ~이다   하나

of the largest shopping malls   in Harborville.
└── 수식어(전치사구) ──┘   └ 수식어(전치사구) ┘

가장 큰 쇼핑몰 중에   Harborville에 있는

4. Practicing   the violin   together,   both musicians   inspired   each other.
└ 현재분사 ┘   └ 목적어 ┘   └ 수식어 ┘   └── 주어 ──┘   └ 동사 ┘   └ 목적어 ┘
└────── 수식어(분사구문) ──────┘

바이올린을 함께 연습하면서,   두 음악가는   영감을 주었다   서로에게

실제 토익과 같은 난이도로 출제된 문제입니다. 시험장에서 문제를 푸는 기분으로 10문제를 제한시간 7분 내에 풀어보세요. 그리고 토익은 주어진 시간 내에 풀어야 하는 시험이므로 시간을 꼭 지켜 주세요.

정답 및 해설 p.45

1. The ------- training handbook is strictly just for site managers.

    (A) update
    (B) updating
    (C) updated
    (D) updates

2. The new bookstore is providing discounts on 500 classic novels for a ------- time.

    (A) limits
    (B) limiting
    (C) limited
    (D) limit

3. Photos ------- from the annual picnic will be posted tomorrow on the organization's official webpage.

    (A) takes
    (B) take
    (C) taken
    (D) taking

4. Breakfast at Mike's Diner is served day and night, ------- you to eat it whenever you want.

    (A) allow
    (B) allowance
    (C) allowable
    (D) allowing

5. Since many people were expected to attend the wedding, the ------- guests were asked to arrive and leave early.

    (A) inviting
    (B) invitation
    (C) invited
    (D) invites

6. ------- users of Newsweek Online can receive weekly newsletters featuring the latest entertainment news.

    (A) Registration
    (B) Register
    (C) Registered
    (D) Registers

7. There will be greater output and better quality products due to the ------- marketing techniques adopted by ABC Motors.

    (A) advances
    (B) to advance
    (C) advanced
    (D) advancing

8. Even though adding more RAM is an easy procedure, it must only be done by a ------- professional.

    (A) train
    (B) trains
    (C) trained
    (D) to train

9. With ------- from the librarian, students are allowed to photocopy up to 10 pages.

    (A) permission
    (B) suggestion
    (C) opinion
    (D) correction

10. The Japanese ------- will soon submit the final blueprints for Clinton Industries' new building.

    (A) reporters
    (B) accountants
    (C) architects
    (D) carpenters

Unit 14
준동사
(Part 6)

학습 목표

준동사란 동사의 변형을 지칭하는 말로, to부정사, 동명사, 분사가 있으며, 각각 문장에서 동사의 역할이 아니라 명사, 형용사, 부사 등 다양한 역할을 하는 데 사용됩니다. Part 6에 출제되는 준동사 유형의 문제는 Part 5에서의 출제 유형과 아주 유사한 형태로 출제됩니다. 준동사에 해당하는 to부정사, 동명사, 분사가 정답인 문제는 그 주변에 해당 준동사와 함께 쓰이는 표현과 같이 관련된 단서가 반드시 있기 마련이므로 해당 단서를 놓치지 않도록 주의합니다. 또한 PART 6에서는 이메일이나 편지, 회람(memo)이 지문으로 자주 등장하므로, 지문을 읽을 때 수신자, 발신자, 작성 날짜 등을 먼저 파악하고 본문을 읽는 것을 권장합니다.

어휘 맛보기

Unit 14에서 다룰 어휘를 미리 확인해봅시다.

최신 기출 포인트 38

• improve	통 개선하다, 향상시키다
• conversational	형 대화의
• get the most out of	~을 최대한 활용하다
• suggest	통 제안하다, 권하다
• following	형 다음의
• advice	명 조언, 충고
• distribution	명 배포, 분배
• part of	~의 일환, 일부
• series of	일련의
• seasonal	형 계절의
• prepare	통 ~을 준비하다
• describe	통 ~을 설명하다
• claim	통 ~을 신청하다, 요청하다
• affix A to B	A를 B에 부착하다, 붙이다
• near	전 ~의 근처에
• cash register	명 계산대
• outside	전 ~의 외부에, 바깥에
• entrance	명 출입구
• branch	명 지점, 지사
• hard work	명 노고, 노력
• cooperation	명 협조
• participate	통 참석하다, 참여하다

최신 기출 포인트 39

- disconnection 명 단절, 연결이 끊김
- inform 동 알리다
- have difficulty -ing ~하는 데 어려움을 겪다
- apologize 동 사과하다
- inconvenience 명 불편
- experience 동 겪다

- as opposed to ~에는 반대로
- based on ~을 근거로 하여
- stress 동 강조하다

유형 연습하기

- according to 전 ~에 따르면
- be scheduled to do ~하기로 예정되어 있다
- delivery 명 배달
- track 동 추적하다, 기록을 조회하다
- immediately 부 즉시
- sincerely 부 진심으로, 진정으로
- delay 명 지연, 연기
- rare 형 드문, 흔하지 않은
- shipping 명 배송
- as a token of ~의 표시로서
- appreciation 명 감사
- attached 형 첨부된
- post 동 게시하다
- despite 전 ~에도 불구하고

빈칸이 동사의 자리인지 확인할 것!

준동사 관련 문제는 보기에 대부분 동사원형이나 동사의 다른 시제가 제시되어 있습니다. 따라서, 빈칸에 들어갈 말이 동사인지, 동사가 아닌 다른 것인지를 파악하는 것이 가장 중요합니다.

To Better Improve English Conversational Skills

We would like to thank you **for** -------- **Now Speak** to improve your
<small>전치사</small>　　　<small>전치사의 목적어</small>
English speaking skills. For you to get the most out of improving your
English speaking ability, we suggest reading the following piece of
advice.

(A) choose　　　　(B) choosing

영어 회화 실력을 더 잘 향상시키기 위해
당신의 영어 회화 실력을 향상시키기 위해서 Now Speak를 --------에 대해 감사 드리고 싶습니다. 당신의 영어
회화 실력을 최대한 효율적으로 향상시키기 위해서, 저희는 다음의 조언을 읽어보시기를 제안합니다.

- 빈칸은 전치사 for의 목적어 자리이기 때문에 동사가 들어갈 수 없습니다.
- 전치사의 목적어 자리에 들어갈 수 있는 것은 명사, 대명사, 그리고 동명사(+목적어)입니다.
- 따라서 동사원형인 choose는 오답이며, 빈칸 뒤에는 Now Speak라는 고유명사가 위치해 있으므로 이를 목적어로 써서 'Now Speak를 선택하신 것에 대해'라는 의미를 나타낼 수 있는 동명사 (B) choosing이 정답입니다.

For this distribution, which is part of our series of seasonal sale activities, we will prepare several posters. These will describe how customers can claim their complimentary gift. We will affix them to the walls near cash registers and outside the main entrance

of ------- **branches**. Make sure all customers are aware of the offer.
전치사　　전치사의 목적어
Thanks for your hard work and cooperation.

(A) participating　　　　(B) participated

우리가 진행하는 일련의 계절 세일 행사의 일환으로 열리는 이번 선물 배포 행사를 위해, 우리는 여러 포스터들을 준비할 것입니다. 이 포스터들은 고객들이 어떻게 무료 선물을 신청할 수 있는지를 설명해 줄 것입니다. ------- 지점들의 계산대 근처 벽면과 중앙 출입구 외부에 이 포스터들을 부착해 둘 예정입니다. 반드시 모든 고객들께서 이 제공 서비스를 알고 계시도록 해 주시기 바랍니다. 여러분의 노고와 협조에 감사 드립니다.

- 빈칸은 전치사 of 뒤에 위치해 있으므로 동사가 들어갈 수 없습니다.
- 빈칸 뒤에 branches라는 명사가 위치해 있는데, 빈칸에 들어갈 준동사의 동사가 '참여하다'라는 의미의 자동사 participate이므로 branches는 준동사의 목적어가 될 수 없습니다.
- 따라서 전치사 of의 목적어는 branches이며, 빈칸에 들어갈 준동사는 branches를 수식하는 형용사 역할을 해야 합니다.
- 준동사 중에 명사를 수식하는 것은 분사이며, participate가 자동사이므로 현재분사 형태로만 명사를 수식할 수 있습니다. 따라서 정답은 (A) participating입니다.

 켈리쌤 문법 쪼개기!

준동사 유형 문제 풀이법
PART 6에서 준동사 유형의 문제를 마주하게 되었을 때 다음의 풀이법을 차례대로 적용하면 정답을 고르는 데 도움이 됩니다.

① 선택지 (A)~(D) 중에 to부정사, 동명사, 분사의 형태가 포함되어 있는지 확인하고 빈칸의 앞뒤에 무엇이 있는지 파악한다.
② 빈칸 앞에 전치사가 있고 빈칸 뒤에 준동사의 목적어로 쓰일 수 있는 명사가 있다면, 동명사가 정답이다.
③ 빈칸 앞에 전치사가 있고 빈칸 뒤에 복수명사 또는 셀 수 없는 명사가 있다면, 문맥상 이 명사가 전치사의 목적어가 아닌지 확인하고, 빈칸에 현재분사 또는 과거분사가 수식할 경우 자연스럽게 이어지는지 확인한다.
④ 빈칸 앞에 수동태(be p.p.) 또는 형용사가 위치해 있고, 빈칸 뒤에 준동사의 목적어로 쓰일 수 있는 명사가 위치해 있다면 to부정사가 정답이다.

최신 기출 POINT 39 준동사가 포함된 숙어/관용어구는 반드시 숙지하자!

to부정사, 동명사, 분사가 포함된 숙어나 관용어구는 빈칸에 들어갈 동사의 형태를 고르는 데 아주 유용합니다.

The Internet disconnection that happened this morning was due to the change of our company's server. Some of you have informed me that you are still having difficulty connecting to the Internet. If you **are unable** -------- a solution to the problem, please call our IT help desk. I would like to apologize for any inconvenience that you might have experienced.

(A) finding   (B) to find

오늘 아침에 발생하였던 인터넷 단절은 저희 회사의 서버 변경으로 인한 것이었습니다. 여러분들 중 몇 분이 여전히 인터넷 연결에 어려움을 겪고 있다고 저에게 알려주셨습니다. 만약 여러분이 그 문제에 대한 해결책을 ------- **할 수 없다면**, 부디 저희의 IT 업무지원 센터로 전화주세요. 여러분이 겪었을지도 모르는 불편에 대해 사과 드리고 싶습니다.

• 빈칸 앞에 있는 형용사 unable은 그 뒤에 있는 to부정사와 함께 쓰여 '~할 수 없는'이라는 의미를 나타냅니다. 따라서 정답은 (B) to find입니다.

켈리쌤 문법 쪼개기!

특정 형용사와 함께 쓰이는 to부정사

다음 형용사 뒤에 to부정사가 위치하면 to부정사는 '~할' 또는 '~하기에', '~해서'라는 의미를 나타냅니다.

able/unable to do ~할 수 있는/없는	**likely to do** ~할 것 같은, ~할 가능성이 있는
eager to do ~하기를 열망하는	**eligible to do** ~ 할 자격이 있는
ready to do ~할 준비가 된	**willing to do** 기꺼이 ~하는
reluctant to do ~하기를 꺼리는	**scheduled to do** ~하기로 예정된, 일정이 잡힌
fortunate to do ~해서 다행인	**set to do** ~하기로 예정된
prone to do ~하기 쉬운	**apt to do** ~하는 경향이 있는

빈칸에 들어갈 단어 또는 문장을 선택하고 그 이유를 생각해 보세요.   정답 및 해설 p.47

Questions 1-4 refer to the following e-mail.

From: steverobinson@flightsports.com
To: harryevens@qmail.com
Date: April 1
Subject: Flight Sports

Dear Mr. Evans,

We ------- your message on March 29th. According to our records, it shows that
1.
you had ordered three pairs of NK basketball shoes from our website on March

23rd. Your items were scheduled to arrive on March 27th. -------. Deliveries
2.
normally do not take more than four days. We successfully tracked your order.

So, ------- this information, you should receive your order on April 3rd. If your
3.
order does not arrive, please contact us immediately. We sincerely apologize for

the delay. It is rare for us to have any problems with shipping. I would like -------
4.
the fact that this is not a normal situation.

Thank you and have a great day.

Sincerely,

Steve Robinson

Flight Sports

---

1. (A) receive
   (B) received
   (C) will receive
   (D) have been received

2. (A) I apologize that you did not
       receive them yet.
   (B) As a token of our appreciation,
       please find a gift certificate
       attached.
   (C) We would like to thank you for
       applying for the sales manager
       position.
   (D) I will post a list of parking areas
       on our Web site tomorrow.

3. (A) despite
   (B) as opposed to
   (C) as
   (D) based on

4. (A) stress
   (B) stresses
   (C) to stress
   (D) stressed

실제 토익과 같은 난이도로 출제된 문제입니다. 시험장에서 문제를 푸는 기분으로 8문제를 연속해서 풀어보세요.

📖 정답 및 해설 p.47

Questions 1-4 refer to the following e-mail.

From: Customer Services <noreply123@tkpaper.com>
To: Steven Beckham <stevebeck10@qmail.com>
Date: 7 January
Re: Membership Information

We would like to thank you for ------- a new subscriber at TK Newspaper. You
                                1.
will be receiving our newspaper for the next 12 months in addition to complete
access to our extra online newspaper material.

When you want ------- the status of your membership to our newspaper, you
                2.
can ------- our service operators at (213) 456-8343. You can update any account
     3.
information by logging onto www.tkpaper.com.

Please be aware that you might not be able to download certain updates due to
computer compatibility issues. -------.
                               4.

---

1. (A) have become
   (B) becoming
   (C) became
   (D) be becoming

2. (A) changing
   (B) change
   (C) to change
   (D) changes

3. (A) contact
   (B) respond
   (C) subscribe
   (D) write

4. (A) You can apply for a position
       online.
   (B) You will be informed about
       upcoming social events.
   (C) We are looking forward to
       working with you.
   (D) We apologize for any
       inconvenience.

October 5 – After three long years of planning, the tallest building in Seoul City history is ready ------- its doors. The Skyview Convention Center, which is beside the Han River, is expected to have ten huge conference rooms that can hold up to 300 people each. Their first guests ------- on November 11th for the Bounce Stars Basketball Awards show.

5.

6.

This project is among five new buildings that will be built in the area. Jinho Park, mayor of Seoul City, stated that these projects are -------. "There has been an immense increase of visitors and tourists in the past five years," stated Jinho Park. Due to this fact, it has been difficult to hold large, international conferences. -------.

7.

8.

5. (A) opening
   (B) open
   (C) opens
   (D) to open

6. (A) arriving
   (B) arrived
   (C) will arrive
   (D) have arrived

7. (A) signify
   (B) significant
   (C) signification
   (D) to signify

8. (A) Clearly, there was a huge need for more venues in order to meet demand.
   (B) We are delighted that the event was a tremendous success.
   (C) In addition, huge discounts were offered on hotel reservations.
   (D) So, I am asking for every single person's involvement.

Unit 15
전치사(1)
[시간, 장소]

학습 목표

매달 토익에 출제되지만, 전치사의 의미와 정확한 문맥 파악으로 풀 수 있는 전치사 문제! 우선 전치사의 종류와 형태부터 익힌 다음, 각각의 전치사의 의미와 특징을 학습해야 합니다. 이번 Unit은 토익에서 자주 출제되는 전치사와 접속사를 구분하는 문제를 대비하기 위한 기초 다지기에 해당하니, 출제 빈도가 높은 전치사부터 차근차근 정복해봅시다.

어휘 맛보기

Unit 15에서 다룰 어휘를 미리 확인해봅시다.

최신 기출 포인트 40

• complete	형 완전한
• refund	명 환불
• purchase	명 구매
• management	명 경영(진)
• advantage	명 장점, 이점
• acquisition	명 습득, 구입한 것, 인수
• acquire	동 인수하다, 습득하다
• pass	동 통과시키다
• construct	동 건설하다
• construction	명 건설, 공사
• upon request	신청에 의해
• harsh	형 혹독한, 난폭한
• weather condition	명 기상 상태

최신 기출 포인트 41

- celebrate   통 기념하다, 축하하다
- decrease   통 줄이다, 감소시키다
- dishwasher   명 식기 세척기
- payment   명 지불(금)
- enclosed   형 동봉된
- due   형 지불해야 하는
- stay hydrated   수분을 유지하다
- at all times   항상
- search (for)   통 (~을) 찾다
- director   명 이사, 임원
- lead   통 이끌다, 지휘하다

최신 기출 포인트 42

- conveniently   부 편리하게
- be located   위치해 있다
- change in   ~에서의 변화/변경
- phone plan   명 전화 요금제
- indicate   통 명시하다, 나타내다
- bill   명 청구서, 고지서
- turn off   ~을 끄다
- lounge   명 라운지, 휴게실
- from A to B   A에서 B까지

전치사(前置詞)는 영어로 preposition이라고 하는데, 접두사 pre-는 '앞에', '미리'라는 의미를 나타냅니다. position은 '위치'라는 의미의 명사이므로, 전치사는 '앞에 위치하는 말'을 의미합니다. 정확히 말하자면 '명사의 앞에 위치하는 말'이며 주로 시간, 장소 등에 대한 정보를 나타내기 위해 필요한 단어입니다. 「전치사 + 명사/대명사/동명사」의 구조로 쓰이며 이 구조를 전치사구라고 합니다. 전치사구는 문장에서 부사와 같은 역할로 수식어로 분류됩니다. 보통 전치사 뒤에 나오는 명사에 관사나 형용사가 추가될 수 있으며, 전치사 뒤에 동명사가 쓰이면 동명사의 목적어, 수식어 등이 더 붙어서 이 '전치사로 시작하는 단어 덩어리'의 크기가 더 커질 수도 있습니다.

Stability Construction suffered a three-million-dollar loss in March.
전치사 + 명사

Stability Construction은 3월에 3백만 달러의 손실을 겪었다.

There will be several Korean restaurants opening in Athens within the next three months.
전치사 + 관사 + 형용사 + 명사

향후 3개월 이내에 아테네에서 몇몇 한국 식당들이 문을 열 것이다.

전치사의 형태는 in, at, on과 같이 하나의 단어인 것도 있지만 according to, in response to와 같이 2~3개의 단어로 이루어진 전치사도 있습니다. 또한 전치사는 그 뒤에 쓰이는 명사(전치사의 목적어)가 어떤 의미의 명사인지에 따라 시간을 나타내기도 하고, 장소, 방법, 이유, 원인, 결과 등 다양한 의미를 나타냅니다.

전치사의 특징

① 「전치사 + 명사/대명사/동명사」의 구조로 전치사구로 쓰이며, 부사와 같은 수식어 역할을 한다.
② 시간, 장소, 방법, 이유, 원인, 결과 등 다양한 의미를 나타내는 전치사가 있다.
③ 하나의 전치사가 단 한 가지의 의미만 가지고 있는 것이 아니라 다양한 의미를 가지고 있다. 여러 가지 의미 중에서 문맥에 맞는 의미로 해석하는 것이 중요하다.

    ex) We have reserved a hall **for** an annual party.
        우리는 연례 파티를 위해 홀을 예약하였다. (for = ~을 위해)

    ex) Mr. McKnight won an award **for** his excellent performance.
        McKnight 씨는 뛰어난 실적의 대가로 상을 받았다. (for = ~의 대가로)

④ including, concerning처럼 분사의 형태를 가지고 있는 전치사를 분사와 구별해야 한다.

전치사는 목적어가 필요하다!

전치사 뒤에 위치하는 명사, 대명사, 동명사 등을 전치사의 목적어라고 하는데, 전치사가 시간, 장소, 이유, 방법 등 여러 의미를 나타낼 수 있지만 전치사의 목적어가 없으면 의미가 완성되지 않으므로 단독으로 쓰일 수는 없습니다. 일반적으로 흔히 쓰이는 전치사에는 in(~에), on(~에), at(~에), of(~의), about(~에 관해), for(~을 위해), by(~옆에/까지), due to(~로 인해), because of(~때문에)가 있습니다.

Thank you for **the present.** 선물에 대해 고마워.
　　　　　　전치사　　　명사

Thank you for **it.** 그것에 대해 고마워.
　　　　　　전치사 대명사

- 위 두 문장에서 전치사 for의 목적어 자리에 각각 관사와 명사가 합쳐진 the present, 대명사 it이 쓰였습니다.

Thank you for **calling me.**
　　　　　　전치사　　　동명사
나에게 전화해준 것에 대해 고마워.

- 전치사 for의 목적어 자리에 동명사와 동명사의 목적어가 합쳐진 calling me가 쓰였습니다.
- 전치사의 뒤에는 반드시 목적어가 필요합니다. 명사 역할을 할 수 있는 것은 전치사의 목적어로 사용 가능합니다. 따라서 명사, 대명사, 동명사처럼 명사와 같은 역할을 하는 것이 들어가야 합니다.
- 단, to부정사나 동사는 전치사의 목적어로 쓰일 수 없습니다.

Thank you for to call me. [X]

켈리쌤 문법 뽀개기!

전치사 목적어의 구성

(1) 「전치사＋(관사＋형용사＋) 명사」 또는 「전치사＋대명사」

전치사의 목적어는 대표적으로 명사와 대명사, 동명사가 위치할 수 있습니다. 특히 명사 앞에 관사(a/an, the)와 형용사(분사 포함)가 위치할 수 있으므로 여러 단어로 구성된 명사구가 전치사의 목적어로 쓰일 수 있습니다.

(2) 「전치사＋동명사 (＋ 목적어/보어＋부사)」

타동사가 동명사로 쓰인 경우 전치사 뒤에 동명사가 위치하고, 그 뒤에 동명사의 목적어나 보어가 위치할 수 있습니다.

(3) 「전치사＋명사/동명사＋전치사구(전치사＋명사)」

전치사의 목적어로 위치한 명사 뒤에 또다른 전치사구가 명사를 수식할 수 있습니다. 단, 특정 전치사와 함께 쓰이는 자동사가 동명사로 바뀌어 전치사의 목적어로 위치할 수도 있습니다.

before **the frame of** the picture 그 그림의 액자 앞에

before **looking at** the picture 그 그림을 보기 전에

(look at ~을 보다)

유형 연습하기

빈칸에 들어갈 단어를 선택하고 그 이유를 생각해 보세요.　　　📖정답 및 해설 p.50

1. You can receive a complete refund within 30 days of -------.

   (A) purchase　　　　　(B) to purchase

2. The management is discussing the advantages of ------- SARA Inc.

   (A) acquisition　　　　(B) acquiring

3. The city council passed the law to decrease funding for the ------- of the new mall.

   (A) construct　　　　　(B) construction

4. Tickets for Concert at the Beach will be refunded upon request ------- harsh weather conditions.

   (A) because　　　　　(B) due to

유형 연습하기 문제에 쓰인 문장을 주어, 동사, 보어, 목적어, 수식어 등으로 분석하여 문장 구조를 파악해보세요.

1. You   can receive   a complete refund   within 30 days   of purchase.
└주어┘ └──동사──┘ └────목적어────┘ └─수식어(전치사구)─┘ └수식어(전치사+명사)┘

　당신은　　받을 수 있다　　　전액 환불을　　　　30일 이내에　　　　구매의

2. The management   is discussing   the advantages   of acquiring SARA Inc.
└────주어────┘ └──동사──┘ └──목적어──┘ └─수식어(전치사+동명사+목적어)─┘

　　경영진은　　　　　논의하고 있다　　　　이점들을　　　SARA 주식회사를 인수하는 것의

3. The city council   passed   the law   to decrease funding
└────주어────┘ └동사┘ └목적어┘ └──수식어(to부정사)──┘

　　시의회는　　　통과시켰다　　법안을　　　자금을 줄이는

for the construction   of the new mall.
└─수식어(전치사+명사)─┘ └수식어(전치사+명사)┘

　　건설을 위한　　　새로운 쇼핑몰의

4. Tickets   for Concert at the Beach   will be refunded   upon request
└주어┘ └───수식어(전치사구)───┘ └──동사──┘ └수식어(전치사구)┘

　입장권은　　Concert at the Beach에 대한　　　환불될 것이다　　　신청에 의해

due to harsh weather conditions.
└───수식어(전치사+명사)───┘

　　혹독한 기상 상태로 인해

시험에 꼭 나오는 시간 전치사

전치사는 시간에 관한 정보를 나타내기 위해 시간 명사 앞에 쓰일 수 있습니다. 시간 명사의 종류와 의미에 따라 각기 다른 전치사를 써야 한다는 것을 염두에 두시기 바랍니다.

> **On** December 20th, every employee will receive a Santa hat to
> 전치사   날짜
> celebrate Christmas.
> 12월 20일에, 모든 직원은 크리스마스를 기념하기 위해 산타 모자를 받을 것이다.

- 전치사 on 뒤에 쓰인 목적어는 December 20th로, 날짜를 가리키는 말입니다. 이렇게 날짜 앞에 써서 '~(일)에' 라는 의미를 나타낼 때에는 전치사 on을 씁니다.
- 날짜가 나타내는 1일의 기간을 넘어서는 며칠, 주, 달(월), 계절, 연도와 같은 큰 단위의 시간 앞에는 전치사 in을 사용합니다.
- 상대적으로 작은 시간 단위, 즉 정확한 시간, 또는 시점을 나타낼 때는 전치사 at을 사용합니다.

 켈리쌤 **문법 쪼개기!**

토익에 자주 나오는 시간/기간 전치사

in	~에(목적어가 연도, 계절, 월)	In July(7월에)
at	~에(목적어가 시각, 시점)	At 7 P.M.(7시에)
on	~에(목적어가 날짜, 요일)	On Monday(월요일에)
by	~까지(완료)	Please arrive by 7.P.M.(7시까지 도착해주세요)
until	~까지(지속)	Please wait until 7 P.M.(7시까지 기다려주세요)
for	~동안(목적어가 「숫자 + 기간명사」)	For 3 years(3년 동안)
during	~동안(목적어가 명사)	During the summer vacation(여름 방학 동안)
within	~이내에(목적어가 기간 「숫자 + 명사」)	Within 5 days(5일 이내에)
over	~에 걸쳐서	Over the past 3 years(지난 3년에 걸쳐서)
before, prior to	~전에	Before Monday(월요일 전에)
after, following	~후에	After 5 P.M.(5시 이후에)
since	~이후로	Since 1999(1999년 이후로)

유형 연습하기

빈칸에 들어갈 단어를 선택하고 그 이유를 생각해 보세요.

정답 및 해설 p.50

1. Greenways will decrease the prices of all dishwasher soap by 10 percent ------- January 1st.

   (A) in   (B) on

2. OK Telecom thanks you for the quick payment of your enclosed phone bills, which is due ------- May 25th.

   (A) by   (B) until

3. According to the news, staying hydrated at all times is required ------- the summer season.

   (A) during   (B) to

4. Mega Advertising is searching for a Director of Advertising to lead two new projects ------- the next two years.

   (A) over   (B) at

QR특강 21
전치사 by와 until

유형 연습하기 문제에 쓰인 문장을 주어, 동사, 보어, 목적어, 수식어 등으로 분석하여 문장 구조를 파악해보세요.

1. Greenways   will decrease   the prices   of all dishwasher soap
└─── 주어 ───┘   └─── 동사 ───┘   └─ 목적어 ─┘   └──── 수식어(전치사구) ────┘

Greenways는   줄일 것이다   가격을   모든 식기세척기 세제를

by 10 percent   on January 1st.
└─ 수식어(전치사구) ─┘   └─ 수식어(전치사구-날짜) ─┘

10퍼센트만큼   1월 1일에

2. OK Telecom   thanks   you   for the quick payment   of your enclosed phone bills,
└─── 주어 ───┘   └─ 동사 ─┘   └목적어┘   └──── 수식어(전치사구) ────┘   └──── 수식어(전치사구) ────┘

OK Telecom은   고마워한다 당신에게   빠른 지불에 대해   당신의 동봉된 통화료 청구서의

which   is   due   by May 25th.
└ 주어 ┘   └ 동사 ┘   └ 보어 ┘   └ 수식어(전치사구-날짜) ┘
└────────── 수식어(형용사절) ──────────┘

그리고 그것은   ~이다   지불해야 하는   5월 25일까지

3. According to the news,   staying   hydrated   at all times   is required
└──── 수식어(전치사구) ────┘   └ 동명사 ┘   └ 보어 ┘   └ 수식어(전치사구) ┘   └ 동사(수동태) ┘
                     └──────── 주어 ────────┘

뉴스에 따르면,   항상 수분을 유지한 상태로 있는 것이   요구된다

during the summer season.
└──── 수식어(전치사구-기간) ────┘

여름 동안

4. Mega Advertising   is searching   for a Director of Advertising
└──── 주어 ────┘   └─ 동사 ─┘   └──── 수식어(전치사구) ────┘

Mega Advertising은   찾고 있는 중이다   광고 담당 이사를

to lead two new projects   over the next two years.
└──── 수식어(to부정사) ────┘   └──── 수식어(전치사구-기간) ────┘

2개의 새로운 프로젝트를 이끌   앞으로 2년 동안

시험에 꼭 나오는 장소 전치사

전치사는 장소나 위치에 관한 정보를 나타내기 위해 장소나 위치를 나타내는 명사 앞에 쓰일 수 있습니다. 시간 명사 앞에서 쓰이던 전치사가 장소 명사 앞에서도 쓰일 수 있는데, 이때 같은 전치사라도 다른 의미를 나타내므로 잘 구분할 수 있어야 합니다.

> **You should submit the report by Friday.**
> 주어　　　　동사　　　　　　목적어　전치사 + 목적어
>
> 당신은 금요일까지 보고서를 제출해야 한다.

- 전치사 by의 목적어는 Friday로, '금요일'이라는 시간을 의미합니다. 전치사 by가 시간 명사 앞에 쓰일 경우 '~까지'(완료)라는 의미를 나타냅니다. 그래서 by Friday는 '금요일까지'라고 해석합니다.

> **You should put the report by the desk.**
> 주어　　　　동사　　　　　목적어　전치사 + 목적어
>
> 당신은 책상 옆에 보고서를 두어야 한다. (O)
> 당신은 책상까지 보고서를 두어야 한다. (X)

- 전치사 by의 목적어는 the desk로, '책상'이라는 명사입니다. the desk가 시간을 의미하는 것이 아니기 때문에 by를 '~까지'라고 해석할 수 없습니다.
- 전치사 by의 목적어가 시간이 아닌 장소의 개념을 나타낸다면 by는 '~옆에'라는 의미가 됩니다. 그래서 by the desk는 '책상 옆에'라고 해석합니다.
- 같은 전치사라 하더라도, 전치사의 목적어가 무엇인지에 따라 그에 맞는 의미로 해석해야 합니다.

켈리쌤 문법 뽀개기!

토익에 자주 나오는 장소 전치사

in	~에(목적어가 넓은 공간 또는 장소), ~안에	in New York 뉴욕에(서) in the building 건물 안에
at	~에(목적어가 특정 지점)	at the bus station 버스 정류장에(서)
on	~에(목적어의 표면에 닿아 있음), ~상에	on the street 도로에(서) on the bill 고지서 상에
by beside next to	~옆에	next to the pharmacy 약국 옆에
between	~사이에(두 개의 대상이 목적어)	between you and me 너와 나 사이에
among	~사이에, ~중에(셋 이상의 대상이 목적어)	among citizens 시민들 사이에
throughout	~전역에, 전체에	throughout the nation 전국에
along	~을 따라	along the road 도로를 따라
over	~위에, 상에	over the river 강 위에
near	~근처에	near the bus stop 버스 정류장 근처에

주의! 위의 전치사는 장소의 의미 외에도 다른 의미를 가지고 있기 때문에 목적어가 장소일 경우만 이렇게 해석합니다.

유형 연습하기

빈칸에 들어갈 단어를 선택하고 그 이유를 생각해 보세요.　　　　　📖 정답 및 해설 p.51

1. Adams Center is conveniently located ------- Farmer's Market.

   (A) during　　　　　　(B) near

2. Changes in your phone plan are always indicated ------- your monthly phone bill.

   (A) among　　　　　　(B) on

3. Teachers must turn off all computers ------- the Teacher's Lounge at 7 P.M. on Fridays.

   (A) in　　　　　　(B) along

4. Every guest can take the shuttle bus ------- the airport to our hotel.

   (A) from　　　　　　(B) with

문장 구조 분석하기

유형 연습하기 문제에 쓰인 문장을 주어, 동사, 보어, 목적어, 수식어 등으로 분석하여 문장 구조를 파악해보세요.

1. Adams Center   is conveniently located   near Farmer's Market.
└─ 주어 ─┘   └─ 동사(수동태 + 부사) ─┘   └─ 수식어(전치사 + 장소) ─┘

Adams Center는   편리하게 위치해 있다   Famer's Market 근처에

2. Changes   in your phone plan   are always indicated
└─ 주어 ─┘   └─ 수식어(전치사구) ─┘   └─ 동사(수동태) + 부사 ─┘

변경은   당신의 전화 요금제에   항상 명시되어 있다

on your monthly phone bill.
└─ 수식어(전치사 + 장소) ─┘

당신의 월별 전화 요금 청구서 상에

3. Teachers   must turn off   all computers   in the Teacher's Lounge
└─ 주어 ─┘   └─ 동사 ─┘   └─ 목적어 ─┘   └─ 수식어(전치사 + 장소) ─┘

교사들은   꺼야 한다   모든 컴퓨터를   교사 휴게실에 있는

at 7 P.M.   on Fridays.
└ 수식어(전치사구) ┘ └ 수식어(전치사구) ┘

오후 7시에   금요일마다

4. Every guest   can take   the shuttle bus   from the airport   to our hotel.
└─ 주어 ─┘   └─ 동사 ─┘   └─ 목적어 ─┘   └─ 수식어(전치사 + 장소) ─┘ └ 수식어(전치사구) ┘

모든 손님은   탈 수 있습니다   셔틀 버스를   공항에서   저희의 호텔까지

실제 토익과 같은 난이도로 출제된 문제입니다. 시험장에서 문제를 푸는 기분으로 10문제를 제한시간 7분 내에 풀어보세요. 그리고 토익은 주어진 시간 내에 풀어야 하는 시험이므로 시간을 꼭 지켜 주세요.

정답및해설 p.51

1. Hot Car Trends will hold a car show ------- July 10th for fans.

   (A) in
   (B) at
   (C) on
   (D) to

2. Unless Mr. Garvey arrives ------- the airport soon, he will miss his flight to Tokyo.

   (A) at
   (B) after
   (C) across
   (D) until

3. Our veteran managers are required to make a presentation ------- the workshop.

   (A) by
   (B) during
   (C) next to
   (D) between

4. Vari's most popular product ------- customers is its V5 smartphone, which retails for $999.

   (A) among
   (B) between
   (C) to
   (D) behind

5. Carino Apparel shoppers can request refunds ------- 90 days of any purchase.

   (A) to
   (B) during
   (C) across
   (D) within

6. To discuss the proposed theme park, the New Town Council will meet investors ------- Meeting Room A.

    (A) in
    (B) up
    (C) on
    (D) to

7. Please submit your report on your best employees ------- 10 P.M. tonight.

    (A) until
    (B) next to
    (C) throughout
    (D) by

8. The following chart indicates sales figures for the best-selling HMT motorcycles ------- the past three years.

    (A) over
    (B) by
    (C) along
    (D) behind

9. Before the end of your contract with Hayami Motors, new terms can be renegotiated two months -------.

    (A) in advance
    (B) consequently
    (C) regardless of
    (D) in particular

10. Next month, Morning Sun Electronics will ------- a new policy.

    (A) merge
    (B) implement
    (C) invest
    (D) specialize

Unit 16
전치사(2)
[기타]

학습 목표

Unit 15에서 전치사 중 기본적으로 가장 자주 쓰이는 시간 전치사와 장소 전치사에 대해 알아보았습니다. 이번 Unit에서는 시간, 장소의 의미 외에 다양한 의미를 가진 전치사에 대해 알아보겠습니다.

어휘 맛보기

Unit 16에서 다룰 어휘를 미리 확인해봅시다.

최신 기출 포인트 43

- keen   형 치열한, 열렬한
- competition   명 경쟁
- industry   명 산업, 업계
- inclement weather   좋지 않은 날씨, 악천후
- feature   동 ~을 특징으로 하다, ~가 출연하다
- global warming   명 지구 온난화
- shut off   끄다, 정지시키다
- government   명 정부
- file   동 제출하다
- income tax   명 소득세
- in person   직접
- submission   명 제출

최신 기출 포인트 44

- local   형 지역의, 현지의
- decrease   동 감소시키다, 줄이다
- consumer complaints   명 고객 불만(사항)
- postpone   동 연기하다
- conflict   동 상충하다
- board meeting   명 이사회
- convert (A into B)   동 (A를 B로) 바꾸다
- standard mail   명 일반 우편
- textbook   명 교재, 교과서
- return   동 돌려주다, 반납하다
- receipt   명 영수증
- regardless of   전 ~에 상관없이
- economic   형 경제의
- downturn   명 침체, 하락
- performance   명 성과, 수행 능력
- recyclable   형 재활용 가능한
- material   명 물질, 재료
- up to   전 최대 ~까지
- beverage   명 음료
- happening   명 (이상한) 일, 사건

최신 기출 포인트 45

- official   명 공무원
- had to do   해야 했다(have to do의 과거)
- annual   형 매년의, 연례의
- fundraising   명 모금
- comfortable   형 편안한
- lighting   명 조명
- prefer (to do)   동 (~하는 것을) 선호하다
- quarterly   형 분기의
- make a decision   결정하다, 결정을 내리다
- extra charge   명 추가 요금
- stay   명 숙박, 체류
- inclusive   형 경비 일체가 모두 포함된
- monthly   형 월마다의, 월례의

다양한 의미의 전치사

전치사에는 시간, 장소 외에도 원인, 양보, 조건, 제외, 첨가, 대체, 예시, 관련 등 다양한 논리 관계를 나타내는 전치사가 있습니다.

> **Despite keen competition**, Zenith Corporation continues to be
> 　　전치사　　　　　명사
> a leader **in the industry**.
>
> 치열한 경쟁에도 불구하고, Zenith 사는 계속해서 업계의 선두를 유지하고 있다.

- despite는 '~에도 불구하고'라는 양보의 의미를 나타내는 전치사입니다. 그래서 Despite keen competition은 '치열한 경쟁에도 불구하고'라고 해석합니다.
- 양보의 전치사가 사용되면 전치사구와 문장 사이의 관계가 서로 대조, 반대되는 논리 관계가 형성됩니다.
- 전치사구: keen competition(치열한 경쟁) ↔ 문장: continues to be a leader(선두를 유지하다)
- in the industry에서 전치사 in의 목적어가 industry로, 분야 및 장소를 나타내기 때문에 in은 '~(안)에'라는 의미로 해석합니다.

> The discount coupon can be used for all items **except**
> 　　　　　　　　　　　　　　　　　　　　　　　　전치사
> **specially-ordered products**.
> 명사
>
> 할인 쿠폰은 특별 주문된 제품들을 제외하고 전 품목에 대해 사용 가능합니다.

- except는 '~을 제외하고'라는 제외의 의미를 나타내는 전치사입니다. 그래서 except specially-ordered products는 '특별 주문된 제품들은 제외하고'라고 해석합니다.
- 제외의 전치사가 사용되면 전치사구의 내용은 제외된 일부, 문장의 내용은 그 외 전체라는 상관 논리 관계가 형성됩니다.
- 제외된 일부: specially-ordered products(특별 주문품) ↔ 전체: all items(전 품목)

다양한 논리관계를 나타내는 전치사

원인	because of, due to, owing to, on account of(~때문에), thanks to(~덕분에), by(~에 의해)	**due to** inclement weather 좋지 않은 날씨로 인해 The new policy was introduced **by** the CEO. 새로운 정책은 CEO에 의해 발표되었다.
양보	despite, in spite of(~에도 불구하고)	**despite** high cost 높은 비용에도 불구하고
조건	in case of, in the event of(~의 경우에)	Cebu Air refunds tickets **in case of** emergencies. Cebu Air은 비상 시에 티켓을 환불해 드립니다.
제외	except (for), aside from, apart from, excluding(~을 제외하고)	**except** the blue one 파란 것을 제외하고
첨가	in addition to(~에 더해), besides(게다가)	**In addition to** Mark's magic show, the festival will feature the famous band Black Pearl. Mark의 마술 공연에 더해, 축제에는 유명 밴드 Black Pearl 이 출연할 것입니다.
대체	instead of(~대신에), rather than(~보다는)	Mr. Stewart decided to take the train **instead of** the flight. Stewart 씨는 비행기를 타는 대신 기차를 타기로 결정했다.
예시	such as(~와 같은)	**such as** laptop computers and books 노트북 컴퓨터와 책과 같은
관련	according to, in accordance with(~에 따르면) on, about, regarding, concerning(~에 관한)	a presentation **on** global warming 지구 온난화에 관한 발표
방법	through(~을 통해), by -ing(~함으로써)	Sign up for the seminar **through** our Web site. 저희 웹사이트를 통해 세미나에 등록하세요. You can enjoy the popup store **by booking** online in advance. 온라인 사전 예약을 함으로써 팝업 스토어를 즐기실 수 있습니다.

on, by와 같이 하나의 전치사가 여러가지 의미로 쓰일 수 있기 때문에 전치사구를 해석할 때에는 전치사의 목적어가 가진 의미, 그리고 문장 전체의 해석을 통해 전치사의 의미를 결정해야 합니다.

> **According to** the e-mail, computers and printers **in all rooms**
> 전치사   명사
>
> **must be shut off every night.**
>
> 그 이메일에 따르면, 모든 방에 있는 컴퓨터와 프린터는 매일 밤 꺼져야 한다.

- according to는 두 단어로 이루어진 전치사이며, 그 의미는 '~에 따르면', '~에 따라서'입니다. 그래서 According to the e-mail은 '그 이메일에 따르면'이라고 해석합니다.
- in all rooms에서 전치사 in의 목적어가 all rooms로, 장소를 나타내기 때문에 in은 '~(안)에'라는 의미로 해석합니다.

유형 연습하기

빈칸에 들어갈 단어를 선택하고 그 이유를 생각해 보세요.   📖 정답 및 해설 p.53

1. ------- a convention, the Western Hotel buffet will be closed on Monday and Tuesday.

   (A) Due to   (B) Into

2. The government allows citizens to file their income tax ------- the Internet rather than visit the office in person.

   (A) through   (B) throughout

3. Audition video submissions for *Starmaker* are reviewed ------- a group of producers.

   (A) except   (B) by

4. Please ask your department manager if you have any questions ------- the workshop schedule.

   (A) to   (B) about

유형 연습하기 문제에 쓰인 문장을 주어, 동사, 보어, 목적어, 수식어 등으로 분석하여 문장 구조를 파악해보세요.

1. Due to a convention,　the Western Hotel buffet　will be closed
　　　└─ 수식어(전치사 + 명사) ─┘　　└─── 주어 ───┘　　└─ 동사 ─┘

　　컨벤션으로 인해　　　　　Western Hotel 뷔페는　　　닫혀질 것이다

on Monday and Tuesday.
└──── 수식어(전치사구) ────┘

　월요일과 화요일에

2. The government　allows　citizens　to file their income tax
　　　└─── 주어 ───┘　└ 동사 ┘　└ 목적어 ┘　└ 목적격보어(to부정사 + 목적어) ─┘

　　정부는　　　　허용한다　시민들이　그들의 소득세를 제출하는 것을

through the Internet　rather than visit the office　in person.
└─ 수식어(전치사 + 명사) ─┘　└──── 수식어(전치사구) ────┘　└ 수식어(전치사구) ┘

　인터넷을 통해　　　　사무실을 방문하는 것 대신에　　　직접

3. Audition video submissions　for *Starmaker*　are reviewed　by a group
　　　└──── 주어 ────┘　└ 수식어(전치사구) ┘　└── 동사 ──┘　└ 수식어(전치사 + 명사) ┘

　　　오디션 영상 제출은　　　*Starmaker*를 위한　　검토된다　　그룹에 의해

of producers.
└ 수식어(전치사구) ┘

　프로듀서들의

4. Please　ask　your department manager　if　you　have　any questions
　　　└감탄사┘　└동사┘　└─── 목적어 ───┘　└접속사┘└주어┘　└동사┘　└── 목적어 ──┘
　　　　　　　　　　　　　　　　　　　　└──── 수식어(부사절) ────┘

　　부디　물어보세요　　당신의 부장에게　　만약 당신이　가지다　어떠한 질문이라도

about the workshop schedule.
└──── 수식어(전치사 + 명사) ────┘
└──── 수식어(부사절) ────┘

　　워크숍 일정에 대하여

특정 명사 또는 동사와 함께 쓰이는 전치사

전치사 중에는 특정 명사 또는 동사와 결합하여 숙어처럼 굳어진 표현으로 쓰이는 전치사가 있습니다.

> The local supermarket is decreasing prices **in response to**
> 전치사
>
> **consumer complaints.**
> 복합명사
>
> 그 지역의 슈퍼마켓은 고객 불만사항들에 대응하여 가격을 내릴 것이다.

- in response to는 세 단어로 이루어진 전치사이며, response(대응)라는 명사와 함께 쓰인 전치사입니다.
- 그 의미는 '~에 대응하여', '~에 답하여' 입니다. 그래서 in response to customer complaints를 '고객 불만사항들에 대응하여'라고 해석합니다.
- 전치사구를 해석할 때는 전치사의 목적어(명사)를 먼저 해석하고 그 뒤에 전치사의 의미를 붙입니다.

 켈리쌤 문법 뽀개기!

명사와 함께 쓰이는 전치사

as a result of ~의 결과로
in charge of ~을 담당하는
in compliance with ~을 준수하여

in light of ~을 고려하여
in response to ~에 대응하여
on time / in time / in a timely manner 제시간에 맞추어서

동사와 함께 쓰이는 전치사

look at ~을 보다 / **look for** ~을 찾다
consist of ~으로 구성되다
participate in ~에 참여하다
proceed with ~을 진행하다
refer to ~을 참고하다
result from ~에서 기인하다 / **result in** ~을 초래하다
search for ~을 찾다

specialize in ~을 전문으로 하다
succeed in ~에 성공하다
convert/turn A into B A를 B로 변환하다
expand into ~로 확장하다
refrain from ~를 삼가다
conflict with ~와 충돌하다, 상충하다

The City Council converted the old Orange County Jail into a public library.
시의회는 오래된 Orange County 교도소를 공립 도서관으로 바꾸었다.

Hasty Shipping will always ship your package on time.
Hasty Shipping은 항상 당신의 소포를 제시간에 배송할 것이다.

빈칸에 들어갈 단어를 선택하고 그 이유를 생각해 보세요.   📖 정답 및 해설 p.54

1. The CEO postponed the seminar because it conflicted ------- the day of an important board meeting.

   (A) with   (B) to

2. After the summer season finishes, the town will be ------- the park into a night market.

   (A) converting   (B) constructing

3. If you send the package by standard mail, your textbooks will arrive ------- time.

   (A) on   (B) to

4. In order to receive a complete refund, you should return the product ------- the receipt.

   (A) regardless of   (B) with

켈리쌤 문법 뽀개기!

토익에 자주 나오는 분사형 전치사

다음의 전치사들은 「동사+ing」 구조로 현재분사와 같은 형태를 가지고 있지만, 명사 앞에 사용되어 전치사로 취급되는 단어들입니다. 자주 쓰이는 분사형 전치사를 알아 두면 문장 구조 분석은 물론 문장의 해석이 용이해질 수 있습니다.

regarding	~에 관하여	If you have any questions **regarding** the class 이 강좌에 관하여 어떤 질문이 있으시면
following	~후에(=after)	**following** the accident 그 사고 이후에
considering (that)	~을 고려해 볼 때	**considering** the recent economic downturn 최근의 경기 침체를 고려해볼 때 **considering that** Mr. Palmer's performance is excellent Palmer 씨의 성과가 우수하다는 점을 고려해 볼 때
including	~을 포함하여	There are recyclable materials, **including** glass and plastic. 유리와 플라스틱을 포함하여 재활용 물질이 있습니다.
excluding	~을 제외하고 (=except)	The employees are allowed to spend up to 10 dollars for lunch, **excluding** coffee or any kinds of beverages. 직원들은 커피나 어느 종류의 음료를 제외하고 점심으로 최대 10달러까지 쓸 수 있도록 허용된다.
barring	~이 없다면	**Barring** unexpected happenings, we should arrive on time. 예상치 못한 일이 없다면, 우리는 제시간에 도착할 것이다.

유형 연습하기 문제에 쓰인 문장을 주어, 동사, 보어, 목적어, 수식어 등으로 분석하여 문장 구조를 파악해보세요.

1. The CEO   postponed   the seminar   because   it   conflicted   with the day
└── 주어 ──┘   └── 동사 ──┘   └── 목적어 ──┘   └ 접속사 ┘└ 주어 ┘└ 동사 ┘   └ 수식어(전치사＋명사) ┘
                                      └──────── 수식어(부사절) ────────┘

CEO는   연기했다   세미나를   왜냐하면   그것은   상충했다   그 날과
                                        ~이기 때문에

of an important board meeting.
└────── 수식어(전치사구) ──────┘
└────── 수식어(부사절) ──────┘

중요한 이사회 회의의

2. After   the summer season   finishes,   the town   will be converting
└ 접속사 ┘   └──────── 주어 ────────┘   └── 동사 ──┘   └── 주어 ──┘   └────── 동사 ──────┘
└───────── 수식어(부사절) ─────────┘

~후에   여름 시즌이   끝나다   그 도시는   바꿀 것이다

the park   into a night market.
└ 목적어 ┘   └── 수식어(전치사＋명사) ──┘

공원을   야시장으로

3.   If   you   send   the package   by standard mail,   your textbooks
└ 접속사 ┘└ 주어 ┘ └ 동사 ┘ └── 목적어 ──┘   └── 수식어(전치사구) ──┘   └── 주어 ──┘
└──────────── 수식어(부사절) ────────────┘

만약   당신이   보낸다   그 소포를   일반 우편으로   당신의 교재는

will arrive   on time.
└── 동사 ──┘ └ 수식어(전치사구) ┘

도착할 것이다   제시간에

4. In order to receive a complete refund,   you   should return   the product
└──────── 수식어(to부정사) ────────┘   └ 주어 ┘   └── 동사 ──┘   └── 목적어 ──┘

전액 환불을 받기 위해서   당신은   돌려주어야 한다   그 제품을

with the receipt.
└ 수식어(전치사＋명사) ┘

영수증과 함께

같은 의미의 전치사와 접속사 구분

PART 5 문제 중에서 똑같은 의미인 2개의 보기가 제시되어 있는 경우가 있습니다. 이것은 빈칸에 들어갈 단어의 문법적인 요소를 고려하여 정답을 골라야 하는 문제입니다. 이러한 문제의 대부분은 바로 같은 의미를 가진 전치사와 접속사를 구분하는 문제입니다.

> **Because of the heavy rain,** officials had to postpone the annual
> 　　　전치사　　　　　　　목적어
>
> **fundraising event.**
> 폭우 때문에, 공무원들은 연례 모금 행사를 연기해야만 했다.

- because of는 두 단어로 이루어진 전치사이며, 그 의미는 '~때문에'입니다.

- because of는 '~때문에' 라는 동일한 의미를 가진 부사절 접속사 because와 혼동되는 전치사입니다.

- 의미는 같지만 문장 구조상 전치사와 접속사 중 어느 자리인지 파악하여 because와 because of 중에서 골라야 하는 문제가 출제됩니다.

- 전치사 뒤에는 항상 목적어로 쓰일 명사가 필요합니다. 만약 위의 문장에서 Because of가 빈칸으로 제시되어 "------- the heavy rainfall, ..."와 같이 쓰였다면 콤마(,)가 나오는 지점까지 the heavy rain이라는 명사만 있을 뿐, 동사로 쓰일 수 있는 것이 없습니다. 따라서 빈칸은 전치사의 자리라는 것을 알 수 있습니다.

> **Because the rain was heavy,** officials had to postpone the
> 　　접속사　　　　주어　　동사
>
> **annual fundraising event.**
> 비가 많이 왔기 때문에, 공무원들은 연례 모금행사를 연기해야만 했다.

- because는 부사절 접속사이며, 그 의미는 '~때문에'입니다.

- 부사절 접속사는 항상 뒤에 문장, 즉 주어와 동사가 포함된 절이 이어져야 합니다. 만약 위의 문장에서 Because가 빈칸으로 제시되어 "------- the rain was heavy,"와 같이 쓰였다면 콤마(,)가 나오는 지점까지 the rain이라는 명사와 was라는 be동사가 각각 주어와 동사 역할을 할 수 있으므로 하나의 절을 이루게 됩니다. 그래서 빈칸에는 전치사가 아닌 접속사가 필요하기 때문에 Because가 빈칸에 들어가야 합니다.

켈리쌤 문법 쪼개기!

같은 의미의 전치사와 접속사의 구분

전치사 뒤: ① (관사+형용사+) 명사/대명사
② 동명사 (+목적어+부사/전치사구)

접속사 뒤: 주어+동사+목적어/보어 (+부사/전치사구)

의미	전치사	접속사
~동안	for, during	while
~까지	by, until	until
~때문에	due to, because of, owing to	because, since, as
~에도 불구하고 / 비록 ~지만	despite, in spite of	although, even though, though

유형 연습하기

빈칸에 들어갈 단어를 선택하고 그 이유를 생각해 보세요.   📱 정답 및 해설 p.54

1. ------- the large size of the library and its comfortable lighting, many students prefer to study there.

(A) Because   (B) Due to

2. ------- the next quarterly meeting, the management is expected to make some important decisions.

(A) While   (B) During

3. There is no extra charge for room service ------- the price of your stay at the Watford Hotel is all-inclusive.

(A) because of   (B) because

4. ------- Mr. Samuel arrived at the company on time, he didn't attend the monthly meeting.

(A) Despite   (B) Although

문장 구조 분석하기

유형 연습하기 문제에 쓰인 문장을 주어, 동사, 보어, 목적어, 수식어 등으로 분석하여 문장 구조를 파악해보세요.

1. Due to the large size   of the library   and   its comfortable lighting,
└── 수식어(전치사+명사) ──┘ └ 수식어(전치사구) ┘ └접속사┘ └─── 명사(Due to의 목적어) ───┘

큰 규모 때문에   도서관의   그리고   그것의 편안한 조명

many students   prefer   to study there.
└── 주어 ──┘ └ 동사 ┘ └── 목적어(to부정사) ──┘

많은 학생들은   선호한다   거기서 공부하는 것을

2. During the next quarterly meeting,   the management   is expected
└──── 수식어(전치사+명사) ────┘   └── 주어 ──┘ └ 동사(수동태) ┘

다음 분기 회의 동안에,   경영진은   예상된다

to make some important decisions.
└──── 수식어(to부정사) ────┘

몇몇 중요한 결정을 할 것으로

3. There   is   no extra charge   for room service   because   the price
└ 수식어 ┘ └ 동사 ┘ └── 주어 ──┘   └── 수식어(전치사구) ──┘ └ 접속사 ┘ └ 주어 ┘
                                                        └──── 수식어(부사절) ────┘

~가 있다   추가적인 비용이 없는   룸 서비스에 대한   왜냐하면   가격은
                                                        ~이기 때문에

of your stay   at the Watford Hotel   is   all-inclusive.
└ 수식어(전치사구) ┘ └── 수식어(전치사구) ──┘ └ 동사 ┘ └── 주격보어 ──┘
└──────────── 수식어(부사절) ────────────┘

당신의 숙박의   Watford Hotel에서   ~이다 일체의 경비가 포함된

4. Although   Mr. Samuel   arrived   at the company   on time,
└ 접속사 ┘ └── 주어 ──┘ └ 동사 ┘ └── 수식어(전치사구) ──┘ └ 수식어(전치사구) ┘
└──────────── 수식어(부사절) ────────────┘

비록   Samuel 씨가   도착했지만   회사에   시간에 맞춰

he   didn't attend   the monthly meeting.
└주어┘ └── 동사 ──┘ └── 목적어 ──┘

그는   참석하지 않았다   월례 회의에

실제 토익과 같은 난이도로 출제된 문제입니다. 시험장에서 문제를 푸는 기분으로 10문제를 제한시간 7분 내에 풀어보세요. 그리고 토익은 주어진 시간 내에 풀어야 하는 시험이므로 시간을 꼭 지켜 주세요.

정답 및 해설 p.55

1. The Modern Art Museum will be closed in the morning next Monday ------- renovation.

   (A) due to
   (B) so that
   (C) because
   (D) on

2. Students can fill out a survey ------- the cleanliness of the university's cafeteria online.

   (A) during
   (B) although
   (C) on
   (D) except

3. ------- the store in Pasadena, all of the other branches of Burnham Tires have closed down.

   (A) Except
   (B) During
   (C) Even though
   (D) Among

4. ------- shipping rules, additional costs are added when sending packages that weigh over 50 pounds.

   (A) In order to
   (B) According to
   (C) Committed to
   (D) In addition to

5. Sales remain very strong ------- a decline in the stock price.

   (A) although
   (B) about
   (C) despite
   (D) through

6. Jason has recently been working hard so that he can submit his report ------- .

   (A) on time
   (B) in fact
   (C) meanwhile
   (D) instead

7. ------- the mall's parking lot is open to customers, a few parking spots are specially reserved for security.

   (A) Due to
   (B) Despite
   (C) In spite of
   (D) Although

8. ------- job opportunities at Heart Publishing, you can use the free access database.

   (A) When
   (B) Under
   (C) For
   (D) Along

9. After two years of renovations, Seoul Creativity Center is ------- opening its doors.

   (A) occasionally
   (B) finally
   (C) abundantly
   (D) previously

10. HMT Motors, a Seoul-based automobile company, is one of Asia's leading ------- of sedans.

   (A) distributors
   (B) distribute
   (C) distribution
   (D) distributes

Unit 17
부사절 접속사

학습 목표

접속사는 크게 등위접속사, 상관접속사, 종속접속사 이렇게 세 가지가 있는데, 각각의 출제비율은 등위접속사는 10%, 상관접속사는 10%, 그리고 종속접속사는 80%라고 할 수 있습니다. 종속접속사가 월등히 출제비율이 높은데, 종속접속사의 종류인 명사절 접속사, 부사절 접속사 중에서 부사절 접속사가 훨씬 더 자주 출제됩니다. 그래서, 접속사를 공부할 때는 부사절 접속사부터 하는 것이 좋겠죠? 이번 Unit에서는 부사절 접속사를 제대로 공부해봅시다!

어휘 맛보기

Unit 17에서 다룰 어휘를 미리 확인해봅시다.

최신 기출 포인트 46

• training session	몡 교육 시간[세션], 연수
• complain	통 불평하다
• advanced	혱 고급의, 상급의, 발전된
• course	몡 (학과) 과정
• eligible (for)	혱 (~에 대한) 자격이 있는
• promotion	몡 승진
• complete	통 완성하다, 완료하다
• safety	몡 안전
• power plant	몡 발전소
• resume	통 재개하다
• pick up	통 (맡긴 것을) 찾다, 가져가다
• be on vacation	휴가 중이다, 휴가를 떠나다
• assistant	혱 보조의, 부의
• entirely	흰 전체로, 완전히
• be in charge	담당이다, 맡고 있다

최신 기출 포인트 47

- improvement　　圆 개선점, 향상된 것
- switch (to)　　통 (~으로) 바꾸다
- be located　　위치해 있다
- in charge of　　~을 맡고 있는, ~을 담당하는
- confirm　　통 확인하다
- no longer　　뷔 더 이상 ~아니다/않다
- support　　통 지원하다
- latest　　휑 최신의
- install　　통 설치하다
- pack　　통 포장하다, 싸다
- fragile　　휑 부서지기 쉬운
- balance　　圆 잔액, 잔고
- reach　　통 도달하다

최신 기출 포인트 48

- promote　　통 승진하다
- curator　　圆 큐레이터, 전시 책임자
- terminate　　통 끝나다, 종료되다
- late　　휑 연체된, 늦은
- make a payment　　지불하다
- in full　　전부
- be scheduled　　일정이 잡히다, 예정되다
- be allowed to do　　~하는 것이 허용되다
- land　　통 착륙하다
- precisely　　뷔 정확히
- registration　　圆 등록
- form　　圆 양식, 서식
- immediately　　뷔 즉시, 즉각적으로
- participate (in)　　통 (~에) 참가하다
- hold　　통 (행사를) 열다, 개최하다
- indoors　　뷔 실내에서

접속사의 기본 개념

접속사는 문장과 문장을 연결하는 역할을 합니다. 의미 관계에 따라 대등한 관계로 연결하는 등위접속사, 그리고 하나의 절을 다른 절의 부속 요소로 만드는 종속접속사로 나뉩니다. 부사절 접속사는 종속접속사에 해당하므로 종속접속사에 대해 알아보겠습니다.

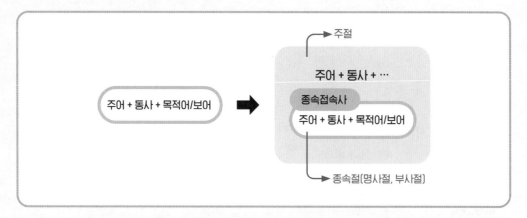

주어, 동사, 목적어, 보어 등으로 문장의 요소를 갖춘 하나의 문장이 종속접속사를 맨 앞에 위치시킴으로써 다른 문장에 종속될 수 있습니다. 이때 종속접속사가 있는 절을 종속절, 종속시키는 문장을 주절이라고 합니다. 종속절은 주절 내에서 명사로 쓰이면 명사절, 부사로 쓰이면 부사절이라고 부릅니다.

부사절 접속사의 종류

종속절이 주절 내에서 부사로 쓰이면 부사절이 되는데, 이때 부사절 맨 앞에 있는 종속접속사를 부사절 접속사라고 합니다. 즉 부사절 접속사는 하나의 절을 부사처럼 사용할 수 있게 해주는 접속사입니다. 부사절 접속사는 시간, 이유, 조건, 양보, 대조, 결과 등 많은 종류로 나뉘며 그 수도 많습니다. 그리고 각각 의미가 다르기 때문에 모든 부사절 접속사의 의미를 파악해야 주절과의 의미 관계를 자연스럽게 이해할 수 있습니다.

의미	부사절 접속사
시간	**as, when** ~할 때 **after** ~후에 **before** ~전에 **until** ~할 때까지 **as soon as** ~하자마자
이유	**because, as** ~때문에 **since**(=now that) ~이므로
양보	**although, even though** (비록) ~이긴 하지만
조건	**if** 만약 ~라면 **once** 일단 ~하면 **unless** ~하지 않는다면 **as long as** ~하는 한
대조	**whereas, while** ~에 반하여
결과	**so** + 형용사/부사 + **that** + 주어 동사 ~: 너무 ~해서 …하다

부사절 접속사는 주어와 동사가 꼭 필요하다!

부사절 접속사는 전치사와 달리 주어와 동사가 포함된 절이 이어져야 합니다. 문제에서 빈칸 뒤에 주어와 동사가 있다면 전치사를 소거하고 접속사 중에서 제시된 문맥에 어울리는 것을 골라야 합니다.

Due to an increase in complaints, Daishi Furniture asked its
　전치사　　　명사

employees to attend a training session.

불만의 증가 때문에, Daishi Furniture는 직원들에게 교육 세션에 참가할 것을 요청하였다.

Because customers complained more and more, Daishi
　접속사　　　주어(명사)　　　　　동사

Furniture asked its employees to attend a training session.

고객들이 점점 더 많이 불평했기 때문에, Daishi Furniture는 직원들에게 교육 세션에 참가할 것을 요청하였다.

- due to와 because는 '~때문에' 라는 의미로 '원인'을 나타내는 말이지만, due to는 전치사이고 because는 부사절 접속사입니다.
- 전치사의 뒤에는 목적어(명사)가, 접속사의 뒤에는 주어와 동사로 이어져야 합니다.
- 빈칸 뒤에 「주어 + 동사」가 있을 때 전치사는 절대 정답이 될 수 없습니다.

QR특강 22
부사절 해석 방법

 켈리쌤 문법 쁘개기!

전치사로도 쓰이는 접속사

Please send me the file **before** June 15th.

before의 뒤에 명사(날짜)만 있으므로 before는 **전치사**입니다.

Please send me the file **before** I call you.

before의 뒤에 「주어(I) + 동사(call)」가 있으므로 before는 **접속사**입니다.

	전치사	접속사
before	~전에	~전에
after	~후에	~후에
since	~이래로	~이래로, 때문에
as	~로서	~때문에, ~할 때, ~하면서
until	~까지	~까지

유형 연습하기

빈칸에 들어갈 단어를 선택하고 그 이유를 생각해 보세요.   📖 정답 및 해설 p.57

1. After she ------- the Advanced Teachers Course, Ms. Park will be eligible for promotion.

   (A) completes   (B) completing

2. ------- the safety checks are finished, production at the Hichiro power plant will be resumed.

   (A) Once   (B) During

3. You will be contacted to pick up your shirts when they ------- ready.

   (A) are   (B) being

4. ------- their manager was on vacation, the two assistant managers were entirely in charge for the week.

   (A) Because of   (B) Because

문장 구조 분석하기

유형 연습하기 문제에 쓰인 문장을 주어, 동사, 보어, 목적어, 수식어 등으로 분석하여 문장 구조를 파악해보세요.

1. After she completes the Advanced Teachers Course,
└접속사┘ └주어┘ └──동사──┘ └─────────목적어─────────┘
└─────────────────수식어(부사절)─────────────────┘

~한 후에 그녀가 완료하다 고급 교사 과정을

Ms. Park will be eligible for promotion.
└──주어──┘ └─동사─┘ └주격보어─┘ └─수식어(전치사구)─┘

Park 씨는 ~일 것이다 자격을 갖춘 승진에 대한

2. Once the safety checks are finished, production at the Hichiro power plant
└접속사┘ └─────주어─────┘ └─동사(수동태)─┘ └───주어───┘ └────────수식어────────┘
└─────────────수식어(부사절)─────────────┘

일단 ~하면 안전 점검이 완료되다 생산은 Hichrio 발전소에서의

will be resumed.
└───동사(수동태)───┘

재개될 것이다

3. You will be contacted to pick up your shirts when they are ready.
└주어┘ └──동사(수동태)──┘ └──수식어(to부정사)──┘ └접속사┘ └주어┘ └동사┘ └주격보어┘
└─────────수식어(부사절)─────────┘

당신은 연락 받을 것이다 당신의 셔츠를 가져가라고 그것들이 준비되었을 때

4. Because their manager was on vacation, the two assistant managers
└접속사┘ └───주어───┘ └동사┘ └─수식어─┘ └──────────주어──────────┘
└─────────────수식어(부사절)─────────────┘

~때문에 그들의 매니저가 ~이었다 휴가 중인 두 명의 부매니저들은

were entirely in charge for the week.
└동사┘ └───수식어(부사＋전치사구)───┘

~였다 그 주간 동안 총 책임을 맡았다

시간/이유의 부사절 접속사

시간 부사절 접속사는 두 문장의 동작 및 상태가 발생하는 시점을 서로 비교하여 전후관계나 동시동작 등으로 자연스러운 문맥이 되도록 알맞은 의미의 접속사를 찾는 문제로 출제됩니다. 반면 이유의 부사절 접속사는 두 문장이 원인과 결과의 관계로 구성되어 있으며, 원인이 되는 내용의 문장에 이유의 부사절 접속사가 포함됩니다.

> **You will see** the improvements **when you switch** to a new
> 주어　　　동사　　　　　　　　　　　　접속사　주어　　동사
> K500 laptop.
>
> 새로운 K500 노트북 컴퓨터로 바꾸면 당신은 개선된 점들을 보게 될 것입니다.

- when은 시간 부사절 접속사이며, '~할 때, ~하면' 이라는 의미를 나타냅니다.
- when은 접속사이기 때문에 뒤에 you switch라는 주어와 동사가 이어져 있으며, '당신이 바꿀 때' 또는 '당신이 바꾸면'이라고 해석합니다.

> **Since the office is located** near his apartment, **Mr. Watson**
> 접속사　　　주어　　　동사(수동태)　　　　　　　　　　　　주어
> **has** lunch at home.
> 동사
>
> 사무실이 그의 아파트 근처에 위치해 있기 때문에 Watson 씨는 집에서 점심을 먹는다.

- since는 '~이후로'라는 의미와 '~때문에, ~이므로'라는 의미를 모두 가지고 있기 때문에 부사절과 주절을 해석하여 두 절의 의미관계를 파악한 후에 since의 의미를 결정해야 합니다.
- 부사절의 내용은 '사무실이 그의 아파트 근처에 위치해 있다'이며, 주절의 내용은 'Watson 씨가 집에서 점심을 먹는다'는 내용이므로 서로 원인과 결과의 관계임을 알 수 있습니다.
- 이 문장에서 since는 '~때문에', '~이므로'라는 의미로 이유를 나타내는 부사절 접속사로 해석합니다.

켈리쌤 문법 뽀개기!

토익에 자주 나오는 시간/이유 부사절 접속사

시간 부사절 접속사		이유/원인 부사절 접속사	
when	~할 때	**because**	(왜냐하면) ~때문에
as	~할 때, ~하면서	**since**	~때문에, ~이므로
before	~전에	**as**	~때문에
after	~후에	**now that**	~이므로, (이제) ~이니까
since	~이래로		
while	~동안		
once	~하자마자		
until	~까지		
as soon as	~하자마자		

유형 연습하기

빈칸에 들어갈 단어를 선택하고 그 이유를 생각해 보세요.　　　　　📗 정답 및 해설 p.58

1. Chefs are in charge of confirming orders ------- they are sent to the kitchen.

   (A) when　　　　　　　(B) because

2. The N-Pad's operating system will no longer support this application ------- the latest update has been downloaded and installed.

   (A) while　　　　　　　(B) after

3. Please pack this item carefully ------- it is fragile.

   (A) since　　　　　　　(B) until

4. ------- the project was delayed, the desired balance of $5 million for the Smith Fund may not be reached.

   (A) As soon as　　　　　(B) Because

문장 구조 분석하기

유형 연습하기 문제에 쓰인 문장을 주어, 동사, 보어, 목적어, 수식어 등으로 분석하여 문장 구조를 파악해보세요.

1. Chefs　are　in charge of confirming orders　when　they　are sent
└주어┘　└동사┘　└──────수식어(전치사구)──────┘　└접속사┘　└주어┘　└동사(수동태)┘
　　　　　　　　　　　　　　　　　　　　　　　　　　└────수식어(부사절)────┘

요리사들은　~이다　　　　주문을 확인하는 것을 담당하는　　　　~할 때　　그것들이　보내진다

to the kitchen.
└─수식어(전치사구)─┘
└─수식어(부사절)─┘

주방으로

2. The N-Pad's operating system　will no longer support　this application
└──────────주어──────────┘　└──────동사+부사──────┘　└──────목적어──────┘

　　　N-Pad의 운영체제는　　　　　더 이상 지원하지 않을 것이다　　이 어플리케이션을

after　the latest update　has been downloaded and installed.
└접속사┘　└────주어────┘　└──────동사(수동태)+접속사+동사(수동태)──────┘
└──────────────수식어(부사절)──────────────┘

~한 후에　　최신의 업데이트가　　　　　다운로드 되고 설치되었다

3. Please　pack　this item　carefully　since　it　is　fragile.
└감탄사┘　└동사┘　└목적어┘　└수식어(부사)┘　└접속사┘└주어┘└동사┘└주격보어┘
　　　　　　　　　　　　　　　　　　　　　└────수식어(부사절)────┘

부디　　포장하세요　이 물품을　　조심스럽게　~이므로　그것이　~이다　부서지기 쉬운

4. Because　the project　was delayed,　the desired balance
└접속사┘　└───주어───┘　└─동사(수동태)─┘　└──────주어──────┘
└──────────수식어(부사절)──────────┘

~때문에　　그 프로젝트가　　연기되었다　　　　희망했던 잔액은

of $5 million for the Smith Fund　may not be reached.
└──────수식어(전치사구)──────┘　└──────동사(수동태)──────┘

5백만 달러라는 Smith fund를 위한　　이루어지지 않을 지도 모른다

최신 기출 POINT 48
양보, 조건의 부사절 접속사

양보 부사절 접속사는 두 문장의 의미가 서로 상반되어 부사절의 내용을 통해 예상되는 결과와는 반대되는 내용이 주절에 나타낼 때 쓰이는 접속사입니다. 반면에 조건의 부사절 접속사는 시간 부사절과 유사하지만 시점을 나타내기보다는 '~한다면'이라는 현재나 미래 사실을 가정하며, 조건 부사절의 내용이 사실일 경우에 나타나는 결과나 행동은 주절에서 설명됩니다. 그래서 주절이 미래시제라면 조건 부사절의 시제는 현재시제입니다.

Even though Marcus had worked at the art museum for only
　　　접속사　　　　　주어　　　　　동사

3 years, he was promoted to the position of head curator.
　　　　　주어　　　동사(수동태)

비록 Marcus는 미술 박물관에서 3년밖에 근무하지 않았지만, 그는 수석 큐레이터로 승진되었다.

- even though는 양보의 부사절 접속사이며, '비록 ~하지만', '비록 ~하더라도'라는 의미를 나타냅니다.

- 접속사이기 때문에 even though 뒤에는 주어와 동사가 이어져야 합니다. 그래서 Even though Marcus had worked는 '비록 Marcus가 근무했었지만'이라고 해석합니다.

- 부사절이 주절 앞에 쓰이면 부사절 뒤에는 콤마(,)를 써야 하는 규칙이 있기 때문에 Even though로 시작하는 부사절 뒤에 콤마(,)가 나오고, 그 뒤에 다시 주어와 동사가 등장합니다.

- Marcus가 3년간 미술 박물관에서 일한 것이 승진한 시점인 과거시제(was promoted)보다 앞선 일이기 때문에, '근무했다'라는 동사의 시제는 과거보다 앞선 시제인 과거완료로 쓰였습니다.

Your Internet services will terminate if all late payments are
　　　주어　　　　　　　　　　　동사　　접속사　　　　　주어

not made in full by the end of the week.
동사(수동태)

이번 주 말까지 체납된 전액이 지불되지 않으면 귀하의 인터넷 서비스는 종료될 것입니다.

- if는 조건의 부사절 접속사이며, '만약 ~한다면', '~라면'이라는 의미를 나타냅니다. 부사절 if all late payments are not made는 '만약 체납된 전액이 지불되지 않으면'이라고 해석됩니다.

- all late payments가 부사절의 주어이며, are not made가 부사절의 동사입니다.

- 부사절이 주절 뒤에 위치하면 주절과 부사절 사이에는 콤마(,)를 쓰지 않습니다.

- 부사절 접속사 unless는 if ~ not와 같은 의미이므로 if all late payments are not made를 unless all late payments are made로 바꾸어 쓸 수 있습니다.

켈리쌤 문법 뽀개기!

여러 가지 뜻을 가지는 부사절 접속사

하나의 접속사는 여러 의미를 가지고 있을 수 있습니다. 이러한 접속사는 종속절과 주절의 내용을 파악하여 해당 접속사가 가진 의미 중에서 문맥을 자연스럽게 만들 수 있는 의미로 해석해야 합니다.

since ~이기 때문에/~이래로

as ~이기 때문에/~할 때

while ~하는 동안/~인 반면

once 일단 ~하면/~하자마자

토익에 자주 나오는 양보/조건 부사절 접속사

양보 부사절 접속사		조건 부사절 접속사	
although	비록 ~지만, ~하더라도	if	만약 ~라면
even though	비록 ~지만	providing that	만약 ~라면
though	~하더라도	provided that	만약 ~라면
even if	비록 ~일지라도	unless	만약 ~아니라면
		once	일단 ~하면
		as long as	~하는 한

QR특강 23
대조의 접속사
while, whereas

유형 연습하기

빈칸에 들어갈 단어를 선택하고 그 이유를 생각해 보세요.

정답 및 해설 p.58

1. ------- staff meetings are not scheduled in the afternoon, interns are allowed to leave at 12:30 P.M. on Fridays.

   (A) If   (B) Although

2. ------- his arrival time has been delayed, Johnny Lee's flight should land at precisely 11:15 A.M.

   (A) Unless   (B) Even though

3. Employees must submit their registration form immediately ------- they want to participate in our workshop next month.

   (A) although   (B) if

4. ------- it will not rain on Thursday, the company lunch still will be held indoors.

    (A) Once   (B) Although

문장 구조 분석하기

유형 연습하기 문제에 쓰인 문장을 주어, 동사, 보어, 목적어, 수식어 등으로 분석하여 문장 구조를 파악해보세요.

1.   If   staff meetings   are not scheduled   in the afternoon,   interns

  └접속사┘ └——— 주어 ———┘ └——— 동사 ———┘ └— 수식어(전치사구) —┘ └— 주어 —┘

    만약   직원회의   일정이 잡히지 않는다면   오후에   인턴들은

are allowed   to leave   at 12:30 P.M.   on Fridays.

└— 동사(수동태) —┘ └수식어(부정사)┘ └— 수식어(전치사구) —┘ └수식어(전치사구)┘

    허용된다   떠나는 것이   오후 12시 30분에   금요일마다

2. Unless   his arrival time   has been delayed,   Johnny Lee's flight

  └ 접속사 ┘ └——— 주어 ———┘ └——— 동사(수동태) ———┘ └——— 주어 ———┘

    └————————— 수식어(부사절) —————————┘

  만약 ~ 아니라면   그의 도착시간이   지연되었다   Johnny Lee의 비행기는

should land   at precisely 11:15 A.M.

└— 동사 —┘ └——— 수식어(전치사구) ———┘

    착륙해야 한다   정확히 오전 11시 15분에

3. Employees   must submit   their registration form   immediately

  └— 주어 —┘ └— 동사 —┘ └——— 목적어 ———┘ └ 수식어(부사) ┘

    직원들은   제출해야 한다   그들의 등록서를   즉시

if   they   want   to participate   in our workshop   next month.

└접속사┘└주어┘ └동사┘ └목적어(to부정사)┘ └— 수식어(전치사구) —┘ └수식어(부사)┘

    └——————————— 수식어(부사절) ———————————┘

  만약 그들이   원한다면   참여하기를   우리의 워크숍에   다음 달

4. Although   it   will not rain   on Thursday,   the company lunch   still

  └ 접속사 ┘ └주어┘└— 동사 —┘ └수식어(전치사구)┘ └——— 주어 ———┘└수식어(부사)┘

    └——————— 수식어(부사절) ———————┘

    비록   비가 오지 않을 것이다   목요일에   회사 오찬은   그래도

will be held   indoors.

└— 동사(수동태) —┘ └수식어(부사)┘

    열릴 것이다   실내에서

실제 토익과 같은 난이도로 출제된 문제입니다. 시험장에서 문제를 푸는 기분으로 10문제를 제한시간 7분 내에 풀어보세요. 그리고 토익은 주어진 시간 내에 풀어야 하는 시험이므로 시간을 꼭 지켜 주세요.

정답 및 해설 p.59

1. At the end of each day, employees should turn off the copy machine before they ------- the office.

   (A) leaves
   (B) leave
   (C) leaving
   (D) to leave

2. Sam Inc. decided to buy the patent of the product ------- its demonstration was provided.

   (A) due to
   (B) although
   (C) despite
   (D) after

3. ------- the main headquarters is being remodeled, you should go to Orange County branch to open an account.

   (A) As
   (B) Because of
   (C) Along
   (D) Whereas

4. ------- you sign and return the enclosed document by June 15th, your article will be processed for publication.

   (A) For
   (B) Even though
   (C) If
   (D) Toward

5. ------- many tasks are done by the teaching assistants, Dr. Son still finds it hard to focus on his lectures.

   (A) Now that
   (B) As
   (C) Because
   (D) Although

6. You should ask the shipping company for a status update ------- the items were sent out five days ago.

   (A) because of
   (B) since
   (C) so that
   (D) until

7. ------- the change is announced, Chester Football Club will begin operating under their new name, Chester United FC.

   (A) Before
   (B) In order to
   (C) While
   (D) As soon as

8. ------- OK-Sport's income mainly comes from store purchases, they have decided to open more stores.

   (A) Because
   (B) When
   (C) Whereas
   (D) By

9. Due to a surprisingly low demand for the Jordan 11s, we must quickly ------- its production.

   (A) decrease
   (B) attract
   (C) qualify
   (D) enclose

10. Our company's most ------- winter catalog includes unique fashion items.

    (A) recent
    (B) late
    (C) upcoming
    (D) lately

Unit 18
등위접속사와
명사절 접속사

학습 목표

접속사에 관한 가장 흔한 오해 중에 하나는 접속사
라면 무조건 뒤에 「주어 + 동사」가 있어야 한다는
것입니다. 하지만 「주어 + 동사」가 반드시 필요하다
는 조건은 종속접속사(명사절/부사절 접속사)에만
해당합니다. 접속사 중에는 등위접속사와 상관접속
사와 같이 문장만을 연결하는 것이 아니라 단어와
단어, 구와 구를 연결하는 접속사도 있습니다. 그
럼, 등위접속사, 상관접속사, 명사절 접속사를 알아
봅시다.

최신 기출 포인트 50

- announce   통 발표하다
- policy   명 방침, 정책
- sick leave   명 병가
- take sick leave   병가를 내다
- up to   전 최대 ~까지
- hope   통 바라다
- offer   통 제공하다
- a wider range of   더 폭넓은
- decide   통 결정하다
- whether   접 ~인지
- stove   명 난로
- ensure   통 반드시 ~이게 하다, 보장하다
- entertainment   명 접대
- expense   명 비용, 경비
- exceed   통 초과하다, 능가하다
- budget   명 예산

최신 기출 포인트 51

- improvement   명 향상, 발전
- neighborhood   명 주위 지역, 인근
- inspire   통 고취시키다, 고무시키다
- column   명 칼럼, 기고글
- include   통 포함시키다
- interviewee   명 면접자
- résumé   명 이력서

등위접속사/상관접속사의 기본 개념

등위접속사는 주어와 동사를 각각 포함하는 두 개의 절을 동등하게 연결합니다. 등위접속사를 활용하여 함께 쓰이는 부사가 짝을 이루어 「부사 + A + 등위접속사 + B」와 같은 형태로 A와 B라는 두 가지 항목을 이어주는 상관접속사를 구성하기도 합니다. 이 때 연결되는 A와 B는 문법적으로 동일한 문장 구성 요소나 시제를 가져야 하는데, 이를 병렬구조라고 합니다.

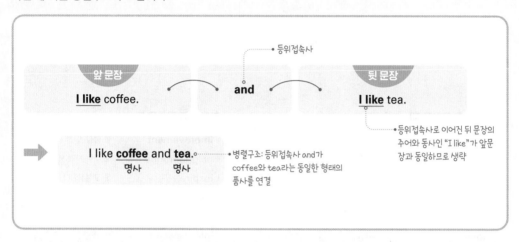

명사절 접속사의 기본 개념

명사절 접속사는 하나의 절(주어와 동사가 포함된 문장)을 명사로 만들 수 있는 접속사입니다. 명사가 된 절을 명사절이라고 하며, 주절 내에서 주어, 또는 목적어, 보어 역할을 할 수 있습니다. 명사절 또한 부사절과 마찬가지로 종속절에 해당하며, 부사절 접속사 대신 명사절 접속사가 쓰이고, 다른 문장(주절)에서 명사의 역할을 한다는 점이 다릅니다.

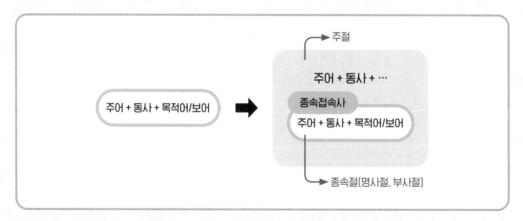

등위접속사는 같은 구조의 단어/구/절을 연결한다!

등위접속사는 문장과 문장, 단어와 단어, 구와 구를 대등하게 연결시켜주는 접속사입니다. 두 개의 항목 A, B를 「A(문장/단어/구) + 등위접속사 + B(문장/단어/구)」의 구조로 연결합니다. 이때 A와 B는 병렬구조를 이뤄야 하며, A와 B에서 중복되는 부분은 B에서 생략 가능합니다.

Mr. Kim will organize **the teacher's workshop and the**
명사

annual picnic.
명사

Kim 씨는 교사 워크샵과 연례 소풍을 준비할 것이다.

Mr. Kim will organize the teacher's workshop, **and** he will send
절

a notification e-mail about it.
절

Kim 씨는 교사 워크샵을 준비할 것이고, 그는 그것에 관해 알림 이메일을 보낼 것이다.

- 등위접속사는 접속사의 앞, 뒤로 같은 구조의 단어, 구, 절을 연결하는 접속사입니다.
- 두 개의 절에서 중복되는 요소를 생략하고 대비되는 요소만 남겨서 두 개의 구나 단어를 연결하기도 합니다. 첫 번째 문장에서 and 뒤에는 Mr. Kim will organize가 생략되어 있습니다.
- 등위접속사는 같은 문법적 구조를 지닌 것들만 연결해야 합니다. 「단어 and 구」, 「명사 and 형용사」와 같은 구조는 연결할 수 없습니다.

Mara **not only** makes handcrafted vases **but also** sells them
A항목(동사+목적어)   B항목(동사+목적어)

herself.

Mara는 수공예 화병을 만들 뿐만 아니라, 직접 그것들을 판매도 한다.

- 등위접속사 but과 부사가 함께 쓰인 「Not only A but (also) B」는 'A 뿐만 아니라 B도 (또한)'이라는 의미를 나타내는 상관접속사입니다.
- A와 B의 자리에 들어가는 두 가지 요소는 문법적으로 동일한 형태를 갖추어야 하며, 이를 병렬구조라고 합니다.

 켈리쌤 문법 뽀개기!

등위접속사의 종류

A and B	A 그리고 B	A와 B를 순차적으로 연결
A but B	A 하지만 B	A와 B를 상반된 의미 관계로 연결
A or B	A 또는 B	A와 B 중에서 하나를 선택
A, for B	A인데, B때문이다	A가 결과, B가 원인
A, so B	A라서 B	A가 원인, B가 결과

상관접속사의 종류

either A or B	A와 B 둘 중 하나
neither A nor B	A와 B 둘 다 아닌
both A and B	A와 B 둘 다
between A and B	A와 B 사이에
not only A but also B = B as well as A	A뿐만 아니라 B도

QR특강 24
상관접속사의
이해

유형 연습하기

빈칸에 들어갈 단어를 선택하고 그 이유를 생각해 보세요. 📖 정답 및 해설 p.61

1. Since the merger ------- N-Sport and Publia, N-Sport's profits have been predicted to triple by this year.

    (A) either   (B) between

2. Jay Yoon is not only the founder of TK Sound, ------- also a famous singer.

    (A) but   (B) or

3. Visit our website and ------- a 30% discount coupon today.

    (A) getting   (B) get

4. The workshop was very informative for both experts ------- beginners.

(A) and　　　　　　　　　　(B) for

문장 구조 **분석하기**

유형 연습하기 문제에 쓰인 문장을 주어, 동사, 보어, 목적어, 수식어 등으로 분석하여 문장 구조를 파악해보세요.

1. Since　　the merger　　between N-Sport and Publia,　　N-Sport's profits
└ 전치사 ┘　└── 명사 ──┘　└───── 수식어(전치사+명사+접속사+명사) ─────┘　└──── 주어 ────┘
　　　　　　└──────────────── 수식어(전치사구) ────────────────┘

이후로　　　　합병　　　　　N-Sport와 Publia 사이의　　　　　N-Sport의 수익은

have been predicted　to triple　by this year.
└──── 동사(수동태) ────┘　└ 수식어(to부정사) ┘└ 수식어(전치사구) ┘

예상되어 왔다　　3배가 될 것으로　　올해

2. Jay Yoon　is　not only　the founder　of TK Sound,　but　also
└─ 주어 ─┘└ 동사 ┘└ 수식어(부사) ┘└─ 주격보어 ─┘└ 수식어(전치사구) ┘└ 등위접속사 ┘└ 수식어(부사) ┘

Jay Yoon은　~이다　~일 뿐만 아니라　설립자　　TK Sound의　　또한

a famous singer.
└──── 주격보어 ────┘

유명한 가수

3. Visit　our website　and　get　a 30% discount coupon　today.
└ 동사 ┘└── 목적어 ──┘└ 등위접속사 ┘└ 동사 ┘└───── 목적어 ─────┘└ 수식어 ┘

방문하세요 우리의 웹사이트를　그리고　받으세요　30퍼센트 할인 쿠폰을　　오늘

4. The workshop　was　very　informative　for　both　experts
└──── 주어 ────┘└ 동사 ┘└ 수식어(부사) ┘└── 주격보어 ──┘└ 전치사 ┘└ 수식어(부사) ┘└ 명사 ┘
　　　　　　　　　　　　　　　　　　　　└──── 수식어(전치사구) ────┘

그 워크숍은　　이었다　매우　　유익한　　~에게　둘 다　전문가들

and　beginners.
└ 접속사 ┘└── 명사 ──┘
└── 수식어(전치사구) ──┘

과　　초보자들

명사절은 명사의 역할을 한다!

절 앞에 부사절 접속사가 쓰이면 부사절이 되듯이, 절 앞에 명사절 접속사가 쓰이면 명사절이 됩니다. 명사절은 문장(주절)에서 명사가 들어갈 수 있는 자리에 모두 쓰일 수 있으므로 주어, 목적어, 보어 역할을 할 수 있습니다.

Mr. Charlson **announced** a new policy on sick leave.
　　주어　　　　　동사　　　　목적어(=명사)

Charlson 씨는 병가에 대한 새로운 방침을 발표하였다.

Mr. Charlson **announced** that every employee can take sick
　　주어　　　　　동사　　　목적어(=명사절): 명사절접속사 that + 주어 + 동사

leave for up to 30 days a year.

Charlson 씨는 모든 직원들이 1년에 최대 30일 동안 병가를 낼 수 있다는 것을 발표하였다.

- 첫 번째 문장에서 동사인 announced 뒤에 명사 목적어로 a new policy on sick leave가 쓰인 것과 같이 동일한 목적어 자리에 두 번째 문장에서는 that every employee can take sick leave for up to 30 days a year이 쓰였습니다.

- every employee can take sick leave for up to 30 days a year는 「주어 + 동사 + 목적어」가 갖춰진 완전한 문장(절)이며, 그 앞에 위치한 that은 명사절 접속사입니다.

- 「명사절 접속사 that + 완전한 문장(절)」은 '~는 것'이라고 해석하며, that employee can take sick leave for up to 30 days a year는 주절의 목적어로 쓰였으므로 '모든 직원은 1년에 최대 30일 동안 병가를 낼 수 있다는 것을'이라고 해석합니다.

Mellani **didn't know** whether her friend, Jason, would go to
　　주어　　　　　동사　　　목적어(=명사절): 명사절접속사 whether + 주어 + 동사

the party or not.

Mellani는 그녀의 친구 Jason이 그 파티에 갈지 안 갈지를 알지 못했다.

- 동사 didn't know의 목적어로 주어와 동사가 포함된 완전한 절이 위치해 있습니다.

- whether는 '~인지'라는 의미를 나타내는 명사절이며 명사절 끝에 or not과 함께 쓰여 '아닌지'라는 의미를 나타내기도 합니다. (or not은 생략 가능)

• whether her friend, Jason, would go to the party or not은 주절의 목적어로 쓰였으므로 '그녀의 친구 Jason이 그 파티에 갈지 안 갈지를'이라고 해석합니다.

 켈리쌤 문법 뽀개기!

명사절 접속사의 종류

that	~라는 것, ~하기	절을 명사형으로 바꾸는 접속사
whether / if	~인지	「A or B」또는「or not」구조와 함께 쓰임
의문사	각 의문사의 의미	what, who, which, when, where, how가 이끄는 절이 don't know, have no idea와 같은 표현의 목적어로 쓰임

• 명사절 접속사 whether와 의문사 접속사는 그 뒤에 절(주어＋동사) 대신에 to부정사와 함께 쓰이기도 합니다.

• 명사절 접속사 that이 쓰인 명사절이 목적어로 쓰일 때, that은 생략 가능합니다.

We hope (that) we will be able to offer a wider range of fitness classes next year.

저희는 내년에 더 폭넓은 피트니스 강좌를 제공할 수 있기를 바랍니다.

QR특강 25
부사절 접속사 if와
명사절 접속사 if

유형 연습하기

빈칸에 들어갈 단어를 선택하고 그 이유를 생각해 보세요.   📖 정답 및 해설 p.62

1. Mr. Higgins can't decide ------- he should go to a restaurant or buy a sandwich for lunch.

   (A) that   (B) whether

2. The last person to leave the house must check ------- the stove is turned off or not.

   (A) when   (B) if

3. Mr. Stevens stated ------- his package wasn't delivered until last night.

   (A) that   (B) whether

4. Managers are responsible for ensuring ------- the entertainment expenses do not exceed the budget.

   (A) whereas   (B) that

유형 연습하기 문제에 쓰인 문장을 주어, 동사, 보어, 목적어, 수식어 등으로 분석하여 문장 구조를 파악해보세요.

1. Mr. Higgins   can't decide   whether   he   should go   to a restaurant   or
└─── 주어 ───┘ └─── 동사 ───┘ └명사절 접속사┘ └주어┘ └─── 동사 ───┘ └─ 수식어(전치사구) ─┘└등위접속사┘
                               └──────────────── 목적어(명사절) ────────────────┘

Higgins 씨는   결정할 수 없다   ~인지   그가   가야 한다   식당으로   또는

buy   a sandwich   for lunch.
└동사┘ └─── 목적어 ───┘ └ 수식어(전치사구) ┘
└─────── 목적어(명사절) ───────┘

사야 한다   샌드위치를   점심으로

2. The last person   to leave the house   must check   if   the stove
└──── 주어 ────┘ └── 수식어(to부정사) ──┘ └── 동사 ──┘ └접속사┘ └─ 주어 ─┘
                                                          └── 목적어(명사절) ──┘

마지막 사람은   집을 떠나는   확인해야 한다 ~인지   난로가

is turned off   or not.
└── 동사(수동태) ──┘ └ 수식어 ┘
└──── 목적어(명사절) ────┘

꺼져 있는지   아닌지를

3. Mr. Stevens   stated   that   his package   wasn't delivered   until last night.
└─── 주어 ───┘ └ 동사 ┘ └접속사┘ └─── 주어 ───┘ └── 동사(수동태) ──┘ └─ 수식어(전치사구) ─┘
                           └──────────────── 목적어(명사절) ────────────────┘

Stevens 씨는   언급하였다 ~는 것을   그의 소포가   배달되지 않았다   어젯밤까지

4. Managers   are   responsible   for ensuring
└── 주어 ──┘ └동사┘ └── 주격보어 ──┘ └ 수식어(전치사구) ┘

매니저들은   ~이다   책임이 있는   보장하는 것에 대한

that   entertainment expenses   do not exceed   the budget.
└접속사┘ └──────── 주어 ────────┘ └─── 동사 ───┘ └── 목적어 ──┘
└───────────── 동명사의 목적어(명사절) ─────────────┘

~는 것을   접대비가   초과하지 않는다   예산을

what과 that을 구분하라!

명사절 접속사 that이 '~는 것'이라고 해석되며 명사절을 이끈다고 배웠습니다. 그런데 관계대명사인 what도 또한 '~인 것'이라는 의미를 나타내어 '~인 것'이라는 의미의 접속사가 들어가야 하는 자리에 빈칸이 제시되면 항상 that과 what이 함께 보기로 나와서 혼동하기 쉽습니다. 이러한 경우에 둘 중에 무엇을 정답으로 선택해야 할까요? that과 what을 구분하는 방법을 알아봅시다.

People believe **what they hear from the news,**
주어   동사   관계대명사 + 주어 + 동사 + 전치사 + 목적어(동사의 목적어 없음)
but experts say **that we need more hospitals.**
주어   동사   명사절접속사 + 주어 + 동사 + 목적어(완전한 문장)
사람들은 그들이 뉴스에서 들은 것을 믿지만, 전문가들은 우리가 더 많은 병원이 필요하다는 것을 말한다.

believe <u>what</u> they hear from the news (그들이 뉴스로부터 들은 것)

• what 뒤에 나오는 절이 「주어(they) + 동사(hear) + 전치사(from) + 전치사의 목적어(the news)」라는 구조를 가지고 있는데, 여기서 동사 hear의 목적어가 없다는 것을 알 수 있습니다.

• what이 hear의 목적어 역할을 하고 있으며, 이렇게 절 안에서 필요한 주어나 목적어를 대신하여 쓰는 것이 관계대명사 what입니다. 그 결과로 what이 이끄는 절은 주어나 목적어가 없는 불완전한 문장이 됩니다.

• what만 가지고 해석한다면 '~는 것'이라고 해석되어 명사절 접속사와 동일하게 해석되지만 문법적인 구조가 that과 다릅니다.

say <u>that</u> we need more hospitals (우리가 더 많은 병원이 필요하다는 것)

• 밑줄 친 that we need more hospitals가 모두 동사 say의 목적어로 사용되었습니다.

• that 뒤에 나오는 절이 「주어(we) + 동사(need) + 목적어(more hospitals)」라는 구조를 가지고 있는데, 이 구조는 3형식 문장의 형식을 갖추고 있다는 것을 알 수 있습니다.

• 이렇게 완전한 구조의 문장 앞에서 '~는 것'이라는 의미로 쓰이는 접속사는 that 밖에 없습니다.

 **켈리쌤** 문법 뽀개기!

완전한 절? 불완전한 절?

완전한 절이라는 것은 문장의 형식에서 필요한 문장 구조 성분을 모두 갖춘 절을 말합니다. 1형식 동사라면 주어와 동사만 있는 것이 완전하며, 2형식 동사라면 주어와 동사와 보어가 모두 있는 것이 완전한 절입니다. 3형식 동사라면 주어, 동사, 목적어가 모두 갖춰진 상태가 완전한 상태의 문장입니다. 앞서 언급한 문장 구조 성분 중에서 하나라도 빠져 있다면 그것은 불완전한 절이라고 합니다. 단, 수식어에 해당하는 부사나 전치사구는 문장 구조 성분으로 취급되지 않습니다.

1형식: 주어＋동사
2형식: 주어＋동사＋주격보어(명/형)
3형식: 주어＋동사＋목적어
4형식: 주어＋동사＋간접목적어＋직접목적어
5형식: 주어＋동사＋목적어＋목적격보어(명/형/부정사)

QR특강 26
관계대명사
what

유형 연습하기

빈칸에 들어갈 단어를 선택하고 그 이유를 생각해 보세요.

📱정답 및 해설 p.62

1. People believe ------- improvements to a neighborhood will inspire others to move into the area.

(A) what   (B) that

2. Lee & Lee Hardware announced ------- it is considering merging with BM Engineering.

(A) what   (B) that

3. An annual survey shows ------- A-Mart customers prefer.

(A) what   (B) that

4. Next month's column will discuss ------- interviewees should include on their résumés.

(A) what   (B) that

문장 구조 분석하기

유형 연습하기 문제에 쓰인 문장을 주어, 동사, 보어, 목적어, 수식어 등으로 분석하여 문장 구조를 파악해보세요.

1. People believe that improvements to a neighborhood will inspire
└ 주어 ┘ └ 동사 ┘ └ 접속사 ┘ └─── 주어 ───┘ └── 수식어(전치사구) ──┘ └─ 동사 ─┘
└──────────────────────── 목적어(명사절) ────────────────────────┘

사람들은　　　믿는다　　~라는 것을　　　개발이　　　　주위 지역에 대한　　　　고무시킬 것이다

others to move into the area.
└ 목적어 ┘└ 목적격보어(to부정사) ┘└ 수식어(전치사구) ┘
└────────── 목적어(명사절) ──────────┘

다른 사람들을　이사 오도록　　그 지역으로

2. Lee & Lee Hardware announced that it is considering merging
└──────── 주어 ────────┘ └── 동사 ──┘ └ 접속사 ┘└ 주어 ┘└── 동사 ──┘ └ 목적어 ┘
└──────────────── 목적어(명사절) ────────────────┘

Lee & Lee Hardware는　　　　발표했다　~라는 것을　그것이　고려 중이다　　　　합병을

with BM Engineering.
└──── 수식어(전치사구) ────┘
└───── 목적어(명사절) ─────┘

BM Engineering과의

3. An annual survey shows what A-Mart customers prefer.
└──── 주어 ────┘ └ 동사 ┘ └ 관계대명사 ┘└──── 주어 ────┘ └ 동사 ┘
└──────── 목적어(관계대명사절) ────────┘

연례 설문 조사는　　　보여준다　　~것을　　　A-Mart 고객들이　　　선호한다

4. Next month's column will discuss what interviewees should include
└──── 주어 ────┘ └── 동사 ──┘ └ 관계대명사 ┘ └── 주어 ──┘ └── 동사 ──┘
└──────── 목적어(관계대명사절) ────────┘

다음 달 칼럼은　　　　논의할 것이다　　~것을　　　면접자들이　　　포함시켜야 한다

on their résumés.
└── 수식어(전치사구) ──┘
└── 목적어(관계대명사절) ──┘

그들의 이력서에

실제 토익과 같은 난이도로 출제된 문제입니다. 시험장에서 문제를 푸는 기분으로 10문제를 제한시간 7분 내에 풀어보세요. 그리고 토익은 주어진 시간 내에 풀어야 하는 시험이므로 시간을 꼭 지켜 주세요.

정답 및 해설 p.63

1. The head of marketing will decide ------- to contact any celebrities for the shoe commercial.

   (A) whether
   (B) if
   (C) that
   (D) what

2. Requests for songs should be made either by calling the radio hotline ------- through our instant messenger.

   (A) and
   (B) or
   (C) nor
   (D) both

3. The Doodream Baseball marketing team states ------- 80 percent of fans subscribe to their Internet channel.

   (A) what
   (B) whereas
   (C) that
   (D) for

4. ------- employees are asked to submit by 10 A.M. is their second-quarter sales report.

   (A) That
   (B) What
   (C) To
   (D) Both

5. Mrs. Martin mentioned ------- she would ask her co-worker to attend the merger meeting.

   (A) what
   (B) if
   (C) since
   (D) that

6. To use the public library's computer rooms, students must bring their library card ------- identification.

    (A) and
    (B) nor
    (C) however
    (D) so

7. Records show that the insurance plan for your phone ------- on March 23rd.

    (A) expiring
    (B) expire
    (C) will expire
    (D) expiration

8. A representative for BRC corporation noted ------- the company has extremely low customer ratings.

    (A) that
    (B) what
    (C) for
    (D) unless

9. Two new subway lines were successfully ------- last month.

    (A) punctual
    (B) identified
    (C) introduced
    (D) conducted

10. Park Rangers are ------- of enforcing parking laws within the national park.

    (A) in charge
    (B) responsible
    (C) related
    (D) in response

Unit 19
관계사

학습 목표

관계사는 자주 출제되지 않지만, 공식이 정해져 있어서 한번 알아 두면 문제 풀이에 곧장 적용시킬 수 있으며, 나아가 PART 6, 7의 지문 해석에도 큰 도움이 될 만큼 중요합니다. 다만 관계사는 절이 명사 수식, 즉 형용사의 역할을 하기 위해 필요한 문법적인 단어라서 해석도 하지 않으며, 또한 우리말에는 관계사가 없기 때문에 어렵게 느껴질 수도 있습니다.

어휘 맛보기

Unit 19에서 다룰 어휘를 미리 확인해봅시다.

최신 기출 포인트 52

• questionnaire	몡 질문지
• be stolen	도난당하다, 훔쳐지다
• resident	몡 거주민
• volunteer	통 자발적으로 제공하다, 자원하다
• improve	통 향상시키다
• be honored	(~상을) 수여받다
• reward	통 보상하다
• attendance	몡 출석(률)
• vendor	몡 행상인, 노점상
• work permit	몡 취업 허가증
• legitimate	혱 정당한, 합법적인
• sales	몡 매출, 판매(량)
• thanks to	~ 덕분에
• branch	몡 지점, 지사
• hold	통 (행사를) 열다, 개최하다
• a variety of	다양한
• promotional	혱 홍보의

최신 기출 포인트 53

- punctual   형 시간을 지키는, 엄수하는
- exactly   부 정확히, 틀림없이
- receptive   형 수용적인, 받아들이는
- come with   ~와 함께 포함되어 나오다
- reimbursement   명 변제, 배상
- obtain   동 얻다
- miss   동 놓치다, 빠뜨리다
- signature   명 서명
- fail to do   ~하는 것을 실패하다, ~을 하지 못하다
- process   동 처리하다

최신 기출 포인트 54

- take a day off   1일 휴가를 가지다
- be going to do   ~할 것이다(미래, 계획)
- remodel   동 개조하다
- manufacturing facility   명 제조 시설
- extract   동 추출하다
- chemicals   명 화학물질
- organic   형 유기농의, 유기(체)의
- material   명 재료, 자료
- establish   동 설립하다
- negotiation   명 협상
- unsuccessful   형 성공적이지 못한
- payment date   명 지불일, 결제일
- repay   동 갚다, 상환하다
- loan   명 대출금
- approach   동 다가오다, 접근하다

관계사 미리 배우기

관계사의 기본 개념

관계사는 하나의 절이 명사를 수식할 때 쓰는 접속사 역할과 명사를 수식하는 절 내에서 수식 받는 명사를 대신해서 쓰는 대명사 역할을 합니다. 즉 관계사가 포함되어 있고, 명사를 수식하는 절을 관계사절이라고 합니다. 또한 관계사절의 수식을 받는 명사를 선행사라고 합니다. 그리고 관계사에는 관계대명사와 관계부사가 있습니다.

관계대명사	명사를 수식하는 절 안에서 수식 받는 명사를 대신해서 쓰는 대명사
	수식받는 명사 + [관계대명사 (+ 주어) + 동사 (+ 목적어/보어)] 　　　선행사　　　　└▶ 관계대명사절 안에서 주어 또는 목적어/보어 역할
관계부사	명사를 수식하는 절 안에서 수식 받는 명사를 대신해서 쓰는 부사 (장소, 시간 등을 나타내는 전치사구)
	수식받는 명사 + [관계부사 + 주어 + 동사 + 목적어/보어] 　　　선행사　　　└▶ 관계부사절 안에서 전치사구(부사) 역할

관계사의 이해

우리말은 명사를 수식할 때 형용사 어구가 항상 명사 앞에서 수식하지만, 영어는 수식하는 말이 2단어 이상일 때 뒤에서 수식합니다. 특히 영어에서는 하나의 문장이 명사를 수식할 때 우리말에 없는 관계사가 포함된 관계사절이 명사를 수식하는 것이 우리말과 영어의 차이입니다.

우리말	영어
빨간 책 형용사가 명사 수식	a **red** book 형용사가 명사 수식
영어로 쓰여진 책 동사의 수동 형태가 명사 수식	a book **written in English** 과거분사(구)가 명사 수식
유명한 배우가 쓴 책 '유명한 배우가 (책을) 쓰다'라는 문장에서 동사 '쓰다'에 형용사 어미가 붙어 명사 수식	a book **which a famous actor wrote** 관계대명사 which로 시작하는 관계대명사절이 명사 수식

관계대명사 who/whose/whom은 사람을 수식한다!

관계대명사는 선행사가 사람일 때와 사물일 때 사용되는 관계대명사가 다르므로 각각의 경우에 쓰이는 관계대명사를 구분할 수 있어야 합니다. 또한 관계대명사가 대명사의 기능을 하므로 관계대명사절에서 주어, 목적어, 그리고 소유격 역할을 하기 때문에 주격, 목적격, 소유격으로 나뉩니다.

> **The woman** who stayed at the hotel last week **completed** a
> 　　주어　　　　　　관계사절(=형용사절)　　　　　　　　　동사
> questionnaire.
> 　목적어
> 지난주에 호텔에 투숙했던 그 여성은 질문지를 작성했다.

- 수식을 받는 명사인 선행사가 The woman이며, 이는 사람 명사입니다. 선행사가 사람 명사일 경우 관계대명사는 who, whose, whom 중에 하나가 되어야 합니다.
- 관계사절 안에서 관계대명사의 역할이 무엇인지에 따라 주격, 목적격, 소유격으로 나뉘는데, 위 문장에서 관계대명사 who는 바로 뒤에 주어 없이 stayed라는 동사가 위치해 있어서 주격 관계대명사 who가 쓰였으며, 이는 관계대명사절에서 The woman을 대신해서 쓰인 대명사로서 주어 역할을 합니다.
- who stayed at the hotel last week가 The woman을 수식하므로 '지난주에 호텔에 투숙했던 그 여성'이라고 해석됩니다.
- 관계사절이 들어가 있는 문장을 해석할 때는 관계사절이 없다고 생각하고 관계사절 앞과 뒤에 있는 말을 이어서 해석하면 문장 구조를 쉽게 이해할 수 있습니다.

The woman (who stayed at the hotel last week) **completed a questionnaire.**
The woman completed a questionnaire. (문장의 기본 구조)

선행사가 사람일 때 관계대명사의 격

동사는 주어로 쓰인 명사가 단수인지 복수인지에 따라 형태가 조금 다릅니다.

	선행사 사람
주격	who(=that) + 동사
소유격	whose + 명사 + (주어) + 동사
목적격	whom(=that) + 주어 + 동사

관계대명사도 기본적으로 '대명사'이기 때문에 관계사절 안에서 주어, 목적어로 쓰일 수 있습니다. 그래서 주격, 목적격이 있으며, 다른 명사를 수식하는 소유격도 있습니다.

The woman whose bag was stolen at the hotel **completed** a
　　　주어　　　　　　　　관계사절(=형용사절)　　　　　　　　　　동사
questionnaire.
　목적어

호텔에서 자신의 가방을 도난당했던 그 여성은 설문지를 작성했다.

- 관계사가 들어갈 자리 뒤에 「명사 + 동사」가 이어지고, 그 명사가 문맥적으로 선행사와 소유 관계가 있다면 관계사 자리에는 소유격 관계대명사 whose가 위치합니다.

- 관계대명사의 자리가 빈칸으로 되어 있다면 빈칸 뒤에는 바로 「주어(bag) + 동사(was stolen)」가 있고, 주어나 목적어가 빠지지 않은 완전한 절이기에 bag 앞에는 문법적으로 소유격 관계대명사가 위치할 수밖에 없습니다.

- 문맥상 bag은 선행사 The woman의 소유물로 파악되므로 The woman whose bag was stolen at the hotel은 '자신의 가방을 도난당했던 그 여성'이라고 해석됩니다.

> **The woman** whom I met at the hotel **completed** a questionnaire.
> 주어 　　　 관계사절(=형용사절) 　　　 동사 　　 목적어
>
> 내가 호텔에서 만났던 그 여성은 설문지를 작성했다.

- 관계사가 들어갈 자리 뒤에 주어 I, 동사 met이 이어져 있는데, met의 목적어가 없는 불완전한 절이 이어져 있기 때문에 선행사가 사람일 때의 목적격 관계대명사 whom이 쓰였습니다.
- whom I met at the hotel이 사람 명사 The woman을 수식하므로 '내가 호텔에서 만났던 그 여성'이라고 해석됩니다.

QR특강 27
Those who /
Anyone who

유형 연습하기

빈칸에 들어갈 단어를 선택하고 그 이유를 생각해 보세요.　　　　📖 정답 및 해설 p.65

1. Residents ------- volunteer their time to improve Carter City will be honored by the City Volunteer Program.

   (A) who 　　　　　　　　(B) whose

2. I-Planting rewards their employees who ------- had perfect attendance with 3 vacation days.

   (A) have 　　　　　　　　(B) has

3. Only street vendors ------- work permit is legitimate can sell their food at the concert.

   (A) who 　　　　　　　　(B) whose

4. Circuit Electronics believes their increase in sales is thanks to the branch managers in Western Coast region, ------- held a variety of promotional events.

   (A) which 　　　　　　　　(B) who

유형 연습하기 문제에 쓰인 문장을 주어, 동사, 보어, 목적어, 수식어 등으로 분석하여 문장 구조를 파악해보세요.

1. Residents   who   volunteer   their time   to improve Carter City

└─ 주어 ─┘ └주격관계대명사┘ └─ 동사 ─┘ └─ 목적어 ─┘ └─── 수식어(to부정사) ───┘

└────────────────── 수식어(관계사절) ──────────────────┘

주민들은   자발적으로 제공하는   그들의 시간을   Cater City을 발전시키기 위해

will be honored   by the City Volunteer Program.

└─── 동사 ───┘ └──── 수식어(전치사구) ────┘

상을 받을 것이다   City Volunteer Program에 의해

2. I-Planting   rewards   their employees   who   have had   perfect attendance

└─ 주어 ─┘ └─ 동사 ─┘ └─── 목적어 ───┘ └주격관계대명사┘ └─ 동사 ─┘ └── 목적어 ──┘

└──────────────── 수식어(관계사절) ────────────────┘

I-Planting은   보상한다   그들의 직원들에게   가진   완전한 참석률을

with 3 vacation days.

└── 수식어(전치사구) ──┘

3일 간 휴가로

3. Only street vendors   whose work permit   is   legitimate   can sell

└──── 주어 ────┘ └ 주어 (소유격관계대명사+명사) ┘ └ 동사 ┘ └ 주격보어 ┘ └─ 동사 ─┘

└──────── 수식어(관계사절) ────────┘

오직 노점 상인만   그들의 취업 허가증이   ~이다   합법적인   팔 수 있습니다

their food   at the concert.

└─ 목적어 ─┘ └ 수식어(전치사구) ┘

그들의 음식을   콘서트에서

4. Circuit Electronics   believes   their increase   in sales   is   thanks to

└──── 주어 ────┘ └─ 동사 ─┘ └── 주어 ──┘ └ 수식어 ┘└ 동사 ┘└ 전치사 ┘

└──────── 목적어(명사절) ────────┘

Circuit Electronics 사는   믿는다   그들의 인상이   매출에서의   ~이다   ~덕분에

the branch managers   in Western Coast region,   who   held

└──── 전치사의 목적어 ────┘ └──── 수식어(전치사구) ────┘ └ 주격관계대명사 ┘└ 동사 ┘

└──── 목적어(명사절) ────┘ └──── 수식어(관계사절) ────┘

지점 매니저들   Western Coast 지역의   그들은   열었다

a variety of promotional events.

└──── 목적어 ────┘

└──── 수식어(관계사절) ────┘

다양한 판촉 행사들을

최신 기출 POINT 53

관계대명사 which는 사물을 수식한다!

선행사가 사람이 아닌 모든 것에 대해 관계대명사 which를 씁니다. which는 주격과 목적격의 형태를 동일하게 쓰며, 소유격은 선행사가 사람일 때와 마찬가지로 whose를 씁니다.

> Staff must be punctual at **tomorrow's workshop** which will
>
선행사   관계사절(=형용사절)
>
> begin at exactly 10 A.M.
> 직원들은 정확히 오전 10시에 시작할 내일의 워크샵에 시간을 엄수해야 한다.

- 수식을 받는 명사인 선행사가 tomorrow's workshop으로 사물 명사입니다. 선행사가 사물 명사일 경우 관계대명사는 주격 또는 목적격이면 which, 소유격이면 whose가 되어야 합니다.
- 위 문장에서 관계대명사 which는 바로 뒤에 주어 없이 will begin이라는 동사가 위치해 있어서 주격 관계대명사 which가 쓰였으며, 이는 관계대명사절에서 tomorrow's workshop을 대신해서 쓰인 대명사로서 주어 역할을 합니다.
- which will begin at exactly 10 A.M.이 tomorrow's workshop을 수식하므로 '정확히 오전 10시에 시작할 내일의 워크샵'이라고 해석됩니다.
- 관계대명사 which 대신 관계대명사 that을 써서 that will begin at exactly 10 A.M.으로 쓸 수 있습니다.

 켈리쌤 문법 쪼개기!

선행사가 사물일 때 관계대명사의 격

	선행사 사물
주격	which(=that) + 동사
소유격	whose + 명사 + (주어) + 동사
목적격	which(=that) + 주어 + 동사

선행사가 사람이든 사물이든 상관없이 주격과 목적격 관계대명사 자리에는 who/whom, which 대신에 that을 공통석으로 사용할 수 있습니다. 다만 관계대명사 that 앞에는 콤마(,)를 쓸 수 없습니다.

> Steven bought **the headphones which his sister asked him to**
> 선행사　　　　　　　　　관계사절(=형용사절)
>
> **buy for her birthday present.**
>
> Steven은 그의 여동생이 생일 선물로 사주기를 요청한 헤드폰을 샀다.

- 선행사가 the headphones로 사물 명사이기 때문에 관계대명사는 which가 쓰였습니다.
- 관계대명사 which 뒤에 주어 his sister, 동사 asked, 목적어 him, 목적격보어 to buy가 있는데, to buy의 목적어가 없는 불완전한 절이 이어져 있습니다. 문맥상 '그의 여동생이 사주기를 요청한 것'이 선행사인 the headphones임을 알 수 있으므로, 이를 대신해서 쓴 which는 목적격 관계대명사입니다.
- which his sister asked him to buy for her birthday present가 the headphones를 수식하므로 '그의 여동생이 생일 선물로 사주기를 요청한 헤드폰'이라고 해석됩니다.
- 목적격 관계대명사는 생략 가능합니다.

  the headphones (which/that) his sister asked him to buy for her birthday present

QR특강 28
관계대명사절과 선행사

유형 연습하기

빈칸에 들어갈 단어를 선택하고 그 이유를 생각해 보세요. 　　　　　　📱 정답 및 해설 p.66

1. Customers were receptive to BB Burger's Shrimp Cheese Burger, which ------- last month.

   (A) was newly introduced　　　　　　　　(B) it was newly introduced

2. Original documents must come with employee reimbursement forms, ------- can be obtained from personnel.

   (A) which　　　　　　(B) whose

3. A-Land is offering a free bag ------- was designed by Alexander Kai.

   (A) who　　　　　　(B) that

4. The order form, ------- was missing a signature from the manager, failed to be processed.

   (A) which　　　　　　(B) who

유형 연습하기 문제에 쓰인 문장을 주어, 동사, 보어, 목적어, 수식어 등으로 분석하여 문장 구조를 파악해보세요.

1. Customers were receptive to BB Burger's Shrimp Cheese Burger,

└─── 주어 ───┘ └ 동사 ┘ └ 주격보어 ┘ └────────── 수식어(전치사구) ──────────┘

고객들은　　~이었다　　수용적인　　BB Burger의 Shrimp Cheese Burger에

which was newly introduced last month.

└주격관계대명사┘ └──── 동사 + 수식어(부사) ────┘ └ 수식어(부사) ┘

└──────────── 수식어(관계사절) ────────────┘

그것은 새로 소개되었다　　지난 달에

2. Original documents must come with employee reimbursement forms,

└──── 주어 ────┘ └── 동사 ──┘ └────────── 수식어(전치사구) ──────────┘

원본 서류들은　　포함되어야 한다　　직원 환급 양식과 함께

which can be obtained from personnel.

└주격관계대명사┘└──── 동사 ────┘ └─ 수식어(전치사구) ─┘

└──────── 수식어(관계사절) ────────┘

그것은 얻어질 수 있다　　인사과로부터

3. A-Land is offering a free bag that was designed by Alexander Kai.

└ 주어 ┘ └ 동사 ┘ └ 목적어 ┘ └주격 관계대명사┘└ 동사(수동태) ┘ └ 수식어(전치사구) ┘

└──────── 수식어(관계사절) ────────┘

A-Land는　　제공하고 있다　　무료 가방을　　그것은 디자인 되었다　　Alexander Kai에 의해

4. The order form, which was missing a signature from the manager,

└──── 주어 ────┘ └주격관계대명사┘ └ 동사 ┘ └ 목적어 ┘ └ 수식어(전치사구) ┘

└──────── 수식어(관계사절) ────────┘

주문서는　　그것은　　누락되어 있었다　　서명이　　매니저로부터의

failed to be processed.

└ 동사 ┘ └ 목적어(부정사) ┘

~하지 못했다　　처리되는 것을

관계부사는 특정 선행사에만 쓰인다!

관계부사란 선행사를 대신하기는 하지만, 관계사절 안에서 대명사가 아닌 부사 역할로 사용될 때 쓰는 관계사입니다. 관계대명사가 관계사절 안에서 주어나 목적어 역할을 했다면, 관계부사는 관계사절 안에서 '장소', '시간', '방법', '이유'를 나타내는 "부사"로 사용된다는 점이 관계대명사와의 차이점입니다. 그렇기 때문에 관계부사의 가장 큰 특징은 선행사의 의미가 관계사절 안에서 부사(전치사구) 역할을 하므로 관계부사 뒤에는 주어, 동사, 목적어 등을 모두 갖춘 완전한 절이 이어진다는 것입니다.

I will travel to **the island**. / My parents first met each other **in the island**.

나는 그 섬으로 여행을 갈 것이다. / 나의 부모님은 그 섬에서 처음 서로를 만났다.

I will travel to **the island which** my parents first met each other **in**.

where = in which (장소 전치사 + 관계대명사 which)

I will travel to **the island where** my parents first met each other.
선행사   관계사절(=형용사절)

나는 부모님이 처음 서로를 만났던 곳인 그 섬으로 여행을 갈 것이다.

- I will travel to the island.라는 문장과 My parents first met each other in the island.라는 두 문장에서 공통적으로 쓰인 명사 the island를 선행사로 정하고 관계사를 이용하여 하나의 문장으로 나타내면 관계대명사 which가 쓰인 두 번째 문장이 됩니다.

- 선행사 the island 앞에 쓰였던 장소 전치사 in이 문장 맨 뒤에 남아 있는 경우, 전치사는 관계대명사 which 앞으로 이동할 수 있습니다. 이렇게 「장소 전치사 + 관계대명사 which」는 관계부사 where과 동일한 역할을 합니다.

- 관계부사인 where는 선행사가 장소 명사이고, 관계사절에서 선행사로 쓰인 명사가 '~에서' 또는 '~하는 곳인'이라는 의미로 사용될 때 사용됩니다.

- 관계부사가 사용되었을 때, 관계부사 뒤에는 반드시 완전한 구조의 절이 관계사절로 제시되어야 합니다.

관계부사 when은 시간을 나타내는 명사를 선행사로 두고 그 뒤에 위치하며, 관계부사절에서 「시간 전치사 + 시간 명사(선행사)」의 의미를 나타냅니다. 즉 관계부사절 내에서 시간을 나타내는 전치사구 역할을 하므로 관계부사 when 뒤에는 주어, 동사, 목적어 등 필요한 문장 성분이 모두 갖춰진 절이 위치합니다.

Ms. Cole wants to take a day off on **Monday**. / She is going to see a doctor on **Monday**.

Cole 씨는 월요일에 휴무를 사용하고 싶어한다. / 그녀는 월요일에 의사의 진찰을 받을 것이다.

Ms. Cole wants to take a day off **on Monday which she is going to see a doctor** on.

when = on which (시간 전치사 + 관계대명사 which)

Ms. Cole wants to take a day off **on Monday when** she is going to see a doctor.

선행사   관계사절(=형용사절)

Cole 씨는 의사의 진찰을 받을 월요일에 휴무를 사용하고 싶어한다.

- Ms. Cole wants to take a day off on Monday.라는 문장과 She is going to see a doctor on Monday.라는 두 문장에서 공통적으로 쓰인 명사 Monday를 선행사로 정하고 관계사를 이용하여 하나의 문장으로 나타내면 관계대명사 which가 쓰인 두 번째 문장이 됩니다.
- 선행사 Monday 앞에 쓰였던 시간 전치사 on이 문장 맨 뒤에 남아 있는 경우, 전치사는 관계대명사 which 앞으로 이동할 수 있습니다. 이렇게 「시간 전치사 + 관계대명사 which」는 관계부사 when과 동일한 역할을 합니다.
- 관계부사인 when은 선행사가 시간 명사이고, 관계사절에서 선행사로 쓰인 명사가 '~에' 또는 '~하는 때인'이라는 의미로 나타낼 사용됩니다.
- 관계부사 where과 마찬가지로, 관계부사 when 뒤에도 반드시 빠진 것이 없는 완전한 구조의 절이 관계사절로 이어져야 합니다.

켈리쌤 문법 뽀개기!

관계부사의 종류

선행사	관계부사	특징
장소 명사	where	= in which, at which, on which (장소 전치사 + which)
시간 명사	when	= in which, at which, on which (시간 전치사 + which)
이유(the reason)	why	= for which
방법(the way)	how	= in which

QR특강 29
관계부사의
특징과 종류

유형 연습하기

빈칸에 들어갈 단어를 선택하고 그 이유를 생각해 보세요.

정답 및 해설 p.66

1. UK Chemicals is remodeling a manufacturing facility ------- they extract chemicals from organic materials.

   (A) where   (B) how

2. Mr. Son will visit the city ------- he established his first company.

   (A) where   (B) when

3. Jenny is trying to find out the reason ------- the negotiations were unsuccessful.

   (A) where   (B) why

4. The payment date ------- you should repay your loans is approaching.

   (A) which   (B) when

유형 연습하기 문제에 쓰인 문장을 주어, 동사, 보어, 목적어, 수식어 등으로 분석하여 문장 구조를 파악해보
세요.

1. UK Chemicals   is remodeling   a manufacturing facility
└── 주어 ──┘ └── 동사 ──┘ └────── 목적어 ──────┘

UK Chemicals 사는   개조하고 있다   제조 시설을

where   they   extract   chemicals   from organic materials.
└관계부사┘ └주어┘ └동사┘ └목적어┘ └──── 수식어(전치사구) ────┘
└────────────── 수식어(관계사절) ──────────────┘

~하는 곳인 그들이   추출하다   화학물질을   유기 재료로부터

2. Mr. Son   will visit   the city   where   he   established   his first company.
└ 주어 ┘ └ 동사 ┘ └ 목적어 ┘ └관계부사┘ └주어┘ └── 동사 ──┘ └──── 목적어 ────┘
└──────────────── 수식어(관계사절) ────────────────┘

Son 씨는   방문할 것이다   그 도시를 ~하는 곳인 그가   설립했다   그의 첫 회사를

3. Jenny   is trying   to find out the reason   why   the negotiations
└ 주어 ┘ └ 동사 ┘ └──── 목적어(to부정사) ────┘ └관계부사┘ └──── 주어 ────┘
└──── 수식어(관계사절) ────┘

Jenny는   노력하고 있다   그 이유를 찾는 것을   협상이

were   unsuccessful.
└동사┘ └── 주격보어 ──┘
└── 수식어(관계사절) ──┘

~이었던   성공적이지 못한

4. The payment date   when   you   should repay   your loans   is approaching.
└────── 주어 ──────┘ └관계부사┘ └주어┘ └── 동사 ──┘ └ 목적어 ┘ └── 동사 ──┘
└──────── 수식어(관계사절) ────────┘

지불일이   ~하는 때인 당신이   상환해야 한다   당신의 대출금을   다가오고 있다

실제 토익과 같은 난이도로 출제된 문제입니다. 시험장에서 문제를 푸는 기분으로 10문제를 제한시간 7분 내에 풀어보세요. 그리고 토익은 주어진 시간 내에 풀어야 하는 시험이므로 시간을 꼭 지켜 주세요.

정답 및 해설 p.67

1. New Life Interior Design, the company ------- will remodel our home comes highly recommended.

   (A) that
   (B) whom
   (C) whose
   (D) when

2. Dr. Jones's recommendation letters will be for interns ------- complete their tasks on time.

   (A) who
   (B) whose
   (C) which
   (D) where

3. City Hall is located by the bike trail, ------- leads to the newly built cinema.

   (A) when
   (B) where
   (C) whose
   (D) which

4. Mr. Jacklyn will meet his client at the hotel ------- he stayed last month.

   (A) what
   (B) where
   (C) how
   (D) when

5. The ANWR Nature Reserve is a protected wildlife environment that ------- more than 100 native species.

   (A) supports
   (B) supporting
   (C) support
   (D) has been supported

6. Please reply as soon as possible if there are questions ------- you may have about our suggestion.

(A) who
(B) whose
(C) that
(D) when

7. Students ------- are interested in the talent show should make sure to contact Mr. Allen for more information by 3 P.M. this Friday.

(A) who
(B) whose
(C) whom
(D) when

8. I will meet you on June 20th ------- the client arrives from London.

(A) when
(B) where
(C) which
(D) what

9. As the assistant manager, you are responsible for assigning staff duties in the ------- of the head manager.

(A) absence
(B) observation
(C) process
(D) access

10. To Skyview Airline customers, *Sky Ways* is a ------- magazine available to all passengers.

(A) tentative
(B) prolonged
(C) complimentary
(D) reflective

Unit 20
전치사/접속사
(Part 6)

학습 목표

Part 6에서 출제되는 전치사, 접속사, 접속부사에 관련된 문제는 토익 초보들에게는 정말 풀기 힘든 유형입니다. 어렵게 해석을 해서 의미를 파악하고 나면 같은 의미의 단어가 보기 (A)~(D) 중에 두 개나 있는 걸 확인하게 되죠. 거기서 둘 중에 하나를 골랐지만 그게 오답인 경우가 많으실 겁니다. 또는 해석이 되지 않아서 의미 파악을 하지 못해 정답에 대한 힌트도 찾지 못하는 상황이라면 Part 6는 포기하고 싶어지실 겁니다. 이러한 답답한 상황을 단번에 타파할 전치사, 접속사, 접속부사를 구분하는 법, 그리고 전치사, 접속사, 접속부사를 활용해서 정답의 힌트로 활용하는 법을 배워보도록 하겠습니다.

어휘 맛보기

Unit 20에서 다룰 어휘를 미리 확인해봅시다.

최신 기출 포인트 55

• recording studio	명 녹음실
• take a tour	견학하다, 둘러보다
• catch	동 보다, 알아차리다
• behind-the-scenes	형 비밀의, 무대 뒤의, 배후의
• take part in	~에 참여하다, 참가하다
• demonstration	명 시연, 설명
• equipment	명 장비
• broadcaster	명 방송인

최신 기출 포인트 56

• enjoyable	형 즐거운
• future	형 향후의, 미래의
• trouble	명 문제, 곤란
• feel free to	마음껏 ~하다, 자유로이 ~하다
• on the other hand	다른 한편으로는
• be satisfied with	~에 만족하다
• order	명 주문한 것, 주문품
• review	명 후기

최신 기출 포인트 57

- last   형 지난
- lighting   명 조명
- serve   동 (서비스를) 제공하다, 영업하다
- small business   명 소기업
- solely   부 오로지, 단독으로
- arrange   동 마련하다
- charity   명 자선
- whenever   부 ~할 때마다
- run   동 운영하다
- expansion   명 확장
- goal   명 목표

유형 연습하기

- benefit   명 혜택, 장점
- paste   동 (복사한 것을) 붙이다
- browser   명 (인터넷) 브라우저
- apply   동 지원하다, 신청하다
- rent   동 대여하다
- be delighted to   ~하게 되어 기쁘다
- be named   임명되다
- be forced to   ~하도록 강요 받다
- inclement   형 좋지 않은, 궂은
- candidate   명 지원자, 후보자
- attendance   명 참석(률), 출석

같은 의미의 보기가 2개가 제시되어 있다면 문법 어형문제!

한 문제에 의미가 서로 같은 보기가 2개 제시되어 있다면, 그 두 보기는 의미가 같을지라도 품사나 문법적인 특징이 서로 다른 것입니다. 같은 의미를 가진 전치사와 접속사, 혹은 접속부사와 부사절 접속사가 자주 선택지 (A)~(D)에서 동시에 제시됩니다. 이러한 문제를 수월하게 풀이하기 위해서는 의미가 같은 단어들의 품사나 문법적 특징을 구분하여 정리해야 하겠죠?

We would like you to join us at our open day from 4:00 P.M. to 6:00 P.M. on October 23 at our Fifth Street recording studio. You can take a tour, catch some of the behind-the-scenes magic, and take part in a demonstration of our digital sound equipment. -------, you can even meet your favorite broadcasters.

(A) In addition to
(B) Also

저희는 당신이 Fifth Street의 녹음 스튜디오에서 10월 23일 개업일 오후 4시~6시까지 저희와 함께 하시길 바랍니다. 당신은 둘러보실 수 있고 비밀의 마술을 볼 수도 있고, 디지털 음향 장비 시연에 참석할 수 있습니다. -------, 당신이 가장 좋아하는 방송인을 만날 수 있습니다.

- 빈칸 앞은 '녹음 스튜디오의 개업일에 견학(tour)을 할 수도 있고 비밀의 마술을 볼 수도 있다'는 내용이 언급되어 있습니다.

- 빈칸의 뒤는 부사 even을 써서 '심지어 가장 좋아하는 방송인을 만날 수 있다'고 언급하며 그 견학에서 할 수 있는 또 다른 내용이 언급되기 때문에 빈칸의 앞 내용에 이어 부가적인 설명이 추가되었다고 볼 수 있습니다.

- 뒤에 있는 문장이 앞 문장의 내용을 추가, 첨부하는 관계이기 때문에, in addition to(게다가)와 also(또한) 둘 다 의미상 적절합니다. 이렇게 보기의 의미가 같으면 빈칸에 들어갈 자리에 대한 문법적 조건을 따져야 합니다.

- In addition to에서 to가 전치사이기 때문에 뒤에는 명사가 위치해야 하지만, 빈칸 뒤에는 콤마(,)만 있기 때문에 이 빈칸에는 접속부사인 also가 들어가야 합니다. 따라서 정답은 (B)입니다.

빈칸에 대한 힌트는 반드시
빈칸의 앞, 뒤에 주어져 있다.

Part 6에 나오는 빈칸 문제는 Part 5의 문제와는 달리 정답에 대한 힌트가 빈칸에서 좀 떨어져 있는 경우가 많습니다. 때로는 지문의 맨 마지막에서 지문 초반의 빈칸에 대한 힌트가 제시될 수도 있어요!

Dear Mr. Jordan,

Thank you for ------- some of our items. We really hope that you are having enjoyable reading.

If you are to ever experience any future troubles, please feel free to contact our customer service center at (206) 775-9090. Our customer service operators will be ready to help 24 hours a day.

On the other hand, if you are satisfied with **your order**, please write down a quick review by visiting www.siwonbooks.com/reviews.

(A) purchasing
(B) repairing

Jordan 씨에게,

저희의 물품을 -------에 대해 감사합니다. 저희는 진심으로 즐거운 독서가 되길 바랍니다.

만약 향후에 어떠한 문제를 겪게 되신다면, 저희의 고객 서비스 센터 (206) 775-9090으로 자유로이 연락해주시기 바랍니다. 저희의 고객 서비스 상담원들은 24시간 도움을 드릴 준비가 되어 있습니다.

다른 한편으로, 만약 귀하가 주문하신 물건에 만족하신다면, www.siwonbooks.com/reviews를 방문하시어 짧은 후기를 써주시기 바랍니다.

- 빈칸이 들어간 문장만 보면 빈칸에 모든 보기의 단어가 들어갈 수 있는 내용이기 때문에 이후의 내용도 파악하여 빈칸에 들어갈 단어에 대한 힌트를 찾아야 합니다.

- 빈칸의 뒤에 있는 문장에 언급된 enjoyable reading을 보고 편지를 받는 사람이 '책'을 샀다는 것을 유추할 수 있습니다.

- 그 뒤의 문장에서 언급된 your order(당신의 주문품)라는 명사를 보고 고객의 주문품에 대한 편지라는 것을 알 수 있습니다. 따라서 감사 인사에 해당하는 첫 문장에 들어갈 단어는 repairing(수리한 일)이 아니라 purchasing(구매한 일)이 적절합니다. 따라서 정답은 (A)입니다.

접속부사와 접속사/전치사 구분하기

의미	접속부사	전치사	접속사
그러나	however		but
그럼에도 불구하고	nevertheless / nonetheless	in spite of / despite	although / though / even though
게다가, 추가로	furthermore / in addition / also(또한)	in addition to	
반면에	meanwhile / otherwise		while / whereas
대신에	instead	instead of	

지시어로 지문의 흐름 파악하기

- this, that 등과 같은 지시어는 빈칸에 들어갈 어휘나 문장을 고르는 문제를 해결하는 데 아주 중요한 단서를 제공합니다.

- 단문으로 제시되는 Part 5와는 달리, Part 6에서는 여러 문장이 하나의 목적을 위해 쓰여진 지문으로 제시됩니다.
- 이 지문을 이루는 각 문장은 연관성을 가지고 이어지고 있으므로 지시어가 자주 등장하며, 중요한 역할을 합니다.
- 지시어에는 this, these, that, those가 있으며, 「the + 명사」 또한 앞서 언급된 명사를 다시 한번 언급하는 표현이므로 지시어의 범주에 포함됩니다.

- 지문 속에 언급된 명사는 다음과 같이 바뀌어서 다시 언급되니까 유형을 익혀두세요!

a/an + 명사 ⇒ the + 명사	a seminar ⇒ the event a job ⇒ the position a product ⇒ the merchandise
다른 표현으로 쓰기 (Paraphrasing)	some cracks in the glass ⇒ a damaged product your luggage ⇒ your possessions remove stains ⇒ clean the surface

문장 삽입 유형은 접속사/접속부사를 활용하여 풀 수 있다.

Part 6의 각 지문에 반드시 1문제씩 출제되는 문장 삽입 유형의 문제는 전체적인 맥락을 파악하여 문장을 선택하는 문제이기 때문에 토익 초보자들에게는 정답을 고르기 힘든 문제입니다. 하지만, 만약 보기로 주어진 문장에서 접속부사가 포함되어 있다면 그것을 정답에 대한 힌트로 활용할 수 있습니다.

> For the last 50 years, Harper Lighting has been serving small businesses, **solely in the area of South Dakota.** -------.
>
> (A) Then, Mr. Jones arranged several fundraising events for charity and education.
> (B) If so, contact Harper Lighting whenever you need your next lighting project.
> (C) Therefore, Harper Lighting is owned and run by Denis Harper and Steve Harper.
> (D) However, now, the expansion into North Dakota is a goal of Harper Lighting.
>
> ---
>
> 지난 50년 동안 Harper Lighting은 오로지 South Dakota 지역에만 중소기업들에 서비스를 제공해오고 있습니다.
>
> (A) 그리고 나서 Jones 씨는 자선과 교육을 위한 몇몇의 모금 행사를 마련하였습니다.
> (B) 만약 그렇다면, 이후의 조명 프로젝트가 필요할 때면 언제든지 Harper Lighting으로 연락 주십시오.
> (C) 따라서, Harper Lighting은 Denis Harper 씨와 Steve Harper 씨에 의해 소유 및 운영되고 있습니다.
> (D) 그러나, 이제 North Dakota으로의 확장이 Harper Lighting의 목표입니다.

- 보기 (A)~(D)에서 사용된 접속부사 및 부사절은 앞의 문장과 뒤의 문장의 내용을 연계하는 역할을 합니다.

- 빈칸 앞의 문장은 Harper 조명 회사가 South Dakota 지역에서만 50년 동안 중소업체를 대상으로 영업을 해왔다는 내용입니다. 빈칸에는 이 문장과 연관이 있는 내용의 문장이 들어가야 합니다.

- (A) Then은 '그리고 나서'라는 의미로 행동의 순서를 시간에 따라 설명할 때 쓰는 접속부사로, 빈칸 앞의 문장과는 내용상 연결이 되지 않습니다.

- (B) If so는 '만약 그러하다면' 이라는 의미로, 앞의 내용에 대한 해결방안을 제시할 때 주로 쓰입니다. so라고 언급한 내용이 앞 문장의 내용인데, '다음 프로젝트 할 때 연락하라'는 보기 (B)의 내용이 어울리지 않습니다.

- (C) Therefore는 '그러므로, 따라서' 라는 뜻으로 앞의 내용을 원인으로 하여 어떤 일이 결과로 언급될 때 사용됩니다. 소유자 및 운영자를 언급하고 있으므로 앞 문장의 내용과 관련이 없습니다.

- (D) However는 '그러나'라는 의미로 앞의 내용에 반대되는 내용을 서술할 때 씁니다. 앞에서는 이 회사가 South Dakota라는 한 지역에서만 영업해오고 있다는 내용인데, (D)는 다른 지역으로의 확장(expansion)이 목표라는 내용이므로 앞의 내용과 관련이 있으면서 이 내용을 연결하는 접속부사의 사용이 적절합니다.

 켈리쌤 문법 뽀개기!

문맥상 적절한 문장 선택 문제의 대처 요령

1. **지문의 문맥을 잘 파악해야 합니다.**
   - 어휘는 물론, 지문이 무엇에 관한 내용인지는 반드시 파악해야 합니다.

2. **빈칸의 앞뒤 문장 또는 선택지에 포함된 지시어, 대명사, 접속부사에 주목합니다.**
   - 지시어와 대명사, 접속부사는 앞뒤 문장의 의미관계를 밝히는 데 중요한 역할을 합니다.
   - 지문 속에 지시어, 대명사, 접속부사가 없다면 선택지에 있는지 확인합니다.

3. **빈칸을 중심으로 앞뒤 문장의 내용이 어떠한 논리 관계를 포함하는지 확인합니다.**
   - 논리 관계로는 역접, 부연설명, 원인과 결과가 있으며, 각각에 해당하는 접속사나 부사 등을 숙지해야 합니다.

QR특강 30

접속부사를 이용한
적절한 문장
선택하기

유형 연습하기

빈칸에 들어갈 단어 또는 문장을 선택하고 그 이유를 생각해 보세요.

정답및해설 p.69

Questions 1-4 refer to the following e-mail.

To: S.Holmes@umail.com
From: J.Chung@newseoulair.co.kr
Date: April 1
Subject: Feedback on Our Customer Service

Dear Ms. Holmes,

Thank you for ------- with New Seoul Airlines. We would like to get some
1.
information about your most recent visit to Seoul on the 20th of March. It would

be a great benefit to us ------- you could quickly complete this short survey
2.
about your experience flying with New Seoul Airlines. -------. All you need to do
3.
is copy and paste the URL below into your browser: http://newseoulair.co.kr/
survey/.

Your ------- is crucial to helping us improve our customer service for our loyal
4.
customers.

James Chung
Chief Executive Officer

New Seoul Airlines
123 Old Seoul Way
South Korea

---

1. (A) flying
(B) applying
(C) renting
(D) ordering

2. (A) unless
(B) if
(C) in order to
(D) when

3 (A) We were delighted to be named
the world's best airline last year.
(B) New Seoul Airlines was forced
to cancel the flight due to
inclement weather.
(C) New Seoul Airlines recently
added WST News to its list of
partners.
(D) This survey should take no more
than three to four minutes of
your time.

4. (A) candidate
(B) reservation
(C) feedback
(D) attendance

실제 토익과 같은 난이도로 출제된 문제입니다. 시험장에서 문제를 푸는 기분으로 8문제를 연속해서 풀어보세요.

📖 정답 및 해설 p.70

Questions 1-4 refer to the following letter.

---

23 October
Erica Roberts
135 Firewood Road
Kansas City, MO 64101

Dear Mrs. Roberts,

On behalf of Royal Bank, we would like ------- you on your perfect credit score.
1.
Based on your credit score, we can ------- the limit of credit on your Good Day
2.
Card to $20,000.

To allow us to raise your credit card limit would definitely be a smart decision.
Not only would your Good Day Card include acceptance internationally, but it
would also provide you with more room to spend, and ------- security features.
3.

-------. Please call us at 1-800-323-1500.
4.

---

1. (A) congratulate
(B) congratulation
(C) to congratulate
(D) congratulating

2. (A) decrease
(B) increase
(C) report
(D) forward

3. (A) repetitive
(B) rapid
(C) frequent
(D) solid

4. (A) Therefore, you are advised to take advantage of our offer.
(B) On the other hand, we will add two months free to your subscription.
(C) Also, your prompt payment is appreciated.
(D) However, Good Day members earn three points for every 30,000 won that is spent.

Questions 5-8 refer to the following article.

July 5

The books of SK Library are now available in ------- PDF and PPT format. The
conversion of the books into electronic formats was overseen by librarian Tom
Green, ------- played a significant role in the project.

He explains "Revolutionary computer software has allowed us to create
professional quality digital files of all our books. The conversion of our collection
of poems was a major priority. It is now possible for poets to view these vintage
works of art online ------- having to physically handle these poems. -------."

5. (A) either
   (B) both
   (C) neither
   (D) all

6. (A) who
   (B) whose
   (C) whom
   (D) which

7. (A) regardless of
   (B) for
   (C) rather than
   (D) now that

8. (A) We hope to see you at this
      wonderful occasion.
   (B) As soon as you can, please
      completely fill out the survey.
   (C) The decision was based upon an
      agreement by an overwhelming
      majority within the Board of
      Education.
   (D) This is done to protect the
      originals from being damaged.

시원스쿨 **LAB**

"한 권으로 끝내는"

시원스쿨
처음토익.
기초영문법

정답 및 해설

시원스쿨 **LAB**

시원스쿨LAB 강사 라인업

20년 노하우의 토익/토스/오픽/지텔프/텝스/아이엘츠/토플/SPA/듀오링고
기출 빅데이터 심층 연구로 빠르고 효율적인 목표 점수 달성을 보장합니다.

시험영어 전문 연구 조직

시원스쿨어학연구소

 시험영어 전문

 기출 빅데이터

 264,000시간

시험영어 전문	기출 빅데이터	264,000시간
TOEIC/TOEIC Speaking/ TEPS/OPIc/G-TELP/IELTS/ TOEFL/SPA/Duolingo 공인 영어시험 콘텐츠 개발 경력 20년 이상의 국내외 연구원들이 포진한 전문적인 연구 조직입니다.	본 연구소 연구원들은 매월 각 전문 분야의 시험에 응시해 시험에 나온 모든 문제를 철저하게 해부하고, 시험별 기출문제 빅데이터 분석을 통해 단기 고득점을 위한 학습 솔루션을 개발 중입니다.	각 분야 연구원들의 연구시간 모두 합쳐 264,000시간 이 모든 시간이 쌓여 시원스쿨어학연구소가 탄생했습니다.

시원스쿨
처음토익.
기초영문법

정답 및 해설

시원스쿨 LAB

Unit 1. 명사

최신 기출 POINT 01
주어 자리의 주인은 명사!

유형 연습하기

정답

1. (A)　　**2.** (A)　　**3.** (B)　　**4.** (B)

1. 정답 **(A)**

해설 빈칸은 동사 will be의 앞이므로 주어 자리이며, 주어의 자리에 들어가는 것은 명사이므로 보기 중에서 명사를 고르는 문제이다. (A), (B) 중에 명사는 (A) manager(관리자)이므로 정답은 (A)이다. managerial은 형용사로서 '관리의'라는 뜻이므로 오답이다.

해석 그 **관리자**는 정보 공유를 책임질 것이다.

2. 정답 **(A)**

해설 빈칸은 수식어 at KNL Inc.를 제외하고 동사 will attend의 앞이므로 주어 자리이며, 주어의 자리에 들어가는 것은 명사이다. (A), (B) 중에서 명사는 (A) Employees이므로 정답은 (A)이다. Employs는 동사 employ에 -s가 붙어 주어가 3인칭 단수일 때 쓰는 현재시제 동사이므로 정답이 될 수 없다.

해석 KNL 사의 **직원들은** 마케팅 전략에 대한 강의에 참석할 것이다.

3. 정답 **(B)**

해설 빈칸은 동사 must be submitted의 앞이기 때문에 주어가 들어가야 하는 자리이다. 주어의 자리에 들어가는 것은 명사이며, (A), (B) 중에서 명사는 (B) reports이므로 정답은 (B)이다. (A)는 -ed 형태이므로 동사 report의 과거형 또는 과거분사 형태이다.

해석 새로운 규정에 따르면, **보고서들은** 다음 주까지 제출되어야 한다.

4. 정답 **(B)**

해설 빈칸은 동사 are의 앞이라 주어의 자리인데, be동사 are은 복수동사이므로 주어도 복수명사이어야 한다. (A), (B) 중에서 복수명사는 (B) products 이므로 정답은 (B)이다.

해석 KWR 사에서, 배송 전에 **제품들은** 철저하게 검사받는다.

최신 기출 POINT 02
목적어 자리의 주인도 명사!

유형 연습하기

정답

1. (B)　　**2.** (A)　　**3.** (A)　　**4.** (B)

1. 정답 **(B)**

해설 빈칸은 전치사 with의 목적어이므로 명사 자리이다. (A), (B) 중에서 명사는 (B) complaints이므로 정답은 (B)이다.

해석 Supreme 슈퍼마켓의 직원들은 그 어떤 **불만**도 처리하도록 교육을 받는다.

2. 정답 **(A)**

해설 빈칸은 to부정사 to meet의 목적어이므로 명사 자리이다. (A), (B) 중에서 명사는 (A) demands 이므로 정답은 (A)이다. demanding은 '까다로운, 어려운'이라는 뜻을 가지고 있는 형용사이다.

해석 Seoul Medical 사는 고객의 **요구**를 충족하려고 노력하고 있다.

3. 정답 **(A)**

해설 빈칸은 동사 provides의 목적어이므로 명사 자리이다. (A), (B) 중에서 명사는 (A) discounts이므로 정답은 (A)이다.

해석 Hana Express 사는 그들과 계좌를 개설하는 사람들에게 **할인을** 제공한다.

4. 정답 **(B)**

해설 to부정사 to accept의 목적어가 들어가야 하는 자리이다. 목적어 자리에는 명사가 위치하므로 (A), (B) 중에서 명사인 (B) reservation이 정답이다. (A) reserve는 동사이므로 정답이 될 수 없다.

해석 그 식당은 추가적인 **예약을** 받지 않을 것이다.

최신 기출 POINT 03
보어 자리의 주인도 명사!

유형 연습하기

1. (A)   **2.** (A)   **3.** (B)   **4.** (B)

1. 정답 **(A)**

해설 빈칸은 be동사 is 뒤의 보어 자리이고, 빈칸의 앞에 관사 a가 있으므로 단수명사가 들어가야 한다. 따라서 정답은 명사인 (A) requirement이다.

해석 적절한 안전 복장은 모든 직원들을 위한 **필수요건**이다.

2. 정답 **(A)**

해설 빈칸 앞에 관사 a와 형용사 best-selling이 있으므로 빈칸은 명사 자리임을 알 수 있다. (A), (B) 중에서 명사인 (A) publication이 정답이다.

해석 *Architecture Monthly*는 가장 잘 필리는 **출판물**이다.

3. 정답 **(B)**

해설 빈칸 앞에 관사 a와 명사 store가 있어서 동사 appointed의 목적어 Ms. Park 뒤에 목적격보어로 쓰인 것으로 볼 수 있지만, 빈칸 뒤에 전치사구가 있으므로 명사 store와 빈칸이 하나의 명사로 쓰여야 한다. store와 함께 명사로 쓰일 수 있

는 단어는 manager이며, a store manager는 '매장 관리자', '점장'이라는 의미를 나타내는 명사로 쓰인다. 따라서 정답은 (B) manager이다. (A) manage는 동사이므로 빈칸에 들어갈 수 없다.

해석 이사회는 Park 씨를 New York 지점의 매장 **관리자**로 임명하였다.

4. 정답 **(B)**

해설 빈칸 앞에 관사 a가 있으므로 빈칸은 동사 made의 목적어 him의 명사 목적격보어 자리임을 알 수 있다. 따라서 (A), (B) 중에서 명사 (B) winner가 정답이다.

해석 Carl Benson의 첫 번째 싱글 앨범은 그를 Grammy 상의 **수상자**로 만들었다.

기출 맛보기

1. (C)   **2.** (D)   **3.** (B)   **4.** (D)   **5.** (B)

6. (C)   **7.** (B)   **8.** (A)   **9.** (A)   **10.** (C)

1. 정답 **(C)**

해설 빈칸 앞에 정관사 the와 형용사 fourth가 위치해 있으므로 빈칸은 명사 자리임을 알 수 있다. 따라서 (A)~(D) 중 명사인 (C) edition이 정답이다.

해석 John Smith 박사는 지난달 *Technological Innovations*의 4번째 **판을** 출간하였다.

어휘 **publish** 출간하다 **edition** (잡지의) 호, 판

2. 정답 **(D)**

해설 빈칸 앞에 부정관사 a와 형용사 major가 위치해 있고, 빈칸 뒤에 전치사구가 위치해 있으므로 빈칸은 단수명사 자리임을 알 수 있다. 따라서 (A)~(D) 중 단수명사인 (D) requirement가 정답이다.

해석 Astra 사에서 관리자 직책을 위한 주된 **필수요건**은 인사 분야의 학위이다.

어휘 **managerial position** 관리자 직책 **degree** 학위 **requirement** 필수요건

3. 정답 (B)

해설 빈칸 앞에 부정관사 a가 있으므로 빈칸은 단수명
사 자리임을 알 수 있다. 따라서 (A)~(D) 중에서
단수명사인 (B) refund가 정답이다.

해석 결함이 있는 Dark Room 상품에 관해서, **환불**요
청은 구매일의 30일 이내에 이루어져야 한다.

어휘 **faulty** 결함이 있는 **request** 요청 **refund** 환불

4. 정답 (D)

해설 빈칸 앞에 소유격 our와 형용사 technical이 위
치해 있고 빈칸 뒤에 복수동사 handle이 있으므
로 빈칸이 주어 역할을 하는 복수명사 자리임을 알
수 있다. 따라서 (A)~(D) 중에서 복수명사인 (D)
experts가 정답이다. (A)와 (B)는 단수명사이므
로 정답이 될 수 없다.

해석 저희의 기술 **전문가들**은 하루 24시간 Firebird 상
품에 관한 문제들을 처리합니다.

어휘 **handle** 다루다, 처리하다 **issue** 문제, 사안
related to ~에 관련된 **expert** 전문가
expertise 전문 지식 **expertly** 능숙하게

5. 정답 (B)

해설 빈칸 앞에 수량형용사 all이 위치해 있고, 빈칸 뒤
에 전치사구 for sale, 동사 will be가 있으므로 빈
칸은 주어 역할을 하는 명사 자리임을 알 수 있다.
수량형용사 all은 복수명사와 함께 쓰이므로 (B)
appliances와 (D) applicants 중에 정답이 있다.
문맥상 '경매 전 관람을 위해 공개되는'의 주체는
사람이 될 수 없으므로 '기기'라는 의미의 명사의
복수형 (B) appliances가 정답이다.

해석 금요일 밤의 경매 전에, 판매를 위한 모든 **기기들**
은 목요일 오후 4시에 관람을 위해 공개될 것이다.

어휘 **auction** 경매 **for sale** 판매를 위한, 판매용의
viewing 보기, 관람 **appliance** 기기 **apply**
신청하다, 지원하다 **applicant** 지원자, 신청자

6. 정답 (C)

해설 빈칸 앞에 정관사 the가 위치해 있고 빈칸 뒤에
전치사구 on the dessert menu가 위치해 있
으므로 빈칸은 명사 자리임을 알 수 있다. 따라서
(A)~(D) 중 명사인 (C) choices가 정답이다.

해석 디저트 메뉴에서의 **선택 가능한 것들**을 변경하기

로 한 결정은 Song 씨에 의해 이루어졌다.

어휘 **decision** 결정 **change** 변경하다 **dessert**
디저트, 후식 **make a decision** 결정하다

7. 정답 (B)

해설 빈칸 앞에 정관사 the, 형용사 official이 위치해
있으므로 빈칸은 전치사 before의 명사 목적어가
들어갈 자리임을 알 수 있다. 따라서 (A)~(D) 중
명사인 (B) opening이 정답이다.

해석 공식적인 **개관** 전에, 몇몇 회원들은 도서관에서 특
별 관람을 하도록 초대받을 것이다.

어휘 **official** 공식적인 **invite** 초대하다 **opening**
개장, 개관

8. 정답 (A)

해설 빈칸 앞에 전치사 by, 형용사 various가 위치해 있
으므로 빈칸은 전치사 by의 명사 목적어 자리임을
알 수 있다. 단, 형용사 various는 복수명사와 함
께 쓰이는 형용사이므로 (A)~(D) 중 복수명사인
(A) attractions가 정답이다.

해석 당신은 우리의 가이드가 안내하는 버스 투어 중에
숭례문과 같은 서울에 있는 다양한 **명소들**을 지나
갈 수 있다.

어휘 **pass by** ~을 지나가다 **various** 다양한 **such
as** ~와 같은 **during** ~동안 **guided** 가이드가
안내하는 **attraction** 명소 **attract** 끌어당기다,
유치하다 **attractively** 보기 좋게, 매력적으로

9. 정답 (A)

해설 빈칸은 '새롭게'라는 의미의 부사 newly의 수식을
받으면서 빈칸 뒤에 위치한 명사 Web site를 수식
해야 하므로 (A)~(D) 중에서 의미상 가장 적절한
'디자인된'이라는 의미를 나타내는 (A) designed
가 정답이다.

해석 Nanosoft의 새롭게 **디자인된** 웹사이트는 3일 후
에 온라인에 올라갈 것이다.

어휘 **employed** 고용된 **helped** 도움을 받은
scheduled 일정이 정해진

10. 정답 (C)

해설 '~와 같은'이라는 의미로 예시를 나타내는 전치사
such as 뒤에 baking, grilling, frying은 모두 조

리 기술(방식)에 해당하는 말이 위치해 있으므로, 이를 모두 포함시킬 수 있는 단어가 빈칸에 들어가야 한다. 따라서 (A)~(D) 중 의미상 '기술'이라는 의미를 나타내는 (C) techniques가 정답이다.

해석 그 수업 참가자들은 오븐에 굽기, 석쇠에 굽기, 튀기기와 같은 조리**기술**에 관해 배울 것이다.

어휘 attendee 참가자 such as ~와 같은 baking (오븐에) 굽기 grilling (석쇠에) 굽기 frying (기름에) 튀기기 attendee 참가자 equipment 장비 manual 설명서 location 위치, 지점

Unit 2. 형용사

최신 기출 POINT 04
명사 앞의 빈칸은 형용사자리!

유형 연습하기

정답
1. (A)   2. (A)   3. (B)   4. (A)

1. 정답 **(A)**

해설 빈칸은 관사 a와 명사 desk의 사이, 즉 명사의 앞이므로 명사를 수식하는 형용사 (A) different가 정답이다.

해석 각각의 학생은 기말고사를 위해 **다른** 책상으로 배정될 것이다.

2. 정답 **(A)**

해설 빈칸 앞에 동사 has가 위치해 있고, 빈칸 뒤에 명사 experience가 있으므로 명사를 수식하는 형용사 (A) sufficient가 정답이다.

해석 Matthews 씨는 그 직무를 처리할 **충분한** 경험을 가지고 있다.

3. 정답 **(B)**

해설 빈칸은 명사의 앞이므로 형용사의 자리이다. every는 수량 형용사인데, appliance가 단수명사이므로 단수명사와 함께 쓰이는 (B) Every가 정답이다. ever는 '항상', '언제든'이라는 의미의 부사이

므로 정답이 될 수 없다.

해석 **모든** Shaiwa 기기는 2년 품질 보증을 포함한다.

4. 정답 **(A)**

해설 빈칸 앞에 동사 enforces가 위치해 있고 빈칸 뒤에 enforces의 목적어로 볼 수 있는 명사 rules가 위치해 있으므로 빈칸은 명사 rules를 수식하는 형용사 자리임을 알 수 있다. 따라서 형용사인 (A) strict가 정답이다.

해석 Shine 은행은 고객들이 따라야 하는, **엄격한** 규칙을 시행한다.

최신 기출 POINT 05
형용사는 보어의 자리에도 들어갈 수 있다!

유형 연습하기

정답
1. (B)   2. (B)   3. (B)   4. (B)

1. 정답 **(B)**

해설 빈칸 앞에 2형식 동사인 be 동사의 미래시제 will be가 위치해 있고 빈칸 뒤에는 전치사구가 있으므로 빈칸은 주격보어 자리임을 알 수 있다. 주격보어 자리에는 명사 또는 형용사가 위치할 수 있는

데, 명사 (A) responsibility(책임)이 위치하면 "매니저가 책임이다"라고 해석되어 의미상 오류가 발생하므로, 전치사 for와 어울려 '~에 대한 책임을 지다', '~을 담당하다'라는 의미를 나타내는 형용사 (B) responsible이 정답이다.

해석 그 매니저는 정보의 공유를 **책임질** 것이다.

2. 정답 (B)

해설 빈칸 앞에 2형식 동사인 be 동사의 현재시제 are가 위치해 있고 빈칸 뒤에는 to부정사가 이끄는 수식어구가 있으므로 빈칸은 주격보어 자리임을 알 수 있다. 주격보어 자리에는 명사 또는 형용사가 위치할 수 있는데, 명사 (A) eligibility(자격)이 위치하면 "Ark 사의 직원들은 자격이다"라고 해석되어 의미상 오류가 발생하므로, to부정사와 어울려 '~할 자격이 있다'라는 의미를 나타내는 형용사 (B) eligible이 정답이다.

해석 입사 첫 해 후에, Ark사 직원들은 승진할 **자격이 있다**.

3. 정답 (B)

해설 빈칸 앞에 2형식 동사인 become의 과거형 became, 그리고 부사 very가 위치해 있고 빈칸 뒤에는 전치사구가 있으므로 빈칸은 주격보어 자리임을 알 수 있다. 주격보어 자리에는 명사 또는 형용사가 위치할 수 있는데, 부사 very는 형용사를 수식하므로 형용사인 (B) popular가 정답이다.

해석 그 작은 신발 매장은 짧은 시간에 아주 **인기가 많아**졌다.

4. 정답 (B)

해설 빈칸 앞에 5형식 동사인 keep, 목적어 the bag이 위치해 있고 빈칸 뒤에는 접속사 until로 시작하는 부사절이 있으므로 빈칸은 목적격보어 자리임을 알 수 있다. 5형식 동사 keep의 목적격 보어 자리에는 형용사가 위치할 수 있으므로 형용사인 (B) safe가 정답이다.

해석 제가 돌아올 때까지 당신은 그 가방을 **안전하게** 보관해야 합니다.

최신 기출 POINT 06
형용사처럼 보이지 않는 형용사가 있다!

유형 연습하기

정답

1. (A)   **2.** (A)   **3.** (B)   **4.** (B)

1. 정답 (A)

해설 5형식 동사 find는 목적어와 목적격보어(형용사)를 가지며, '(목적어)가 (목적격보어)하다고 알아차리다'라는 의미를 나타낸다. 또한 형용사를 수식하는 부사인 very가 빈칸 앞에 있으므로 빈칸에는 형용사가 들어가야 한다. 따라서 (A) complicated가 정답이다. complicating은 '복잡하게 만드는'이라는 의미를 나타내므로 문맥상 어색하기 때문에 오답이다.

해석 Sam은 새로운 Osiris 노트북 컴퓨터가 매우 **복잡하다는** 것을 알아차렸다.

2. 정답 (A)

해설 2형식 동사 seems의 뒤에는 형용사 보어가 와야 하므로, 빈칸에는 -ing형 형용사인 (A) promising이 정답이다. promised는 '약속된'이라는 의미의 과거분사이므로 문맥상 어색하기 때문에 오답이다.

해석 분석가들은 새로운 기술이 **전도유망해** 보인다고 믿는다.

3. 정답 (B)

해설 빈칸 앞에 부정관사 an이 위치해 있고, 빈칸 뒤에 명사 teacher가 위치해 있으므로 빈칸은 teacher를 수식하는 형용사 자리임을 알 수 있다. 따라서 '경험이 많은'이라는 의미를 나타내는 (B) experienced가 정답이다.

해석 저희는 하루에 6시간 근무할 수 있는 **경험 많은** 선생님을 찾고 있습니다.

4. 정답 **(B)**

해설 빈칸 앞에 2형식 동사인 be동사의 현재시제 is, 그리고 부사 very가 위치해 있으므로 빈칸은 주격보어 자리임을 알 수 있다. 주격보어 자리에는 명사 또는 형용사가 위치할 수 있는데, 문맥상 주어인 volunteering(자원봉사하는 것)과 어울리는 것은 '보람 있는'이라는 의미의 형용사이다. 따라서 (B) rewarding이 정답이다. rewarded는 '보상을 받은'이라는 의미를 나타내는 과거분사이며, 문맥상 적절하지 않으므로 오답이다.

해석 보통, 요양원에서 자원봉사를 하는 것은 매우 **보람 있**다.

기출 맛보기

정답				
1. (D)	**2.** (B)	**3.** (B)	**4.** (C)	**5.** (B)
6. (B)	**7.** (D)	**8.** (A)	**9.** (A)	**10.** (B)

1. 정답 **(D)**

해설 전치사 with의 목적어인 명사 service의 앞에 빈칸이 있으므로 빈칸은 명사 service를 수식할 수 있는 형용사 자리임을 알 수 있다. 따라서 (A)~(D) 중에 형용사인 (D) exceptional이 정답이다.

해석 ABC Burger Brothers는 100년 전 설립 이후로 **뛰어난** 서비스를 고객들에게 제공해 왔다.

어휘 **provide A with B**: A에게 B를 제공하다 **establishment** 설립 **except** ~을 제외하고 **exceptionally** 유난히, 특별히 **exception** 예외 **exceptional** 뛰어난

2. 정답 **(B)**

해설 빈칸 앞에 정관사 the가 있고 빈칸 뒤에 명사 sales person이 위치해 있으므로 빈칸은 이 명사를 수식하는 형용사 자리임을 알 수 있다. 따라서 (A)~(D) 중에 형용사인 (B) leading이 정답이다.

해석 지난 3년 동안, Justin은 Taiwan Motors 사에서 **선두적인** 판매원이 되기를 열망했다.

어휘 **past** 지난 **aspire to do** ~하기를 열망하다 **sales person** 판매원 **leading** 선두적인, 가장

중요한

3. 정답 **(B)**

해설 빈칸 앞에 정관사 the와 최상급을 나타내는 부사 most가 위치해 있고, 빈칸 뒤에 명사 course가 있으므로 빈칸은 이 명사를 수식하는 형용사 자리임을 알 수 있다. 따라서 (A)~(D) 중에 형용사인 (B) demanding이 정답이다.

해석 Watkins 교수는 교내에서 가장 **어려운** 강의를 가르치며, 그는 또한 일부 최고의 학생 평가를 받는다.

어휘 **course** 강의, 과정 **on campus** 교내에서 **evaluation** 평가 **demand** 수요, 요구하다 **demanding** 힘든, 어려운

4. 정답 **(C)**

해설 빈칸 앞에 부정관사 a가 위치해 있고, 빈칸 뒤에 명사 basketball team이 있으므로 빈칸은 이 명사를 수식하는 형용사 자리임을 알 수 있다. 따라서 (A)~(D) 중에 형용사인 (C) professional이 정답이다.

해석 Mitchum Steel 주식회사는 **전문적인** 야구팀(프로 야구팀)을 운영합니다.

어휘 **manage** 운영하다, 관리하다 **professional** 전문적인, 전문가 **profession** 직업 **professionally** 전문적으로

5. 정답 **(B)**

해설 빈칸 앞에 타동사 provides가 위치해 있고 빈칸 뒤에 명사 discounts가 위치해 있으므로 이 명사가 provides의 목적어임을 알 수 있다. 빈칸은 이 목적어를 수식하는 형용사가 들어갈 자리이므로 (A)~(D) 중 형용사인 (B) additional이 정답이다.

해석 Modega Shopping은 VIP 고객들이 온라인으로 쇼핑할 때마다 그들에게 **추가적인** 할인을 제공합니다.

어휘 **provide** 제공하다 **discounts** 할인 **whenever** ~할 때마다 **add** 추가하다 **additional** 추가적인 **additionally** 추가적으로, 게다가 **addition** 추가

6. 정답 **(B)**

해설 빈칸 앞에 정관사 the와 최상급을 나타내는 부사 most가 위치해 있고, 빈칸 뒤에 명사 news channels가 있으므로 빈칸은 이 명사를 수식하는 형용사 자리임을 알 수 있다. 따라서 (A)~(D) 중에 형용사인 (B) reliable이 정답이다.

해석 지난 10년간, Zenith News는 미국에서 가장 **믿을 수 있는** 뉴스 채널 중 하나로서 명성을 쌓아왔다.

어휘 decade 10년 reputation 평판 reliance 의존, 의지 reliable 믿을 수 있는 rely 의존하다, 의지하다 reliant 의존하는, 의지하는

7. 정답 **(D)**

해설 빈칸 앞에 부정관사 a와 비교급을 나타내는 부사 more이 위치해 있고, 빈칸 뒤에 명사 restaurant가 위치해 있으므로 빈칸은 이 명사를 수식하는 형용사 자리임을 알 수 있다. 따라서 (A)~(D) 중에 형용사인 (D) productive가 정답이다.

해석 만약 직원들이 매니저의 제안을 따른다면, 그것은 좀 더 **생산적인** 식당이라는 결과를 초래할 것이다.

어휘 suggestion 제안 result in 결과를 초래하다 productively 생산적으로 production 생산 produce 생산하다, 생산물 productive 생산적인

8. 정답 **(A)**

해설 동사 has been은 be동사의 현재완료시제이므로 be동사 뒤에 위치한 빈칸은 보어 자리인데, 빈칸 뒤에 명사 increase가 있으므로 이 명사가 보어임을 알 수 있다. 빈칸 앞에 부정어 no와 명사 increase가 위치해 있으므로 빈칸은 increase를 수식하는 형용사 자리이다. 따라서 (A)~(D) 중에서 형용사인 (A) significant가 정답이다.

해석 유사한 레스토랑이 개업한 이후로, 매출에 있어서 **상당한** 증가는 없었다.

어휘 since ~이후로 opening 개업 increase 증가 sales 매출, 판매 significant 상당한, 중대한 significantly 상당히, 중요하게 signification 의미 signify 의미하다, 나타내다

9. 정답 **(A)**

해설 빈칸에 들어가는 형용사는 magazine을 수식하는 단어이다. '잡지(magazine)'를 수식하기에 의미상 적절한 단어는 '월간의', '월마다의'라는 의미를 나타내는 형용사이므로 (A) monthly가 정답이다. qualified(자격이 있는)나 experienced(경험이 많은)는 사람 명사를 수식하는 형용사이므로 오답이며, missing은 '분실된'이라는 의미이므로 문맥에 어울리지 않는다.

해석 만약 저희의 **월간** 잡지를 구독하고 싶다면 하단의 링크를 클릭해 주세요.

어휘 below 하단의 would like to do ~하고 싶다 subscribe to ~을 구독하다 monthly 매월의, 월간의 qualified 자격이 있는 experienced 경험이 많은 missing 분실된

10. 정답 **(B)**

해설 빈칸에 들어가는 단어는 빈칸 뒤에 있는 명사 a security pass card(보안 출입 카드)를 목적어로 취해야 한다. 보기에 있는 단어들은 각각 get off는 '내리다', pick up은 '가져가다, 찾아가다', pass by는 '지나가다', set up은 '설치하다'라는 의미이므로 그 중에 '보안 출입 카드를 가져가야 한다'라는 의미가 가장 적절하다. 따라서 (B) pick up이 정답이다.

해석 정문에서, Allman Power Plant의 방문객들은 보안 출입 카드를 **가져 가야** 합니다.

어휘 front gate 정문 visitor 방문객 security 보안 get off 내리다 pick up 가져가다, 찾아가다 pass by 지나가다 set up 설치하다

Unit 3. 부사

부사는 동사를 수식한다!

유형 연습하기

정답

1. (B)　**2.** (A)　**3.** (A)　**4.** (B)

1. 정답 (B)

해설　빈칸은 be동사 is와 과거분사 supported 사이에 위치해 있는데, 수동태 「be+p.p.」라는 동사 덩어리 사이에는 부사가 위치할 수 있다. 따라서 부사인 (B) mainly가 정답이다.

해석　Wideway Productions는 공공 기부의 재정지원을 통해 **주로** 지원된다.

2. 정답 (A)

해설　빈칸 앞에 주어 Sally, 빈칸 뒤에 동사 answered가 위치해 있으므로, 빈칸은 동사를 수식하는 부사 자리임을 알 수 있다. 따라서 부사인 (A) swiftly가 정답이다.

해석　비록 면접이 짧았지만, Sally는 모든 질문에 **신속하게** 답변하였다.

3. 정답 (A)

해설　빈칸은 be동사 is와 과거분사 located 사이에 위치해 있는데, 수동태 「be+p.p.」라는 동사 덩어리 사이에는 부사가 위치할 수 있다. 따라서 부사인 (A) conveniently가 정답이다.

해석　저희의 서비스 센터는 지하철역 근처에 **편리하게** 위치해 있습니다.

4. 정답 (B)

해설　빈칸은 be동사 have been과 과거분사 designed 사이에 위치해 있는데, 수동태 「be+p.p.」라는 동사 덩어리 사이에는 부사가 위치할 수 있다. 따라

서 부사인 (B) specially가 정답이다

해석　이 가방들은 혹독한 기상 상태에서도 견딜 수 있도록 **특별히** 고안되었다.

부사는 형용사, 부사, 문장 전체를 수식한다!

유형 연습하기

정답

1. (B)　**2.** (A)　**3.** (B)　**4.** (A)

1. 정답 (B)

해설　빈칸 앞은 주어 this year's survey, 타동사 captures, 목적어 the students' opinions가 위치해 있어 문장 구조 성분이 모두 갖추어진 완전한 절임을 알 수 있다. 그래서 빈칸은 수식어 역할을 하므로 부사의 자리이다. 따라서 정답은 부사인 (B) accurately이다.

해석　작년의 설문조사와 비교하여, 이번 해의 설문조사는 학생들의 의견을 더 **정확하게** 반영한다.

2. 정답 (A)

해설　appointed는 chief financial officer를 수식하는 형용사이다. 빈칸은 형용사인 appointed를 수식해야 하므로 부사 자리이다. 따라서 정답은 (A) recently이다.

해석　Viking Industries는 **최근에** 임명된 재무 담당 이사를 소개했다.

3. 정답 (B)

해설　빈칸 뒤에 콤마가 있으므로 문장의 가장 앞이나 가장 뒤에서 문장 전체를 수식해주는 부사 자리임을 알 수 있다. 따라서 정답은 부사인 (B)

Occasionally이다.

해설 **때때로**, Burger Power는 그곳의 버거들의 가격을 반으로 줄인다.

4. 정답 (A)

해설 빈칸 뒤에 전치사구인 on the Internet이 위치해 있으므로 부사 자리인데, '오직 인터넷에서만'이라는 의미로 문맥상 자연스러운 의미를 나타내는 부사 (A) only가 정답이다. (B) highly는 '매우', '대단히'라는 의미로 부사나 형용사를 수식하는 부사이므로 빈칸에 어울리지 않는다.

해설 구매 시에 특가 판매로 구매하실 수 있지만, 오직 인터넷에서**만** 가능합니다.

최신 기출 POINT 09
혼동하기 쉬운 부사는 해석을!

유형 연습하기

정답

1. (A)   **2.** (A)   **3.** (B)   **4.** (A)

1. 정답 (A)

해설 빈칸은 목적어나 보어 모두 가지지 않는 1형식 동사 arrive 뒤에 위치하였으므로 수식어인 부사 자리임을 알 수 있다. late는 '늦게'라는 의미의 부사이며, lately는 '최근에'라는 의미의 부사이다. 문맥상 '늦게'라는 의미가 적합하므로 정답은 (A) late이다. lately는 미래시제와 함께 쓰이지 않는다.

해설 Davison 씨가 가장 이른 비행기를 타더라도 화요일 오후 컨퍼런스에 **늦게** 도착할 것이다.

2. 정답 (A)

해설 빈칸 앞에 소유격 his가 위치해 있고, 빈칸 뒤에 명사 personality가 위치해 있으므로 빈칸은 명사 personality를 수식하는 형용사 자리임을 알 수 있다. 따라서 보기 중에서 형용사인 (A) friendly가 정답이다.

해설 Welch 씨는 자신의 뛰어난 판매 기록을 그의 **친근한** 성격 덕분으로 본다.

3. 정답 (B)

해설 빈칸 앞에 be동사가 위치해 있고 빈칸 뒤에 형용사 possible이 위치해 있으므로 빈칸은 형용사 possible을 수식하는 부사 자리임을 알 수 있다. high는 '높이'라는 의미의 부사로 쓰이기도 하지만 문맥상 '매우, 아주'라는 의미가 적절하므로 (B) highly가 정답이다.

해설 협상은 곧 끝날 것이라서, 할로윈 이전에 합병이 될 가능성이 **매우** 높다.

4. 정답 (A)

해설 mostly는 '대개, 주로'라는 뜻으로써 반복을 의미하므로 현재시제와 함께 쓰인다. 문맥상 '거의 즉각 매진 되었다'라는 의미가 되어야 하므로 '거의'라는 의미의 부사 (A) almost가 정답이다.

해설 그 록 밴드의 지난 콘서트에 대한 티켓은 **거의** 즉각적으로 매진되었다.

기출 맛보기

정답

1. (C)   **2.** (A)   **3.** (B)   **4.** (C)   **5.** (C)
6. (C)   **7.** (D)   **8.** (A)   **9.** (D)   **10.** (D)

1. 정답 (C)

해설 빈칸 앞에 조동사 will이 위치해 있고, 빈칸 뒤에 동사 receive가 위치해 있으므로 빈칸은 부사 자리임을 알 수 있다. 따라서 (A)~(D) 중에서 부사인 (C) finally가 정답이다.

해설 20년 이상 지난 후에, Woodway 도서관은 **마침내** 오랫동안 기다렸던 보수공사를 받을 것이다.

어휘 **more than** ~이상 **long-awaited** 오랫동안 기다려 온 **renovation** 보수(공사) **final** 최종의 **finalize** 마무리 짓다 **finally** 마침내 **finalization** 마무리, 최종 승인

2. 정답 (A)

해설 빈칸 앞에 be동사 are가 위치해 있고 빈칸 뒤에 과거분사 fastened가 위치하여 「be + p.p.」 구조의 수동태임을 알 수 있다. 따라서 빈칸은 부사 자리이므로 (A)~(D) 중 부사인 (A) securely가 정

답이다.

해석 모든 사람의 안전벨트가 **안전하게** 매어졌는지 확인하세요.

어휘 make sure 확인하다 fasten 매다 securely 안전하게 security 경비, 보안 secure 안전한, 안심하는, 확보하다

3. 정답 (B)

해설 빈칸 앞에 주어 Prime Minister Kim이 위치해 있고 빈칸 뒤에 동사 answered가 위치해 있으므로 빈칸은 부사 자리임을 알 수 있다. 따라서 (A)~(D) 중 부사인 (B) hesitantly가 정답이다.

해석 국무총리 Kim은 몇몇 어려운 질문에 **망설이며** 대답하였다.

어휘 Prime Minister 수상, 총리 hesitate 망설이다 hesitantly 망설이며 hesitant 망설이는, 주저하는 hesitation 망설임, 주저함

4. 정답 (C)

해설 빈칸 앞에 be동사 was가 위치해 있고 빈칸 뒤에 주격보어인 형용사 successful이 위치해 있으므로 빈칸은 부사 자리임을 알 수 있다. 따라서 (A)~(D) 중 부사인 (C) surprisingly가 정답이다.

해석 몇 가지 문제가 있었지만, 강연은 **놀랍게도** 성공적이었다.

어휘 lecture 강연 surprised 놀란 surprise 놀라게 하다, 놀람 surprisingly 놀랍게도 surprising 놀라운

5. 정답 (C)

해설 빈칸 앞에 명사 the door가 위치해 있고 빈칸은 문장 맨 마지막 자리이다. 빈칸 앞에 위치한 if 부사절 I do not answer the door은 주어, 동사, 목적어가 갖추어진 완전한 절이기 때문에 빈칸은 수식어인 부사 자리임을 알 수 있다. 따라서 (A)~(D) 중 부사인 (C) immediately가 정답이다.

해석 만약 제가 문에 **즉시** 응답하지 않으면 문자를 보내주세요.

어휘 text message 문자 메시지 immediate 즉각적인 immediateness 즉각적임 immediately 즉각, 즉시 immediacy 직접성, 신속성

6. 정답 (C)

해설 빈칸은 to와 동사원형 사이에 위치하였으므로 부정사를 수식하기 위한 부사의 자리임을 알 수 있다. 따라서 (A)~(D) 중 부사인 (C) easily가 정답이다.

해석 새로운 제트 프린터를 **쉽게** 작동시키기 위해서, 설명서를 참고할 수 있습니다.

어휘 operate 작동시키다 refer to ~을 참고하다 instructions 매뉴얼, 설명서 ease 편안함 easily 쉽게

7. 정답 (D)

해설 전치사의 목적어 자리에는 「동명사 + 명사」가 들어갈 수 있는데, 빈칸은 동명사 attempting의 앞에 위치해 있다. 동명사를 수식하는 것은 부사이므로 빈칸은 부사 자리임을 알 수 있다. 따라서 (A)~(D) 중 부사인 (D) aggressively가 정답이다. 동명사는 형용사의 수식을 받지 않는다.

해석 **적극적으로** Alpha Industries를 인수하려 함으로써, Steele Devices는 사업을 확장하는 것을 기대하고 있다.

어휘 attempt 시도하다 acquire 인수하다 widen 확장하다, 넓히다 look to do ~하는 것을 기대하다 aggression 공격성 aggressiveness 공격적임 aggressive 공격적인 aggressively 공격적으로, 적극적으로

8. 정답 (A)

해설 빈칸 앞에 be동사 was가 위치해 있고 빈칸 뒤에 주격보어인 형용사 popular가 위치해 있으므로 빈칸은 부사 자리임을 알 수 있다. 따라서 (A)~(D) 중 부사인 (A) incredibly가 정답이다.

해석 영화 *Red Skies*는 이달 초에 **엄청나게** 인기가 있었다.

어휘 popular 인기 있는 incredibly 엄청나게 incredible 엄청난, 믿을 수 없는 incredibility 신용할 수 없음 incredibleness 믿을 수 없음

9. 정답 (D)

해설 동사 hires는 현재시제이므로 빈칸에 들어가는 단어는 현재시제와 잘 어울리는 부사가 되어야 한다. 현재시제는 반복 및 습관적인 행동을 나타낼 때 사

용하기 때문에 always(항상)가 현재시제와 가장 잘 어울린다. 따라서 정답은 (D) always이다.

해석 Sun Electronics 사는 뛰어난 의사소통 능력을 가진 사람들을 **항상** 채용한다.

어휘 hire 채용하다 amazing 놀라운 communication 의사소통 shortly 곧 perfectly 완벽하게, 완전하게 recently 최근에

10. 정답 **(D)**

해설 빈칸 앞에 be동사 was가 위치해 있고 빈칸 뒤에 주격보어인 형용사 popular와 quite를 수식하는 부사가 위치해 있으므로 빈칸은 부사 자리임을 알 수 있다. 따라서 문맥상 (A)~(D) 중에서 '아직, 여전히'라는 의미의 부사 (D) still이 정답이다. once 나 while은 그 뒤에 주어와 동사가 필요한 접속사이다. near은 전치사 또는 형용사로 쓰인다.

해석 문을 연 지 한 달이 지난 후에도, Oliver's Burgers 는 **여전히** 꽤 인기가 있었다.

어휘 once 일단 ~하면 while ~동안, 반면에 near 가까이에

Unit 4. 대명사(1)

최신 기출 POINT 10
주격은 주어 자리, 목적격은 목적어 자리, 그리고 소유격은 명사의 앞에 위치한다!

유형 연습하기

정답

1. (B) **2.** (B) **3.** (B) **4.** (B)

1. 정답 **(B)**

해설 빈칸은 to submit의 목적어인 명사 requests의 앞에 위치해 있으므로 명사의 앞에서 쓰일 수 있는 소유격 자리임을 알 수 있다. 따라서 소유격인 (B) their이 정답이다.

해석 교수들은 휴가를 위한 **그들의** 신청서를 제출하는 것이 요구된다.

2. 정답 **(B)**

해설 빈칸은 동사 can use의 앞이므로 주어 자리임을 알 수 있다. 따라서 주격 대명사인 (B) you가 정답이다.

해석 건물의 서쪽 끝에서, **당신은** 식당으로 향하는 계단을 이용할 수 있습니다.

3. 정답 **(B)**

해설 빈칸 앞에 전치사 to가 위치해 있고, 빈칸 뒤에 또다른 전치사구가 위치해 있으므로 빈칸은 전치사 to의 목적어 자리임을 알 수 있다. 전치사의 목적어는 대명사의 목적격이 위치해야 하므로 정답은 목적격인 (B) you이다.

해석 귀하의 호텔 예약 확인서는 **귀하에게** 3일 이내에 발송될 것입니다.

4. 정답 **(B)**

해설 빈칸은 명사 headquarters의 앞에 있으므로, 소유격 자리임을 알 수 있다. 따라서 소유격인 (B) its가 정답이다.

해석 Justinia Printing은 파리로 **그것의** 본사를 옮길 계획을 공식적으로 발표했다.

지시대명사와 부정대명사

유형 연습하기

정답

1. (B)　　**2.** (A)　　**3.** (A)　　**4.** (A)

---

1. 정답 **(B)**

해설　빈칸 앞에 접속사 and가 위치해 있고, 빈칸 뒤에 동사 should be가 위치해 있으므로 빈칸이 주어 자리임을 알 수 있다. 문맥상 빈칸에 들어갈 주어가 앞 문장의 복수명사 a few files를 가리키는 대명사이어야 하므로 복수명사를 대신해서 쓸 수 있는 (B) these가 정답이다.

해석　저는 몇몇의 파일들을 첨부하였으며, **이것들은** 신중하게 검토되어야 합니다.

---

2. 정답 **(A)**

해설　빈칸은 전치사 than의 목적어 자리인데 문맥상 주어인 The unemployment rate에 대한 대명사가 들어가야 한다. 따라서 'Eastville의 실업률'이라는 의미를 구성할 수 있도록 unemployment rate를 대신할 단수 대명사가 필요하므로 (A) that이 정답이다.

해석　Maxwell County의 실업률은 Eastville의 **그것보**다 더 낮다.

---

3. 정답 **(A)**

해설　빈칸은 부정관사 a와 형용사 black과 함께 쓰이는 명사 자리임을 알 수 있다. 문맥상 앞 문장에서 언급된 jacket이 들어가야 하는데, jacket과 동일한 종류의 하나를 가리켜야 하므로 (A) one이 정답이다. (B) it은 여기서 red jacket을 그대로 지칭하는 의미를 나타낸다.

해석　나는 내 빨간색 재킷을 입는 것이 지겨워서, 검은색을 **하나** 구입하는 것을 계획 중이다.

---

4. 정답 **(A)**

해설　빈칸은 주어 자리이며, 「of the 복수명사」와 함께

쓰일 수 있는 대명사가 들어가야 한다. 문장의 동사가 단수동사 keeps이므로 주어 또한 단수가 되어야 한다. 따라서 단수대명사인 (A) Each가 정답이다. (B) All은 복수명사와 쓰이면 복수대명사로 취급되므로 오답이다.

해석　인사부에 근무하는 **각** 직원들은 자신의 업무에 대한 일일 기록지를 작성한다.

재귀대명사와 소유대명사

유형 연습하기

정답

1. (B)　　**2.** (B)　　**3.** (B)　　**4.** (B)

---

1. 정답 **(B)**

해설　빈칸 앞에 주어 Professor Singh과 동사 conducted, 목적어 the research가 있어 완전한 절이 위치해 있음을 알 수 있다. 따라서 빈칸은 수식어인 부사 자리이므로 '직접'이라는 의미의 재귀대명사(강조용법)가 들어가는데, 주어가 3인칭 단수이므로 ourselves가 아닌 (B) himself가 정답이다.

해석　Singh 교수는 지하 하천에 관한 연구를 **직접** 수행했다.

---

2. 정답 **(B)**

해설　빈칸 앞에 위치한 be동사 is의 뒤에는 반드시 보어가 필요하다. 문맥상 해당 문장은 '그 카메라는 그의 것이 아니다'라는 의미가 되어야 하므로 '그의 것'이라는 의미를 나타내는 소유대명사 (B) his가 정답이다. him은 목적격으로, '그 카메라는 그가 아니다'라는 의미가 되므로 의미상 오류로 인해 오답이다.

해석　비록 Son 씨는 X200 카메라를 능숙하게 사용하지만, 그 카메라는 **그의 것**이 아니다.

---

3. 정답 **(B)**

해설　빈칸 앞에 전치사 for가 위치해 있으며, 빈칸에 들어갈 알맞은 대명사를 골라야 하는데, 빈칸에 들어

갈 대명사는 주어와 동일한 Mrs. Dixon을 지칭하는 재귀대명사가 되어야 한다. 따라서 (B) herself가 정답이다. 「for+재귀대명사(oneself)」는 '혼자 힘으로', '스스로'라는 의미를 나타낸다.

해석 Dixon 씨는 그 대학교에 있는 모든 건물의 설계도를 **혼자 힘으로** 구상했다.

4. 정답 (B)

해설 빈칸 앞에 타동사 preferred가 위치해 있으므로 빈칸이 목적어 자리임을 알 수 있다. 문맥상 해당 문장은 '그 이사는 나의 제안서를 선호했다'라는 의미가 되어야 하므로 '나의 것'이라는 의미를 나타내는 소유대명사 (B) mine이 정답이다.

해석 모든 팀원이 제안서를 제출했지만 그 이사는 **나의 것**을 선호했다.

기출 맛보기

정답

1. (A)	2. (C)	3. (A)	4. (C)	5. (D)
6. (B)	7. (A)	8. (A)	9. (C)	10. (A)

1. 정답 (A)

해설 빈칸 뒤에 동사 have obtained가 위치해 있으므로 빈칸은 주어 자리임을 알 수 있다. have obtained는 복수동사이므로 빈칸에 들어갈 주어는 복수이어야 한다. 따라서 (A)~(D) 중 복수 주격대명사인 (A) We가 정답이다.

해석 **저희는** 당신의 멤버쉽 취소를 위한 요청을 받았으며, 처리하였습니다.

어휘 obtain 얻다, 획득하다 process 처리하다 request 요청 cancellation 취소

2. 정답 (C)

해설 빈칸 앞에 전치사 with가 위치해 있고 빈칸 뒤에 형용사 financial과 명사 needs가 위치해 있으므로 financial needs가 전치사 with의 목적어임을 알 수 있다. 따라서 financial needs 앞에서 쓰일 수 있는 대명사는 소유격이므로 (C) your이 정답이다.

해석 저희는 **당신의** 재정적 요구를 도울 수 있어 기쁠

것입니다.

어휘 be glad to do ~하게 되어 기쁘다 financial 재정적인, 재정의 needs 요구

3. 정답 (A)

해설 빈칸 앞에 전치사 to가 위치해 있고 빈칸 뒤에 또 다른 전치사구가 위치해 있으므로 빈칸은 전치사의 목적어 자리임을 알 수 있다. 따라서 목적격 대명사인 (A) you가 정답이다.

해석 당신의 도서 주문 #5893을 확인해 주세요. 그것은 3월 5일에 **당신에게** 배송됐습니다.

어휘 order 주문(품) confirm 확인하다 ship 배송하다

4. 정답 (C)

해설 빈칸 앞에 위치한 be동사 is의 뒤에는 반드시 보어가 필요하다. 문맥상 해당 문장은 '그 책상 위에 있는 것은 나의 자동차 열쇠가 아니다'라는 의미가 되어야 하므로 '나의 것'이라는 의미를 나타내는 소유대명사 (C) mine이 정답이다. me는 목적격으로, '그 책상 위에 있는 것은 내가 아니다'라는 의미가 되므로 의미상 오류로 인해 오답이다.

해석 나는 나의 자동차 열쇠를 갖고 있어서, 책상 위에 있는 것은 **나의 것**이 아니다.

어휘 on ~의 위에

5. 정답 (D)

해설 빈칸 앞은 주어 Mr. Chen과 자동사 worked가 갖추어진 완전한 문장이 위치해 있으며, 빈칸 뒤에는 before 전치사구가 위치해 있으므로 빈칸은 수식어인 부사 자리임을 알 수 있다. 따라서 대명사 중에서 부사 역할을 할 수 있는 재귀대명사가 필요하므로 '직접'이라는 부사의 의미를 나타내는 재귀대명사 (D) himself가 정답이다.

해석 Chen 씨는 전문적인 도움을 요청하기 전에 **직접** 회사의 로고에 대해 작업을 하였다.

어휘 work on ~에 대해 작업을 하다 professional 전문적인

6. 정답 (B)

해설 빈칸은 전치사 to의 목적어 자리인데 문맥상 앞문장의 목적어 the trade figures에 대한 대명사가

들어가야 한다. the trade figures가 복수명사이므로 복수 대명사 (B) those가 정답이다. them은 빈칸 뒤의 of로 시작하는 전치사구의 수식을 받을 수 없는 대명사이므로 오답이다.

해석 보도 자료에서, Good Will Apparel 사의 회장은 국내 시장의 거래 수치들을 해외 시장의 **그것들**에 비교하였다.

어휘 **press release** 보도 자료 **president** 회장 **apparel** 의류 **compare A to B**: A를 B에 비교하다 **trade figure** 거래 수치 **domestic** 국내의 **overseas** 해외의

7. 정답 **(A)**

해설 빈칸에 들어갈 알맞은 대명사를 고르는 문제이다. 문맥상 the photocopier가 고장나면 '또 다른 것'으로 교체할 것이라는 내용이므로 '또 다른 것'을 의미하는 부정대명사 (A) another가 정답이다.

해석 만약 복사기가 한 달 이내에 고장 나면, **또 다른 것**으로 교환해 드리거나 전액 환불해 드릴 것입니다.

어휘 **photocopier** 복사기 **go out of order** 고장나다 **within** ~내에 **replace A with B**: A를 B로 교체하다 **provide** 제공하다 **full refund** 전액 환불

8. 정답 **(A)**

해설 visit 뒤에 to Beijing이 있는 것으로 보아 visit가 동사가 아닌 명사로 쓰인 것을 알 수 있다. 빈칸은 명사 visit의 앞이므로, 빈칸은 명사를 수식할 수 있는 소유격 자리임을 알 수 있다. 따라서 소유격 (A) my가 정답이다. 참고로 visit가 동사로 쓰이면 목적어를 가지는 타동사이므로 전치사 to 없이 visit 뒤에 바로 명사 목적어가 위치한다.

해석 Lee 씨에게 베이징으로의 **저의** 방문이 4월 20일로 지금 재조정되었다고 알려 주세요.

어휘 **visit to** ~로의 방문 **be reschedule for** ~로 일정이 재조정되다

9. 정답 **(C)**

해설 빈칸 앞에 주어 The Manager's Manual이 위치해 있고, 빈칸 뒤에는 명사 the best techniques가 위치해 있으므로 빈칸에 들어갈 알맞은 의미의 동사를 고르는 문제이다. 문맥상 주어 '매니저 설

명서'와 목적어 '최고의 기술들을'을 '상세하게 알리다'라는 의미로 연결하는 것이 적절하다. 따라서 (C) details가 정답이다.

해석 매니저 설명서는 직원들과의 갈등을 해결하기 위한 최고의 기술들을 **상세히 기술한다**.

어휘 **manual** 설명서 **technique** 기술 **resolve** 해결하다 **conflict** 갈등, 상충 **produce** 생산하다 **contact** 연락하다 **detail** 상세히 알리다[기술하다] **rent** 대여하다

10. 정답 **(A)**

해설 빈칸 앞에 전치사 in이 위치해 있으므로 전치사 in과 함께 쓰이는 적절한 의미의 명사를 고르는 문제이다. 문맥상 '한 달 전에 미리 티켓을 구매해야 한다'라는 의미가 되어야 하므로 '미리', '사전에'라는 의미를 나타내는 in advance가 쓰여야 한다. 따라서 정답은 (A) advance이다.

해석 회의에 참석하는 사람들은 한 달 전에 **미리** 티켓을 구매해야 합니다.

어휘 **attend** 참석하다 **purchase** 구매하다 **in advance** 미리 **early** 일찍 **rapid** 빠른 **quickly** 빨리, 빠르게

Unit 5. 대명사(2) (Part 6)

유형 연습하기

정답

1. (C)　　**2.** (C)　　**3.** (D)　　**4.** (B)

[1-4]

> 10월 31일
> Mark Yu
> 123 Dover Street
> PORTLAND
> A25 4JB
>
> Yu 씨에게,
>
> Portland Skateboards의 회장으로서, 저는 12월 25일 Regency 호텔 컨벤션 홀에서 열리는 *Flying Board Magazine*이 뽑은 올해의 스케이트보더 시상식에 **1. 당신을** 진심으로 초대하고 싶습니다. **2. 그것은 오후 6시 30분에 시작합니다.** 저녁 식사는 쇼의 초반에 **3. 제공될 것입니다.** 그리고 나서 시상식이 뒤따를 것입니다. 11월 11일까지 당신의 **4. 결정**을 저에게 알려주시기 바랍니다. 빠른 시일 내에 당신의 소식을 듣기를 바라겠습니다.
>
> 안녕히 계세요.
> Brady Miller

1. 정답 (C)

해설　빈칸에 들어갈 알맞은 대명사를 고르는 문제이다. 빈칸은 to부정사 to invite의 목적어 자리이므로 목적격 대명사가 들어가야 한다. 문맥상 편지를 받는 사람에게 시상식에 대한 초대를 하는 내용이므로, 수신인이 Mike Yu라는 사람 1명에게 보내는 것임을 알 수 있다. 따라서 정답은 편지의 수신인을 가리키는 (C) you이다.

2. 정답 (C)

해설　(A)~(D)에서 언급된 it은 문맥상 빈칸 앞에 언급된 '시상식(awards ceremony)'이기 때문에 빈칸에 시상식에 관한 세부내용을 알려주는 내용이 들어

가는 것이 적절하다. 따라서 (C)가 정답이다.

해석　(A) 그것은 며칠 전에 발송되었다.
　　　(B) 그것은 긍정적인 피드백을 받았다.
　　　(C) 그것은 오후 6시 30분에 시작한다.
　　　(D) 그것은 마침내 승인되었다.

3. 정답 (D)

해설　빈칸 앞에 주어 Dinner와 동사 will be가 위치해 있고, (A)~(D)가 모두 과거분사(p.p.) 형태이므로 will be와 함께 쓰이는 적절한 의미의 수동태가 되는 과거분사를 고르는 문제이다. 문맥상 '저녁 식사(dinner)가 제공될 것이다'라는 의미가 자연스러우므로 '제공하다'라는 의미의 동사 provide의 과거분사 형태인 (D) provided가 정답이다.

4. 정답 (B)

해설　빈칸 앞에 소유격 your가 위치해 있으므로 빈칸은 명사 자리임을 알 수 있다. 따라서 (A)~(D) 중 명사인 (B) decision이 정답이다.

기출 맛보기

정답

1. (A)　　**2.** (B)　　**3.** (A)　　**4.** (D)　　**5.** (A)
6. (A)　　**7.** (C)　　**8.** (C)

[1-4]

> 1월 21일
> Jimmy Stewart
> 789 Hope Lane Seattle,
> WA 98026
>
> Stewart 씨에게,
>
> 저는 당신에게 West Creek Industries와 함께 할 관리직을 제안하게 되어 기쁩니다. 업무는 2월 10일에 시작될 것입니다. **1. 동봉된** 서류에는 급여, 혜택 및 보험 관련 내용들이 적혀 있습니다.

면접 중에 논의했던 대로, 당신은 저희 의뢰인들에게서 온 이메일에 답변하는 일과 고객들에게서 온 질문을 처리하고, 저희 의뢰인에게서 온 불만 사항을 처리하는 일을 **2. 담당할** 것입니다.

당신이 서류에 적혀 있는 모든 것에 동의하시리라 생각합니다. **3. 가능한 한 빨리 그것에 서명하고 돌려주시기 바랍니다.** 저희는 확실히 들떠 있으며 우리가 **4. 서로** 함께 일하는 시간을 기대하고 있습니다.

안녕히 계세요.
Mark Chen
인사과

어휘 **managerial** 관리직의 **benefits** 복지혜택
insurance 보험 **complaint** 불만 **definitely**
확실히 **excited** 신난, 들뜬 **look forward to**
-ing ~하기를 기대하다

1. 정답 **(A)**

해설 빈칸 앞에 정관사 the가 위치해 있고 빈칸 뒤에 명사 document가 있으므로 빈칸은 명사 document를 수식하는 형용사 자리임을 알 수 있다. 의미상 '서류'(document)를 수식해야 하며, 이 서류는 편지와 함께 보내져야 하는 것이므로 '동봉된'이라는 의미를 나타내는 (A) enclosed가 정답이다.

어휘 **enclosed** 동봉된 **rising** 상승하는 **qualified**
자격이 있는 **educated** 교육 받은

2. 정답 **(B)**

해설 빈칸 뒤에 언급된 내용은 이메일 회신, 고객 질문 처리, 불만 처리를 언급하고 있으므로, 문맥상 편지 수신인이 담당하게 될 업무에 대해 설명하고 있음을 알 수 있다. 따라서 (A)~(D) 중 '~을 담당하여'라는 의미를 나타내는 (B) in charge of가 정답이다.

어휘 **on behalf of** ~을 대신하여 **in charge of** ~을
담당하여 **provided for** ~을 위해 제공된
in addition to ~에 더하여, 추가하여

3. 정답 **(A)**

해설 빈칸의 앞 문장은 서류에 적힌 것에 대해 상대방이 동의할 것이라고 생각한다는 내용이므로, 빈칸

에는 서류에 동의했을 때 하는 행동과 관련된 것이 들어가는 것이 문맥상 적절하다. 따라서 '서명해서 돌려 보내달라'는 내용의 (A)가 정답이다.

해석 (A) 가능한 한 빨리 그것에 서명하여 돌려주시기 바랍니다.
(B) 배달 문제가 있다면 저희에게 연락해주시기 바랍니다.
(C) 등록을 위해 저희 웹사이트를 방문해주시기 바랍니다.
(D) 당신의 이력서를 저희에게 보내주시기 바랍니다.

어휘 **sign** 서명하다 **return** 돌려주다, 회신하다
contact 연락하다 **delivery** 배달
registration 등록

4. 정답 **(D)**

해설 빈칸 앞에 위치한 working with에서 work with는 '~와 일하다'라는 의미의 표현이므로 빈칸에는 사람을 나타내는 대명사가 들어가야 한다. (A)~(D) 중 사람을 나타내는 대명사는 (C)와 (D)인데, (C)는 '아무도 ~아닌'이라는 부정대명사이므로 문맥상 적절하지 않다. (D)는 '서로'라는 의미이며, 빈칸에 들어가서 '서로 함께 일하다'라는 자연스러운 문맥이 완성되기 때문에 가장 적절하다. 따라서 (D) one another이 정답이다.

[5-8]

8월 31일

단골 고객님께,

이 편지는 **5. 귀하에게** 귀하의 신문 구독이 다음 달에 만료된다는 점을 알려드리기 위한 것입니다. 그래서, 최신의 깜짝 놀랄 만한 뉴스를 12개월 간 더 받으시기 위하여, 늦기 전에 가능한 한 빨리 갱신 신청을 해주시기 바랍니다. 또한, 향후 2주 동안 갱신하고자 하는 구독자들을 위한 **6. 한정** 할인이 있습니다.

만약 9월 15일 전에 갱신하신다면, 저희가 당신의 새로운 **7. 구독**에 2개월을 무료로 추가해드릴 것입니다! **8. 당신의 현재의 요금제를 연장하는 것은 간단합니다.** 수신자 부담 전화로 연락하시거나 더 많은 정보를 위해 직접 저희 홈페이지를 방문해 주시기 바랍니다.

안녕히 계세요.
Mark Smithsonian
www.whatsnew.com

어휘 subscription (정기) 구독 expire 만료되다
up-to-date 최신의 eye-opening 깜짝 놀랄
apply for ~을 신청하다 renewal 갱신 offer
(특정) 할인 subscriber 구독자 renew 갱신
하다 toll-free 수신자 부담의

5. 정답 (A)

해설 빈칸은 to부정사 to let의 목적어 자리이므로
(A)~(D) 중 목적어 역할을 할 수 있는 목적격 대
명사 (A) you가 정답이다.

6. 정답 (A)

해설 빈칸에 들어갈 알맞은 의미의 형용사를 고르는 문
제이다. 빈칸에 들어가는 단어는 명사 offer(할
인)를 수식하므로, 이를 수식하기에 적절한 어휘
는 '(기간) 한정의'라는 의미를 나타내는 것이므로
(A) limited가 정답이다.

어휘 limited 한정된 delayed 지연된 fallen 몰락한
shipped 배송된

7. 정답 (C)

해설 빈칸 앞에 소유격 your과 형용사 new가 위치해
있으므로 빈칸은 명사 자리임을 알 수 있다. 따라
서 (A)~(D) 중 동사 (D)가 오답으로 소거된다. 문
맥상 '당신의 새로운 -------에 무료로 2개월
을 추가할 것'이라는 의미가 되어야 하므로 사람
명사인 (A)와 (B)는 어울리지 않는다. 따라서 '당
신의 새로운 구독'이라는 의미가 되기 위해 (C)
subscription이 정답이다.

어휘 subscriber 구독자 subscription 구독
subscribe 구독하다

8. 정답 (C)

해설 빈칸 뒤에 '전화를 하거나 홈페이지를 방문하라'는
내용이 있으므로 빈칸에는 구독 갱신을 하는 것에
관련된 내용이 들어가야 한다. 명사 plan이 '서비
스의 요금제, 구독 방식'을 나타내므로 이와 함께
구독 갱신 관련 내용을 포함하는 (C)가 정답이다.

해석 (A) 저희는 현재 지원 가능한 몇 개의 일자리를 가
지고 있습니다.
(B) 당신의 물품들은 특급 우편으로 배송될 수 있
습니다.
(C) 당신의 현재의 요금제를 연장하는 것은 간단
합니다.
(D) 온라인 설문조사는 소중한 피드백을 제공합니
다.

어휘 currently 현재 available 이용 가능한 ship
배송하다 express mail 특급 우편 extend
연장하다 current 현재의 plan 요금제, 구독 방식
survey 설문조사 valuable 소중한, 귀중한

Unit 6. 동사의 종류

최신 기출 POINT 16
1형식/2형식 동사

유형 연습하기

정답

1. (A) **2.** (B) **3.** (A) **4.** (B)

1. 정답 (A)

해설 빈칸 뒤에 명사 목적어가 아닌 전치사 during으로 시작하는 전치사구가 위치해 있으므로 빈칸에 들어갈 동사는 자동사임을 알 수 있다. 따라서 (A), (B) 중 자동사인 (A) occur가 정답이다. cause는 타동사이므로 오답이다.

해석 그 농구팀의 결승전 동안 그 어떤 실수도 **발생해서는** 안된다.

2. 정답 (B)

해설 빈칸 뒤에 명사 목적어가 아닌 전치사 about으로 시작하는 전치사구가 위치해 있으므로 빈칸에 들어갈 동사는 자동사임을 알 수 있다. 따라서 (A), (B) 중 자동사인 (B) talk가 정답이다. discuss는 타동사이므로 오답이다.

해석 Gore 대통령은 지구 온난화의 부정적인 영향에 대해 **말할** 것이다.

3. 정답 (A)

해설 빈칸 뒤에 명사 목적어가 아닌 전치사 to로 시작하는 전치사구가 위치해 있으므로 빈칸에 들어갈 동사는 자동사임을 알 수 있다. 따라서 (A), (B) 중 자동사인 (A) respond가 정답이다. answer는 타동사이므로 오답이다.

해석 가능한 한 빨리 이 이메일에 **응답해주시기** 바랍니다.

4. 정답 (B)

해설 빈칸 앞에 현재시제 be동사 is가 위치해 있고 빈칸 뒤에 전치사 for가 위치해 있으므로 빈칸이 주격보어 자리임을 알 수 있다. 주격보어 자리에는 명사 또는 형용사가 위치할 수 있지만 빈칸 뒤에 있는 전치사 for와 함께 '~로 유명한'이라는 의미를 나타내는 형용사 (B) famous가 정답이다.

해석 부산은 엄청나게 맛있는 해산물로 **유명하다**.

최신 기출 POINT 17
3형식/4형식 동사

유형 연습하기

정답

1. (A) **2.** (A) **3.** (A) **4.** (A)

1. 정답 (A)

해설 빈칸 앞에 타동사 present가 위치해 있고 그 뒤 소유격 your이 위치해 있으므로 빈칸은 present의 목적어 자리임을 알 수 있다. 따라서 목적어로 쓰일 수 있는 명사 (A) identification이 정답이다.

해석 호텔에 투숙할 때 당신의 **신분증을** 제시해주세요.

2. 정답 (A)

해설 빈칸 앞에 타동사 includes가 위치해 있고 그 뒤에 부정관사 an이 위치해 있으므로 빈칸은 includes의 목적어 자리임을 알 수 있다. 따라서 목적어로 쓰일 수 있는 명사 (A) inspection이 정답이다.

해석 오일 교환 가격은 엔진 **점검을** 포함한다.

3. 정답 (A)

해설 빈칸 앞에 4형식 동사 show가 위치해 있고 빈칸 뒤에 show의 직접목적어인 a new exhibition이 위치해 있으므로 빈칸은 간접목적어 자리임을 알 수 있다. 간접목적어는 전치사 없이 쓰이므로 정답은 (A) you이다.

해석 현대 미술 박물관은 다음 달에 **여러분에게** 새로운 전시를 보여줄 것입니다.

4. 정답 (A)

해설 빈칸 앞에 4형식 동사 tell이 위치해 있고 그 뒤에 tell의 간접목적어인 me가 위치해 있으므로 빈칸은 직접목적어 자리임을 알 수 있다. 직접목적어는 전치사 없이 쓰이므로 정답은 (A) your address 이다.

해석 만약 당신이 나에게 **당신의 주소를** 말해 준다면, 저는 당신에게 선물을 보낼 것입니다.

최신 기출 POINT 18
5형식 동사

유형 연습하기

1. 정답 (A)

해설 빈칸 앞에 타동사 keep과 목적어 the confidential files가 위치해 있는데, keep은 5형식 동사이므로 빈칸은 목적격보어 자리임을 알 수 있다. keep은 목적격보어로 형용사를 취하여 '~을 …하게 보관하다/지키다'라는 의미를 나타내므로 (A), (B) 중 형용사인 (A) safe가 정답이다.

해석 당신은 그 기밀 파일들을 **안전하게** 보관해야 한다.

2. 정답 (A)

해설 빈칸 앞에 타동사 find의 과거형 found와 목적어 the questions가 위치해 있는데, find는 5형식 동사로 목적격보어 자리에 형용사를 취하여 '~을 ~하게 생각하다/여기다'라는 의미를 나타내므로 빈칸은 형용사가 들어가야 하는 목적격보어 자리임을 알 수 있다. 따라서 (A), (B) 중 형용사인 (A) difficult가 정답이다.

해석 Son 씨는 그 질문들이 대답하기에 **어렵다고** 생각했다.

3. 정답 (B)

해설 빈칸 앞에 타동사 leave와 목적어 the door이 위

치해 있는데, leave는 5형식 동사이므로 빈칸은 목적격보어 자리임을 알 수 있다. Leave는 목적격보어로 형용사를 취하여 '~을 …하게 두다/남겨놓다'라는 의미를 나타내므로 (A), (B) 중 형용사인 (B) open이 정답이다.

해석 당신이 사무실에 들어갈 때 그 문을 **열어** 두시기 바랍니다.

4. 정답 (B)

해설 빈칸 앞에 타동사 makes와 목적어 the presentation 이 위치해 있는데, make는 5형식 동사로, 목적격보어 자리에 형용사가 쓰이면 '~을 …하게 만들다'라는 의미를 나타낸다. 또한 빈칸 앞에 있는 부사 more의 수식을 받아야 하므로 빈칸은 형용사 자리임을 알 수 있다. 따라서 정답은 형용사인 (B) understandable이다.

해석 이 차트는 그 발표를 더욱 **이해하기 쉽게** 만든다.

기출 맛보기

1. 정답 (A)

해설 빈칸에 들어갈 알맞은 동사를 고르는 문제이다. 빈칸 뒤에 명사 the workshop이 위치해 있으므로 빈칸은 the workshop을 목적어로 취할 수 있는 타동사 자리임을 알 수 있다. 따라서 (A)~(D) 중에 '~에 참석하다'라는 의미의 타동사 (A) attend 가 정답이다. participate는 전치사 in과 함께 '~에 참가하다'라는 의미를 나타낼 수 있는 자동사이다.

해석 직원들은 적어도 1년에 2번 워크숍에 **참석해야** 한다.

어휘 **at least** 최소 **twice** 두 번, 2회 **attend** ~에 참석하다 **participate** 참석하다 **make** 만들다 **put** 놓다, 두다

2. 정답 (B)

해설 빈칸에 들어갈 알맞은 동사를 고르는 문제이다. 빈

칸 뒤에 명사 the manual이 위치해 있고 그 뒤에 접속사 before와 부사절이 이어지고 있으므로 빈칸은 the manual을 목적어로 취하는 타동사 자리임을 알 수 있다. 따라서 (A)~(D) 중 타동사인 (B) read가 정답이다.

해석 당신이 컴퓨터에 소프트웨어를 설치하기 전에 사용 설명서를 **읽어 보길** 바랍니다.

어휘 manual 사용 설명서 install 설치하다 onto ~(위)로, ~쪽으로

3. 정답 (C)

해설 빈칸 앞에 주어 you가 위치해 있고 빈칸 뒤에 전치사 to로 시작하는 전치사구가 위치해 있으므로 빈칸은 목적어를 가지지 않는 자동사 자리임을 알 수 있다. 따라서 (A)~(D) 중에 자동사인 (C) speak가 정답이다.

해석 당신이 사람들에게 **말할** 때, 다가오는 콘서트를 언급하는 것을 기억하세요.

어휘 remember to do ~할 일을 기억하다 mention 언급하다 upcoming 다가오는 crowd 사람들, 군중, 무리

4. 정답 (A)

해설 빈칸 앞에 타동사 submit과 소유격 their, 형용사 monthly가 위치해 있으므로 빈칸은 their monthly의 수식을 받으면서 타동사 submit의 목적어 역할을 할 명사 자리임을 알 수 있다. 따라서 (A)~(D) 중에 (A), (D)가 명사인데, 문맥상 '그들의 월간 보고서들을 제출해야 한다'라는 의미가 자연스러우므로 정답은 '보고서'를 의미하는 (A) reports가 정답이다.

해석 다음주 수요일까지, 모든 직원들은 그들의 월간 **보고서들을** 제출해야 한다.

어휘 submit 제출하다 monthly 월간의 report 보고(서) reportable 보고할 수 있는 reportedly 전하는 바에 따르면 reporter 기자, 리포터

5. 정답 (B)

해설 빈칸 앞에 be동사의 현재시제 are와 부사 completely가 위치해 있으므로, 빈칸은 be동사 뒤에 위치해야 하는 주격보어 자리임을 알 수 있

다. 따라서 (A)~(D) 중 '환불 가능한'이라는 의미를 나타내는 (B) refundable이 정답이다. 주격보어 자리에 명사가 위치할 수 있지만 refunds(환불)라는 명사가 빈칸에 위치할 경우 '티켓들은 환불이다'라는 의미가 되어 문장의 의미가 어색해지므로 (A), (C)는 오답이다.

해석 1월 10일 오후 6시까지, 잠실 경기장에서의 농구 경기를 위해 구매된 티켓들은 완전히 **환불 가능합 니다**.

어휘 until ~까지 purchase 구매하다 completely 완전히, 전적으로 refund 환불(하다) refundable 환불 가능한

6. 정답 (C)

해설 빈칸 앞에 주어 The people of Oak Town과 be 동사와 수식어인 부사 enthusiastically가 위치해 있고, 빈칸 뒤에 for로 시작하는 전치사구가 위치해 있으므로 be동사 are와 함께 현재진행시제를 나타낼 동사의 -ing 형태를 고르는 문제이다. 빈칸 뒤에 전치사 for와 함께 쓰여야 하므로 빈칸에 들어갈 단어는 자동사의 -ing 형태가 되어야 한다. 따라서 정답은 자동사 wait의 -ing인 (C) waiting이다. await, expect는 타동사이며, run은 '~을 운영하다'라는 의미를 나타낼 때 타동사로 쓰인다.

해석 Oak Town의 사람들은 그 카페를 열정적으로 **기 다리고 있는데**, 그것은 그 슈퍼마켓을 대체할 것이다.

어휘 enthusiastically 열정적으로 replace 대체하다, 대신하다 await ~을 기다리다 expect ~을 기대하다 run ~을 운영하다

7. 정답 (B)

해설 빈칸에 들어갈 단어의 알맞은 형태를 고르는 문제이다. 빈칸 앞에 타동사 make와 목적어 every shareholder가 위치해 있는데, make는 5형식 동사로, 목적격보어 자리에 형용사가 쓰이면 '~을 …하게 만들다'라는 의미를 나타낸다. 따라서 빈칸은 목적격보어 자리로, 형용사가 들어가야 한다. (A)~(D) 중 목적어인 every shareholder가 만족을 느끼게 만든다는 의미를 나타내는 (B) satisfied(만족한)가 정답이다.

해석 그 회사의 CEO로서, Hendricks 씨는 모든 주주

들을 **만족하게** 만들어야 한다.

어휘 shareholder 주주 satisfy 만족시키다
satisfied 만족한, 만족을 느낀 satisfaction
만족 satisfyingly 만족시킬 만큼

8. 정답 (D)

해설 빈칸 앞에 be동사의 과거형 was와 부사 very가
위치해 있고 빈칸 뒤에 전치사 with로 시작하는 전
치사구가 위치해 있으므로 빈칸은 주격보어로서
전치사 with와 함께 쓰이는 단어가 들어가야 한다
는 것을 알 수 있다. 따라서 (A)~(D)에서 주격보
어로 쓰일 수 있는 형용사인 (D) helpful이 정답이
다.

해석 Goulding 씨는 현지 업체들을 외국 투자자들에게
연결시키는 일에 매우 **도움이 되었다**.

어휘 connect A to B: A를 B에 연결시키다 local
현지의, 지역의 business 업체, 사업 foreign
외국의 investor 투자자 help 도움, 돕다
helpful 도움이 되는

9. 정답 (A)

해설 빈칸에 들어갈 알맞은 의미의 동사를 고르는 문제
이다. 빈칸 뒤에 위치한 명사 a speech는 '연설'이

라는 의미이므로 이 명사와 함께 쓰여 '연설을 하
다'라는 의미를 나타내는 동사 (A) give가 정답이
다. give는 4형식 동사이면서 3형식 동사로도 사
용된다. 특히 give a speech와 같은 숙어 표현에
서는 3형식 동사로 쓰인다.

해석 HJ Motors의 CEO가 오늘 자선 오찬 중에 연설을
할 것입니다.

어휘 give a speech 연설하다 benefit 자선행사
luncheon 오찬 warn 경고하다, 주의를 주다
participate 참여하다 talk 말하다

10. 정답 (A)

해설 빈칸에 들어갈 알맞은 의미의 동사를 고르는 문
제이다. 빈칸 뒤에 위치한 목적어가 a best-
selling book이므로 (A)~(D) 중 '출간하다'라는
의미를 나타내는 타동사 publish의 과거형 (A)
published가 정답이다.

해석 로스앤젤레스로 돌아온 후에, John Kim 씨는 그
의 여행에 관한 베스트셀러 책을 **출간했다**.

어휘 return 돌아옴, 귀환 best-selling
베스트셀러의, 가장 잘 팔리는 journey 여행
publish 출간하다 process 처리하다 place
놓다, 두다 pack 포장하다, 챙기다

Unit 7. 수일치

최신 기출 POINT 19
주어가 단수명사면,
동사도 단수동사로 맞춘다.

유형 연습하기

정답

1. (B) **2.** (A) **3.** (A) **4.** (A)

1. 정답 (B)

해설 빈칸 앞에 위치한 주어 Carmelo Anthony는 단
수명사이므로 동사 또한 단수동사가 쓰여야 한다.
따라서 (A), (B) 단수동사 has로 시작하는 (B)
has announced가 정답이다.

해석 Carmelo Anthony 씨는 올림픽 농구팀에서의 은
퇴를 발표했다.

2. 정답 (A)

해설 빈칸 앞에 정관사 the가 위치해 있으므로 빈칸
은 명사 자리이며, 문장의 주어 자리임을 알 수 있
다. 빈칸 뒤에 수식어인 전치사구를 제외하고 동사

has been met이 위치해 있는데, 이는 단수동사 형태이므로 주어 또한 단수명사이어야 한다. 따라서 단수명사인 (A) goal이 정답이다.

해석 이번 달 모금 행사에 대한 **목표는** 충족되었다.

3. 정답 (A)

해설 빈칸 앞에 위치한 주어 The Modern Music Museum은 고유명사로서 단수명사이므로 동사 또한 단수동사가 쓰여야 한다. 따라서 단수동사인 (A) was가 정답이다.

해석 현대 음악 박물관은 한 유명한 건축가에 의해 1905년에 **설계되고 지어졌다.**

4. 정답 (A)

해설 빈칸 앞에 위치한 주어 Samic Electronics는 복수형으로 혼동하기 쉽지만 고유명사로서 단수명사로 취급된다. 따라서 동사 또한 단수동사가 쓰여야 하므로 단수동사인 (A) provides가 정답이다.

해석 Samic Electronics는 각 직원들에게 업무 용도로 회사 스마트폰을 **제공한다.**

최신 기출 POINT 20
주어가 복수명사면, 동사도 복수동사로 맞춘다.

유형 연습하기

정답
1. (A) **2.** (B) **3.** (A) **4.** (A)

1. 정답 (A)

해설 빈칸 앞에 위치한 전치사구 for yoga와 과거분사구 used at Health and Wellness Fitness는 그 앞에 위치한 주어 Old instructional videos를 수식하는 수식어이므로, 빈칸에 들어갈 동사는 복수명사인 주어에 맞춰야 한다. 따라서 복수동사인 (A) are가 정답이다.

해석 Health and Wellness Fitness에서 사용된, 요가를 위한 오래된 교육용 비디오들은 창고실에 **있다.**

2. 정답 (B)

해설 빈칸 앞에 위치한 전치사구 from New Way Logistics는 그 앞에 위치한 주어 Managers를 수식하는 수식어이므로, 빈칸에 들어갈 동사는 복수명사인 주어에 맞춰야 한다. 따라서 복수동사인 (B) appreciate가 정답이다.

해석 New Way Logistics 사의 관리자들은 이번 주말 동안 추가된 근무시간에 관련하여 직원들의 협조에 **감사해한다.**

3. 정답 (A)

해설 빈칸 앞에 위치한 전치사구 for the town concert는 그 앞에 위치한 주어 Auditions를 수식하는 수식어이므로, 빈칸에 들어갈 동사는 복수명사인 주어에 맞춰야 한다. 따라서 복수동사인 (A) are가 정답이다.

해석 시의 콘서트를 위한 오디션이 아마추어 음악가를 대상으로 열리고 **있다.**

4. 정답 (A)

해설 빈칸 앞에 정관사 the가 위치해 있으므로 빈칸은 명사 자리이며, 문장의 주어 자리임을 알 수 있다. 빈칸 뒤에 수식어인 전치사구를 제외하고 동사 are being sent가 위치해 있는데, 이는 복수동사 형태이므로 주어 또한 복수명사이어야 한다. 따라서 복수명사인 (A) pamphlets가 정답이다.

해석 올해의 컨벤션을 위한 **팸플릿**이 지역 카페로 보내지고 있다.

최신 기출 POINT 21
조동사 뒤와 명령문에는 항상 동사원형이 위치한다.

유형 연습하기

정답
1. (B) **2.** (B) **3.** (B) **4.** (B)

1. 정답 (B)

해설 빈칸 앞에 Please가 위치해 있고, 주어가 없으므로 명령문임을 알 수 있다. 명령문은 동사원형으로 시작되므로 동사원형 (B) click이 정답이다.

해석 저희의 월간 잡지를 구독하고 싶으시면 하단의 하이퍼링크를 **클릭하세요**.

2. 정답 (B)

해설 빈칸 앞에 조동사 will이 위치해 있고, 빈칸 뒤에 목적어 500 schools가 위치해 있으므로 빈칸은 동사원형 자리임을 알 수 있다. 따라서 동사원형인 (B) provide가 정답이다.

해석 Lee 대통령은 향후 5년동안 500개 학교에 무료 점심을 **제공할 것이다**.

3. 정답 (B)

해설 빈칸에 들어갈 동사 complete의 알맞은 형태를 고르는 문제이다. 빈칸 뒤에 목적어로 쓰이는 명사 the application form이 위치해 있고 그 뒤에 전치사구 in advance가 위치해 있고, 그 뒤에 부사절이 이어져 있으므로, 빈칸이 포함된 문장은 주어 없이 동사원형으로 시작하는 명령문임을 알 수 있다. 따라서 동사원형 (B) Complete가 정답이다.

해석 이번 달 컨퍼런스에 참석하고 싶다면, 미리 신청서를 **작성하세요**.

4. 정답 (B)

해설 빈칸 앞에 조동사 will이 위치해 있고, 빈칸 뒤에 목적어 important information이 위치해 있으므로 빈칸은 동사원형 자리임을 알 수 있다. 따라서 동사원형인 (B) share가 정답이다.

해석 다음 직원 회의에서 그 관리자는 마케팅팀과 중요한 정보를 **공유할 것이다**.

기출 맛보기

정답				
1. (B)	2. (A)	3. (B)	4. (B)	5. (B)
6. (C)	7. (D)	8. (A)	9. (A)	10. (D)

1. 정답 (B)

해설 빈칸에 들어갈 알맞은 동사를 고르는 문제이다. 빈칸 앞에 위치한 주어 AR Media's earnings는 복수명사이므로 빈칸은 복수동사 자리이다. 또한 빈칸 뒤에 위치한 higher는 형용사 high의 비교급이므로 higher가 주격보어로 쓰였음을 알 수 있다. 따라서 빈칸은 2형식 자동사의 복수형이 들어가야 하므로 (B) were가 정답이다. have는 3형식 동사이기 때문에 뒤에 명사 목적어를 취해야 한다.

해석 최근 연례 보고서에서, AR Media의 수입은 사람들이 예상한 것보다 **높았다**.

어휘 annual report 연례보고서 earning 수입 predict 예상하다

2. 정답 (A)

해설 빈칸에 들어갈 동사 allow의 알맞은 형태를 고르는 문제이다. 주어 The new Tanaka hard drives는 복수명사이므로 빈칸에 들어갈 동사 또한 복수동사가 되어야 한다. 따라서 복수동사 (A) have allowed가 정답이다.

해석 새로운 Tanaka 하드 드라이브는 영화 파일을 다운로드할 더 많은 공간을 **허용하였다**.

어휘 space 공간 allow 허락하다, 허가하다

3. 정답 (B)

해설 빈칸에 들어갈 알맞은 동사를 고르는 문제이다. 빈칸 앞에 위치한 전치사구 of Operations는 그 앞에 위치한 주어 The new Vice President를 수식하는 수식어이므로 빈칸에 들어갈 동사는 단수명사인 주어에 맞춰서 단수동사이어야 한다. 따라서 (A)~(D) 중에서 단수동사인 (B) is가 정답이다.

해석 새로운 운영 부회장은 Jordan Smith가 될 것으로 예상**된다**.

어휘 be expected to do ~할 것으로 예상되다

4. 정답 (B)

해설 빈칸에 들어갈 알맞은 동사를 고르는 문제이다. 빈칸 앞에 위치한 전치사구 for a schedule change는 그 앞에 위치한 주어 Your request를 수식하는 수식어이므로 빈칸에 들어갈 동사는 단수명사인 주어에 맞춰서 단수동사이어야 한다. 빈칸 뒤에 be동사의 과거분사 been이 위치해 있으므로 be동사인 (C) is는 문법적인 오류로 인해 위

치할 수 없다. 따라서 has been p.p. 형태로 현재완료 수동태를 나타낼 수 있는 (B) has가 정답이다.

해석 일정 변경을 위한 당신의 요청은 인사과로 **보내졌습니다**.

어휘 request 요청 schedule change 일정변경

5. 정답 (B)

해설 빈칸에 들어갈 be동사의 알맞은 형태를 고르는 문제이다. 빈칸 앞에 위치한 주어 both dark chocolate and milk chocolate은 2가지를 언급하므로 복수명사이다. 따라서 빈칸에 들어갈 동사는 복수동사가 되어야 하므로 (B) were가 정답이다.

해석 야시장에서, 다크초콜릿과 밀크초콜릿 둘 다 판매 **되었다**.

어휘 both A and B: A와 B 둘 다

6. 정답 (C)

해설 빈칸 앞에 please가 위치해 있고, 주어가 없으므로 명령문임을 알 수 있다. 명령문은 동사원형으로 시작되므로 동사원형 (C) present가 정답이다.

해석 호텔에 투숙할 때, 예약 정보를 **제시해주세요**.

어휘 check into ~에 투숙하다 reservation 예약 present 제시하다

7. 정답 (D)

해설 빈칸에 들어갈 동사 prevent의 알맞은 형태를 고르는 문제이다. 빈칸 앞에 위치한 전치사구 for the past two months는 그 앞에 위치한 주어 Heavy rains를 수식하는 수식어이므로 빈칸에 들어갈 동사는 복수명사인 주어에 맞춰서 복수동사이어야 한다. 따라서 (A)~(D) 중에서 복수동사인 (D) have prevented가 정답이다.

해석 지난 두 달 간의 폭우는 공무원들이 99번 고속도로를 재개통하는 것을 **막았다**.

어휘 heavy rains 폭우 past 지난 officials 공무원들 reopen 재개통하다 prevent A from B: A가 B하는 것을 막다, 못하게 하다

8. 정답 (A)

해설 빈칸에 들어갈 동사의 알맞은 형태를 고르는 문제

이다. 빈칸 앞에 위치한 주어 The article은 단수명사이므로 빈칸에 들어갈 동사는 단수동사이어야 한다. 따라서 (A)~(D) 중에서 단수동사인 (A) was가 정답이다.

해석 그 기사는 자동차의 자세한 역사를 제공하기 위해 신중하게 **쓰였다**.

어휘 article 기사 detailed 자세한 history 역사

9. 정답 (A)

해설 빈칸에 들어갈 단어 differ의 알맞은 품사 형태를 고르는 문제이다. 빈칸 앞에 위치한 for renting a vehicle과 slightly가 수식어이므로, 그 앞에 있는 Age requirements가 주어이고, 빈칸은 동사 자리임을 알 수 있다. 주어가 복수명사이므로 동사 또한 복수동사가 필요하기 때문에 복수동사인 (A) differ가 정답이다.

해석 차량을 대여하기 위한 나이 제한은 회사마다 조금씩 **다르다**.

어휘 age requirement 나이 제한 vehicle 차량 slightly 미세하게, 조금씩 differ 다르다 different 다른 difference 차이, 다른 점

10. 정답 (D)

해설 have been과 함께 현재완료진행시제로 쓰일 알맞은 동사의 -ing 형태를 고르는 문제이다. 빈칸 뒤에 전치사 about이 있으므로, (A)~(D) 중에서 자동사 complain의 -ing 형태인 (D) complaining이 정답이다. 문맥상 '밤에 개가 짖는 것에 대해 불만을 제기해오고 있다'라는 의미를 나타내므로 빈칸에 가장 적절하다.

해석 이웃들은 야간에 개 짖는 소리에 대해 **불만을 제기해오고 있다**.

어휘 neighbor 이웃 bark 짖다 admire 존경하다 praise 칭찬하나 promise 약속하다 complain 불만을 제기하다

Unit 8. 시제

최신 기출POINT 22
현재시제와 과거시제

유형 연습하기

정답
1. (A) **2.** (B) **3.** (A) **4.** (B)

1. 정답 **(A)**

해설 빈칸에 들어갈 동사 implement의 알맞은 시제를 고르는 문제이다. 문장 맨 뒤에 위치한 전치사구 at the beginning of every month를 통해 implement라는 동작이 매달 초에 반복적으로 일어난다는 것을 알 수 있으므로 반복과 습관을 나타내는 현재시제인 (A) implements가 정답이다.

해석 Nanosoft는 매달 초에 최신의 보안 패키지를 **시행한다**.

2. 정답 **(B)**

해설 빈칸에 들어갈 동사 host의 알맞은 시제를 고르는 문제이다. 문장 맨 뒤에 위치한 부사 last month를 통해 host라는 동작이 과거에 일어났다는 것을 알 수 있으므로 과거시제인 (B) hosted가 정답이다.

해석 Red Star Industries는 지난 달에 콘서트를 **주최했다**.

3. 정답 **(A)**

해설 빈칸에 들어갈 동사 run의 알맞은 시제를 고르는 문제이다. 문장 맨 뒤에 위치한 전치사구 및 부사 for twelve hours a day now를 통해 run이라는 동작이 하루에 12시간씩 현재 반복적으로 이루어지고 있다는 것을 알 수 있으므로 현재시제 (A) runs가 정답이다.

해석 Redwood Company의 고객 서비스는 현재 하루에 12시간 동안 **운영한다**.

4. 정답 **(B)**

해설 빈칸에 들어갈 동사 attend의 알맞은 시제를 고르는 문제이다. 빈칸 뒤에 위치한 부사 last week를 통해 attend라는 동작이 과거에 일어났다는 것을 알 수 있으므로 과거시제인 (B) attended가 정답이다.

해석 Martin 씨는 지난 주 그녀가 시카고에서 **참석했던** 취업 박람회에 대해서 이야기할 것이다.

최신 기출POINT 23
미래시제

유형 연습하기

정답
1. (B) **2.** (B) **3.** (A) **4.** (A)

1. 정답 **(B)**

해설 빈칸에 들어갈 동사 talk의 알맞은 시제를 고르는 문제이다. 문장 앞에 위치한 부사 Tomorrow를 통해 talk라는 동작이 미래에 일어날 것임을 알 수 있으므로 미래시제인 (B) will talk가 정답이다.

해석 내일, 시의 공무원들과 환경운동가들은 열대 우림의 보호에 관해 **이야기할 것이다**.

2. 정답 **(B)**

해설 빈칸에 들어갈 동사 begin의 알맞은 시제를 고르는 문제이다. 빈칸 뒤에 위치한 부사 next week를 통해 begin이라는 동작이 미래에 일어날 것임을 알 수 있으므로 미래시제인 (B) will begin이 정답이다.

해석 Smith 고등학교는 다음 주에 Fountain Park에서 학교 앞까지 버스를 운영하는 것을 **시작할 것이다**.

3. 정답 (A)

해설 빈칸에 들어갈 수동태 be delayed의 알맞은 시제를 고르는 문제이다. 빈칸 뒤에 위치한 전치사구 until further notice를 통해 be delayed라는 동작이 미래에 일어날 것임을 알 수 있으므로 미래시제인 (A) will be delayed가 정답이다.

해석 최근의 가격 변동 때문에, 모든 유기농 제품의 구매는 추후 통보가 있을 때까지 **연기될 것이다**.

4. 정답 (A)

해설 빈칸에 들어갈 동사 discuss의 알맞은 시제를 고르는 문제이다. 문장 앞에 위치한 부사 Next Saturday를 통해 discuss라는 동작이 미래에 일어날 것임을 알 수 있으므로 미래시제인 (A) will discuss가 정답이다.

해석 다음주 토요일에, 우리는 부서의 새로운 마케팅 계획을 **논의할 것이다**.

최신 기출 POINT 24
현재완료시제

유형 연습하기

정답

1. (B)　　**2.** (A)　　**3.** (A)　　**4.** (B)

1. 정답 (B)

해설 빈칸에 들어갈 동사 have의 알맞은 시제를 고르는 문제이다. 빈칸 앞에 has가 있고, 부사 just가 있는 것으로 보아 「have p.p.」 형태로 '막 ~했다'라는 의미의 완료 용법을 나타내는 현재완료시제가 쓰였음을 알 수 있다. 따라서 빈칸은 과거분사(p.p.) 자리이므로 have의 p.p. 형태 (B) had가 정답이다.

해석 총괄 매니저인 Steve Kerr는 수석 코치직을 위한 두 명의 후보자들과 막 면접을 **하였다**.

2. 정답 (A)

해설 빈칸에 들어갈 알맞은 부사를 고르는 문제이다. 빈

칸 앞과 뒤에 has been updated가 위치해 있으므로 빈칸은 현재완료시제와 함께 쓰이는 부사의 자리임을 알 수 있다. 따라서 '최근에'라는 의미로 현재완료시제와 함께 자주 쓰이는 부사 (A) recently가 정답이다. previously는 과거시제와 함께 쓰이는 부사이다.

해석 저희의 전화번호부는 대단히 많은 수의 신입 직원들 때문에 **최근에** 업데이트 되었습니다.

3. 정답 (A)

해설 빈칸에 들어갈 동사 increase의 알맞은 시제를 고르는 문제이다. 문장 앞에 전치사구 over the last six months를 통해 increase라는 동작이 6개월 전 과거부터 지금까지 계속해서 일어난 것임을 알 수 있으므로 현재완료시제인 (A) has increased가 정답이다.

해석 지난 6개월 동안, 신문의 구독자 수가 거의 50퍼센트나 **증가해왔다**.

4. 정답 (B)

해설 빈칸에 들어갈 수동태 be made의 알맞은 시제를 고르는 문제이다. 문장의 맨 뒤에 위치한 전치사구 since 2015를 통해 be made라는 동작이 과거시점인 2015년부터 지금까지 계속해서 일어난 것임을 알 수 있으므로 현재완료시제인 (B) has been made가 정답이다.

해석 2015년 이후로 터치 스크린 기술의 개발에 대한 크나큰 기여가 Sun Tech Logistics에 의해 **이루어져왔다**.

기출 맛보기

정답

1. (D)　　**2.** (C)　　**3.** (D)　　**4.** (A)　　**5.** (B)

6. (A)　　**7.** (A)　　**8.** (A)　　**9.** (A)　　**10.** (C)

1. 정답 (D)

해설 빈칸에 들어갈 알맞은 부사를 고르는 문제이다. 빈칸 뒤에 동사 comes의 시제가 현재시제이므로 빈칸은 현재시제와 어울리는 부사의 자리임을 알 수 있다. 따라서 '보통', '대개'라는 의미로 현재의 습

관, 반복의 행위를 나타내는 부사 (D) usually가
정답이다.

해석 Strong 씨는 **보통** 오후 1시에 사무실에 온다.

어휘 previously 이전에 recently 최근에 lately
최근에 usually 보통, 대개

2. 정답 (C)

해설 빈칸에 들어갈 동사 produce의 알맞은 시제를
고르는 문제이다. 문장 앞에 위치한 부사 About
half a century ago를 통해 produce라는 동작
이 과거에 일어났다는 것을 알 수 있으므로 과거시
제인 (C) produced가 정답이다.

해석 약 50년전에, Fine Motors는 하루에 거의 200대
의 자동차를 **생산하였다**.

어휘 about 약, 대략 half 절반 century 100년,
1세기 ago ~전에 nearly 거의 produce
생산하다

3. 정답 (D)

해설 빈칸에 들어갈 동사 publish의 알맞은 시제를 고
르는 문제이다. 문장 뒤에 위치한 부사 recently를
통해 publish라는 동작이 현재시점과 가까운 시점
에 완료되었다는 것을 알 수 있으므로 현재완료시
제인 (D) has published가 정답이다.

해석 대기 오염에 관한 우려에 집중하기 위해서, Green
Air 협회는 최근에 보고서를 **발간했다**.

어휘 focus on ~ 에 집중하다 concerns 걱정, 우려
pollution 오염 organization 협회, 조직, 단체

4. 정답 (A)

해설 빈칸에 들어갈 동사 manufacture의 알맞은 시
제를 고르는 문제이다. 문장 앞에 전치사구 For
over 25 years를 통해 manufacture라는 동작이
25년이 넘는 과거부터 지금까지 계속해서 일어난
것임을 알 수 있으므로 현재완료시제인 (A) has
manufactured가 정답이다.

해석 25년 이상 동안, SWI Motors는 최고 품질의 세단
을 **제조해오고 있다**.

어휘 over ~이상, ~을 넘어 top quality 최고 품질의
sedan 세단형 자동차 manufacture 제조하다

5. 정답 (B)

해설 빈칸에 들어갈 동사 design의 알맞은 시제를 고
르는 문제이다. 문장 앞에 전치사구 For the last
thirty years를 통해 design이라는 동작이 30년
전 과거부터 지금까지 계속해서 일어난 것임을 알
수 있으므로 현재완료시제인 (B) has designed
가 정답이다.

해석 지난 30년 동안, Atlanta Shoe 사는 고품질 운동
화를 **디자인해왔다**.

어휘 last 지난 high-quality 고품질의 running
shoes 운동화 design (상품을) 디자인하다,
고안하다

6. 정답 (A)

해설 빈칸에 들어갈 알맞은 단어를 고르는 문제이다. 빈
칸 앞에 위치한 동사 will be가 미래시제를 나타내
므로 빈칸 뒤에 위치한 시점을 나타내는 말은 미래
시점이 되어야 한다. 따라서 '다음주 월요일'이라
는 의미가 되도록 만들어 주는 (A) next가 정답이
다.

해석 변경된 휴일 스케줄에 대한 자세한 내용은 **다음주**
월요일에 이용 가능할 것입니다.

어휘 specific details 자세한 내용 holiday 휴일,
휴가 available 이용 가능한

7. 정답 (A)

해설 빈칸에 들어갈 be동사의 알맞은 시제를 고르는 문
제이다. 문장 앞에 위치한 전치사구 In 1993을 통
해 과거에 일어난 일을 나타내고 있다는 것을 알
수 있으므로 과거시제인 (A) was가 정답이다.

해석 1993년에 캔자스 시티의 Men's Club이 공식적
으로 설립**되었다**.

어휘 officially 공식적으로 found 설립하다, 설치하다

8. 정답 (A)

해설 빈칸에 들어갈 동사구 take place의 알맞은 시제
를 고르는 문제이다. 빈칸 뒤에 위치한 부사 next
week를 통해 take place라는 동작이 미래에 일
어날 것임을 알 수 있으므로 미래시제인 (A) will
take place가 정답이다.

해석 직원 단합대회가 다음주에 리버뷰 컨벤션 센터에
서 **열릴 것이다**.

어휘 staff retreat 직원 단합대회 take place 개최되다, 일어나다

9. 정답 (A)

해설 빈칸에 들어갈 알맞은 과거분사(p.p.)를 고르는 문제이다. 문장의 주어가 '스낵과 음료'(snacks and drinks)이므로 해석상 빈칸에는 '제공되는'이라는 의미의 과거분사가 들어가야 한다. 따라서 정답은 (A) served이다.

해석 발표 후에, 스낵과 음료가 회의실 뒤쪽에서 **제공될** 것이다.

어휘 presentation 발표 in the back of ~의 뒤쪽에서 serve 제공하다 revise 수정하다 contact 연락하다 inform 알리다, 연락하다

10. 정답 (C)

해설 빈칸에 들어갈 알맞은 부사를 고르는 문제이다. 빈칸 앞뒤에는 조동사 will과 동사원형 announce가 위치해 있으므로 빈칸에 들어갈 부사는 미래시제와 어울리는 부사가 되어야 한다. 따라서 (A)~(D) 중에서 '곧, 이내'라는 의미로 미래시제와 자주 쓰이는 부사인 (C) soon이 정답이다.

해석 MTB Mountain Bikes 사의 회장인 Mark Smith 씨는 MTB 공장의 운영 종료에 관한 그의 결정을 **곧** 발표할 것이다.

어휘 announce 발표하다 decision 결정 close down 종료하다, 폐쇄하다 operation 사업, 운영 previously 이전에 periodically 주기적으로 soon 곧, 이내 usually 보통

Unit 9. 수동태/능동태

최신 기출 POINT 25
수동태

유형 연습하기

정답

1. (A)　　2. (A)　　3. (A)　　4. (B)

1. 정답 (A)

해설 빈칸에 들어갈 동사 submit의 알맞은 형태를 고르는 문제이다. 빈칸 뒤에 submit의 목적어가 없고, 문맥상 주어인 '송장'(invoices)은 '제출하는' 것이 아니라 '제출되는' 것이므로 문장의 동사는 수동태가 되어야 한다. 따라서 빈칸 앞에 be동사인 were가 있으므로 「be＋과거분사(p.p.)」에서 과거분사 형태가 빈칸에 들어가야 한다. 따라서 (A) submitted가 정답이다.

해석 ADF 제품의 송장들은 어제 모두 **제출되었다**.

2. 정답 (A)

해설 빈칸에 들어갈 동사 manage의 알맞은 형태를 고르는 문제이다. 빈칸 뒤에 manage의 목적어가 없고, 문맥상 주어인 '아파트 복합 단지'(apartment complex)가 '관리하는' 것이 아니라 '관리되는' 것이므로 문장의 동사는 수동태가 되어야 한다. 따라서 「be＋과거분사(p.p.)」인 (A) was managed가 정답이다.

해석 아파트 복합 단지는 Park 씨에 의해 **관리되었다**.

3. 정답 (A)

해설 빈칸에 들어갈 동사 distribute의 알맞은 형태를 고르는 문제이다. 빈칸 뒤에 distribute의 목적어가 없고, 문맥상 주어인 'CD와 포스터'(CDs and posters)가 '배포하는' 것이 아니라 '배포되는' 것이므로 문장의 동사는 수동태가 되어야 한다. 따라서 「be＋과거분사(p.p.)」인 (A) will be distributed가 정답이다.

해석 CD와 포스터는 콘서트 후에 입구 근처에 있는 테이블에서 **배포될 것이다**.

4. 정답 **(B)**

해설 빈칸에 들어갈 동사 announce의 알맞은 형태를 고르는 문제이다. 빈칸 뒤에 announce의 목적어가 없고, 문맥상 주어인 '공식 후원사'(official sponsor)가 '발표하는' 것이 아니라 '발표되는' 것이므로 문장의 동사는 수동태가 되어야 한다. 따라서 「be＋과거분사(p.p.)」인 (B) will be announced가 정답이다.

해석 2028 올림픽의 공식 후원사가 다음주 토요일 저녁에 **발표될 것이다**.

최신 기출 POINT 26
수동태의 시제와 수일치

유형 연습하기

정답			
1. (A)	**2.** (B)	**3.** (B)	**4.** (B)

1. 정답 **(A)**

해설 빈칸에 들어갈 수동태 be completed의 알맞은 시제를 고르는 문제이다. 문장 맨 뒤에 위치한 전치사구 in the next six months를 통해 be completed라는 동작이 미래에 일어날 것임을 알 수 있으므로 미래시제인 (A) will be completed가 정답이다.

해석 King 주식회사의 3개년 조경 프로젝트의 마지막 부분은 향후 6개월 후에 **완료될 것이다**.

2. 정답 **(B)**

해설 빈칸에 들어갈 수동태 be posted의 알맞은 형태를 고르는 문제이다. 빈칸 앞에 위치한 수식어인 전치사구 for healthy dieting and proper exercise를 제외하고 주어 Suggestions는 복수명사이므로 수동태의 be동사는 복수동사가 되어야 한다. 따라서 (B) are posted가 정답이다.

해석 건강한 식이요법과 적절한 운동에 대한 제안은 체육관의 공식 웹사이트에 **게시되어 있습니다**.

---

3. 정답 **(B)**

해설 빈칸에 들어갈 동사 equip의 알맞은 형태를 고르는 문제이다. 빈칸 뒤에 equip의 목적어가 없고, 문맥상 주어인 '모든 Volvic 모델들'이 '장착시키는' 것이 아니라 '장착되는' 것이므로 문장의 동사는 수동태가 되어야 한다. 따라서 「be＋과거분사(p.p.)」인 (B) are equipped가 정답이다.

해석 모든 Volvic 모델들은 자동 온도 관리 시스템이 **장착되어 있다**.

4. 정답 **(B)**

해설 빈칸에 들어갈 수동태 be listed의 알맞은 형태를 고르는 문제이다. 빈칸 앞에 위치한 주어 The flight arrival and departure times는 복수명사이므로 수동태의 be동사는 복수동사가 되어야 한다. 따라서 (B) are listed가 정답이다.

해석 비행기 출발 시간과 도착 시간은 오헤어 국제 공항의 모든 로비에 **열거되어 있다**.

기출 맛보기

정답				
1. (A)	**2.** (B)	**3.** (C)	**4.** (D)	**5.** (C)
6. (D)	**7.** (C)	**8.** (D)	**9.** (B)	**10.** (A)

1. 정답 **(A)**

해설 빈칸에 들어갈 동사 refund의 알맞은 형태를 고르는 문제이다. 빈칸 뒤에 refund의 목적어가 없고, 문맥상 주어인 '티켓'(tickets)은 '환불하는' 것이 아니라 '환불되는' 것이므로 문장의 동사는 수동태가 되어야 한다. 따라서 「be＋과거분사(p.p.)」에서 과거분사 형태가 빈칸에 들어가야 하므로 (A) refunded가 정답이다.

해석 만약 우천으로 인해 야외 공연이 취소된다면, 모든 사람들의 티켓은 즉시 **환불될 것이다**.

어휘 outdoor 야외의 cancel 취소하다 due to ~때문에 immediately 즉각 refund 환불하다

2. 정답 **(B)**

해설 빈칸에 들어갈 동사 offer의 알맞은 형태를 고르는 문제이다. 빈칸 뒤에 offer의 목적어인 an extra week of vacation이 위치해 있으므로 빈칸에 들어갈 offer는 수동태가 아닌 능동태로 쓰여야 한다. 빈칸 앞에 be동사 is가 위치해 있으므로 「be + 현재분사(-ing)」 형태로 현재진행시제가 되도록 (B) offering이 정답이다.

해석 Macro Systems 사는 오후 10시 이전에 보고서를 제출하는 직원들에게 1주일의 추가 휴가를 **제공하고 있다**.

어휘 extra 추가의, 여분의 vacation 휴가 submit 제출하다 offer 제공하다

3. 정답 (C)

해설 빈칸에 들어갈 동사 hold의 알맞은 형태를 고르는 문제이다. 빈칸 뒤에 hold의 목적어인 a reception이 위치해 있으므로 빈칸에 들어갈 hold는 수동태가 아닌 능동태로 쓰여야 한다. 따라서 (A)~(D) 중 능동태인 (C) will hold가 정답이다.

해석 다음 목요일에, 우리는 우리의 10주년 기념일을 축하하기 위하여 Downtown Buffet에서 연회를 **열 것이다**.

어휘 reception 연회 anniversary 기념일 hold 개최하다, 열다

4. 정답 (D)

해설 빈칸에 들어갈 동사 notify의 알맞은 형태를 고르는 문제이다. 빈칸 뒤에 notify의 목적어가 없고, 문맥상 주어인 '선발된 상위 2명'(the top selections)은 '통보하는' 주체가 아니라 '통보 받는' 대상이므로 문장의 동사는 수동태가 되어야 한다. 따라서 「be + 과거분사(p.p.)」에서 과거분사 형태가 빈칸에 들어가야 하므로 (D) notified가 정답이다.

해석 1차 면접 후에, 팀 매니저 직책에 선발된 상위 2명은 **통보를 받을 것이다**.

어휘 first round 1차 selection 선발된 사람 position 직위, 직책 notify 알리다, 통보하다

5. 정답 (C)

해설 빈칸에 들어갈 동사 display의 알맞은 형태를 고르는 문제이다. 빈칸 뒤에 display의 목적어가 없고, 문맥상 주어인 '특별히 선별된 작품'(A special

selection of artwork)은 '전시하는' 주체가 아니라 '전시되는' 대상이므로 문장의 동사는 수동태가 되어야 한다. 따라서 빈칸 앞에 「be + 과거분사(p.p.)」에서 be동사가 현재진행형 is being으로 쓰여 있어서 빈칸은 과거분사 자리이므로 (C) displayed가 정답이다.

해석 남미 예술가들의 작품들 중에 특별히 선별된 작품이 마을의 화랑에서 **전시되고 있다**.

어휘 selection 선정된 것, 선택된 것 artwork (예술)작품 artist 예술가 display 전시하다, 진열하다

6. 정답 (D)

해설 빈칸에 들어갈 동사 receive의 알맞은 형태를 고르는 문제이다. 빈칸 뒤에 receive의 목적어인 a monthly letter가 위치해 있으므로 빈칸에 들어갈 receive는 수동태가 아닌 능동태로 쓰여야 한다. 따라서 (A)~(D) 중 능동태인 (D) will receive가 정답이다.

해석 다음주부터, Warren 아파트 거주민들은 최신 내용을 담은 월간 편지를 **받을 것이다**.

어휘 starting ~부터 resident 거주자 monthly 매월의, 월간의 update 최신 내용 receive 받다, 수신하다

7. 정답 (C)

해설 빈칸에 들어갈 동사 assign의 알맞은 형태를 고르는 문제이다. 빈칸 뒤에 assign의 목적어가 없고, 문맥상 주어인 '좌석'(seats)은 '배정하는' 주체가 아니라 '배정되는' 대상이므로 문장의 동사는 수동태가 되어야 한다. 따라서 「be + 과거분사(p.p.)」에서 과거분사 형태가 빈칸에 들어가야 하므로 (C) assigned가 정답이다.

해석 좌석은 강의 시작 전에 **배정되어야** 합니다.

어휘 seat 좌석 beginning 시작 lecture 강연 assign 할당하다, 배정하다

8. 정답 (D)

해설 빈칸에 들어갈 동사 postpone의 알맞은 형태를 고르는 문제이다. 빈칸 뒤에 postpone의 목적어가 없고, 문맥상 주어인 'Park 회장의 연설'(President Park's speech)은 '연기하는' 주

체가 아니라 '연기되는' 대상이므로 문장의 동사는 수동태가 되어야 한다. 따라서 「be + 과거분사(p.p.)」 형태인 (D) has been postponed가 정답이다.

해석 Park 회장님의 연설은 강당 안의 홍수로 인해 **연기되었다**.

어휘 due to ~로 인해 flooding 홍수 auditorium 강당 postpone 연기하다

9. 정답 (B)

해설 빈칸에 들어갈 알맞은 동사를 고르는 문제이다. 빈칸 뒤에 목적어가 없고 전치사 in이 있으므로 전치사 in과 함께 쓰여 '~을 전문으로 하다'라는 의미를 나타내는 동사 (B) specializes가 정답이다. manufacture와 postpone은 타동사이기 때문에 뒤에 목적어가 위치해야 해서 오답이며, 자동사 depend는 전치사 on과 함께 쓰여 '~에 의존하다'라는 의미를 나타내기 때문에 오답이다.

해석 작은 규모의 회사인 NH Electronics는 미니밴용 자동차 스피커를 **전문으로 합니다**.

어휘 specialize in ~을 전문으로 하다 manufacture 제조하다 depend 의존하다 postpone 연기하다, 미루다

10. 정답 (A)

해설 빈칸에 들어갈 알맞은 의미의 명사를 고르는 문제이다. 빈칸 뒤에 있는 전치사구의 내용이 '휴가를 위한'이라는 의미이고, 그 뒤에 수동태 must be submitted가 '제출되어야 한다'라는 의미이기 때문에 문맥상 빈칸에 들어갈 명사는 '신청', '요청'이라는 의미를 나타내는 (A) Requests가 가장 적절하다.

해석 휴가를 위한 **신청**은 Rodriguez 씨에게 대략 한달 전에 미리 제출되어야 한다.

어휘 submit 제출하다 approximately 대략 in advance 미리, 사전에 request 신청, 요청 contract 계약 receipt 영수증 invoice 청구서, 송장

Unit 10. 동사 (Part 6)

유형 연습하기

정답

1. (C) **2.** (D) **3.** (D) **4.** (C)

[1-4]

보내는 사람: 고객 서비스팀
　　　　　　<services@newsforyou.com>
받는 사람: Danny Nguyen <dn777@supermail.com>
날짜: 10월 15일

제목: News For You에 가입하신 것을 환영합니다.
첨부: Membership form.pdf

Nguyen 씨에게,

News For You에 가입해 주셔서 감사합니다! 귀하는 Manhattan 남부 전체의 최신 소식, 공연, 콘서트, 축제에 대해 최초로 알게 되는 몇 분 중에 한 분이 될 것입니다. 제 1호는 며칠 내에 **1. 도착할 것입니다.** 그러고 나서 그 다음 달의 중반에 **2. 각각의** 부수를 받을 것입니다. 발행권호가 늦게 도착한다면, 저희에게 연락 주시기 바랍니다. **3. 게다가, 귀하의 정기 구독은 저희 웹사이트에 있는 다른 멀티미디어를 무료로 이용할 수 있도록 해줍니다.** 로그인하기 위해 구독자 번호와 비밀번호가 필요할 것입니다. **4. 이것들은** 첨부된 회원 가입서에 있습니다.

안녕히 계세요.

Daniel Lee
고객 서비스팀 대표

1. 정답 (C)

해설 빈칸에 들어갈 동사 arrive의 알맞은 형태를 고르는 문제이다. 빈칸 뒤에 위치한 전치사구 in a few days가 미래시점을 나타내므로 동사 arrive는 미래시제가 되어야 한다. 따라서 정답은 (C) will arrive이다.

2. 정답 (D)

해설 빈칸에 들어갈 알맞은 단어를 고르는 문제이다. 빈칸 뒤에는 단수명사 issue가 있으므로 단수명사를 수식할 수 있는 (D) each가 정답이다.
(A) all + 복수명사 또는 불가산명사
(B) most + 복수명사 또는 불가산명사
(C) other + 복수명사
(D) each + 단수명사

3. 정답 (D)

해설 빈칸에 들어갈 알맞은 문장을 고르는 문제이다. 빈칸 뒤에 로그인을 위해 구독자 번호(subscriber number)와 비밀번호(password)가 필요할 것이라는 내용이 언급되어 있으므로, 웹사이트에 관련된 내용이 적절하다. 따라서 (A)~(D) 중 웹사이트에서 다른 멀티미디어를 이용할 수 있다는 내용이 언급된 (D)가 정답이다.

해석 (A) 그래서, 이 정보에 근거하여, 귀하는 4월 3일에 주문한 것을 받을 것입니다.
(B) 다시 한번, 저희가 끼쳐드렸을지도 모를 불편에 대해 사과 드립니다.
(C) 만약 최근의 주문에 만족하셨다면, 간략한 후기를 써주세요.
(D) 게다가, 귀하의 구독은 저희의 웹사이트에 있는 다른 멀티미디어를 무료로 이용할 수 있도록 합니다.

4. 정답 (C)

해설 빈칸에 들어갈 알맞은 주격 대명사를 고르는 문제이다. 빈칸 뒤에 위치한 동사가 are이기 때문에 빈칸에는 복수 대명사가 들어가야 한다. 문맥상 앞 문장에서 언급된 '구독자 번호(your subscriber

number)'와 '비밀번호(password)'를 지칭해야 하므로 '이것들은'이라는 의미를 나타내는 (C) These가 정답이다.

기출 맛보기

정답

1. (A) 2. (C) 3. (D) 4. (C) 5. (A)
6. (D) 7. (B) 8. (B)

[1-4]

보내는 사람: John Kim <john.kim@jkrecords.com>
받는 사람: Marcus Johnson <mjohnson@contactlist.com>
날짜: 11월 11일
제목: 매장 이전

이 이메일은 JK Record가 12월 23일에 더 큰 빌딩으로 **1. 이전할 것임**을 알려드리기 위한 것입니다. **2. 예약하신 음반을 이번 달 말까지 구매하시기 바랍니다.** 만약 가능하지 않으시다면, 저희에게 전화하셔서 현재의 저희 매장 위치로 방문 일정을 정하시기 바랍니다. 만약 **3. 단골 고객님들이** 보류 중인 물품을 사러 들르지 않는다면, 그 물품들은 다른 손님들이 구매하시도록 매대로 다시 놓여질 것이라는 점을 기억하시기 바랍니다.

이해해주셔서 감사하며, 저희는 최선을 다해서 귀중한 고객이신 당신에게 **4. 계속해서** 서비스를 제공해 드리기를 바랍니다.

안녕히 계세요.
John Kim, CEO

어휘 be unable to do ~할 수 없다 schedule 일정을 정하다 come by 들르다 current 현재의 be on hold 보류 중이다, 예약하다 put back onto the shelves 매대로 다시 놓여지다 valued 귀중한 ability 능력

1. 정답 (A)

해설 빈칸에 들어갈 동사 move의 알맞은 시제를 고르는 문제이다. 이메일을 쓴 날짜가 11월 11일이며,

빈칸이 포함된 문장에 언급된 이사는 날짜는 12월 23일이므로 move는 미래시제가 되어야 한다. 따라서 (A) will move가 정답이다.

2. 정답 (C)

해설 빈칸에 들어갈 알맞은 문장을 고르는 문제이다. 빈칸의 앞에서는 매장 이전을 알리고 있고, 빈칸 뒤에서는 그렇지 않으면 그 물건을 다른 손님에게 판매하겠다는 내용이 언급되어 있으므로 예약해둔 물건을 구매해서 찾아가라는 내용이 적절하다. 따라서 정답은 (C)이다.

해석 (A) 더 많은 정보를 위해서 저희 홈페이지를 방문하세요.
(B) 리모델링 기간동안 매장은 오후 3시에 닫을 것이라는 점을 알아 두세요.
(C) 당신이 예약하신 음반을 이번 달 말까지 구매하시기 바랍니다.
(D) 컴퓨터 호환 문제로 인해 특정 업데이트는 다운로드를 할 수 없다는 것을 알아 두세요.

어휘 note 주목하다, 알아 두다 be aware of ~을 알다, ~을 인지하다 certain 특정한 due to ~로 인해 compatibility 호환성 issue 문제, 사안

3. 정답 (D)

해설 빈칸에 들어갈 알맞은 명사를 고르는 문제이다. 빈칸이 포함된 문장은 '보류 중인 물품을 사러 들르지 않는다면, 그 물품들이 다른 고객들이 구매할 수 있도록 다시 매대에 놓아질 것'이라는 내용이므로, 빈칸에 들어갈 명사도 '고객'의 의미를 나타내야 한다. 따라서 (A)~(D) 중 '단골 고객, 손님'이라는 뜻을 가진 (D) patrons가 정답이다.

어휘 passenger 승객 accountant 회계원, 회계사 patron 단골 고객, 손님

4. 정답 (C)

해설 빈칸에 들어갈 동사 continue의 알맞은 형태를 고르는 문제이다. 빈칸 앞에 위치한 동사 hope의 목적어 자리이고, 타동사 hope는 to부정사를 목적어로 취하므로 정답은 (C) to continue이다.

[5-8]

12월 31일
Eric Haggen
2468 Floral Road, Los Angeles,
California, USA

현재의 부관리자 직무에 지원해주기 위해 시간을 내어 주셔서 감사 드리고 싶습니다. **5. 게다가,** 저희는 귀하가 저희와 함께 일하기를 원한다는 관심을 보여주셔서 감사합니다. 저희 인사팀은 귀하의 경력과 이력에 **6. 깊은 인상을 받았습니다.**

7. 다행히도 아직 자리가 채워지지 않았습니다. 그래서, 저희는 당신과 면접을 보기를 원합니다.

귀하가 거쳐야 하는 이후의 단계에 대해 내일 다른 이메일에서 **8. 알려드리겠습니다.**

안녕히 계세요.

Gaia Lee
채용 담당 매니저
Solar Power Korea

어휘 apply for ~에 지원하다, 신청하다 current 현재의 assistant 보조의, 부(의) managerial 관리직의 grateful 감사하는 express 나타내다 express interest 관심을 표하다 work experience 근무경험 have an interview 면접을 하다 step 단계, 절차

5. 정답 (A)

해설 빈칸에 들어갈 알맞은 접속부사를 고르는 문제이다. 빈칸 앞 문장의 내용은 수신자에 대한 감사의 내용이며, 뒤의 문장 또한 감사하다는 내용이 있으므로 추가, 첨언의 의미로 '게다가, 또한'이라는 의미의 접속부사 (A) In addition이 정답이다.

어휘 in addition 게다가, 또한 nevertheless 그럼에도 불구하고 however 그러나, 하지만 although 비록 ~지만

6. 정답 (D)

해설 빈칸에 들어갈 동사 impress(인상을 주다)의 알맞은 형태를 고르는 문제이다. 빈칸 앞에 문장의 주어 Our Human Resources team이 위치해 있

으로 빈칸은 동사 자리임을 알 수 있다. 또한 빈칸 뒤에 목적어가 아닌 전치사구 with your work experience and history가 위치해 있으므로 타동사인 impress가 능동태로 쓰일 수 없고 수동태로 쓰여야 한다. 따라서 (A)~(D) 중 수동태인 (D) was impressed가 정답이다.

어휘 **be impressed with** ~에 깊은 인상을 받다, ~에 감동 받다

7. 정답 (B)

해설 빈칸에 들어갈 알맞은 문장을 고르는 문제이다. 빈칸 뒤에 결과를 나타내는 접속사 So(그래서)가 위치해 있고, 편지의 수신자에게 면접을 제안하는 내용이 이어져 있으므로 빈칸에는 면접을 제안하는 원인이나 이유가 되는 내용이 적절하다. 따라서 (A)~(D) 중 해당 직무가 아직 채용되지 않았다는 내용인 (B)가 정답이다.

해석 (A) 저희의 유감스러운 결정을 이해해주시기를 바랍니다.
(B) 다행히도, 아직 그 자리는 채워지지 않았습니다.
(C) 지원서를 완전히 작성을 완료하셨는지 확인하세요.

(D) 저희는 당신이 새로운 직원들을 구하고 계시다는 것을 듣고 기뻤습니다.

어휘 **regrettable** 유감스러운 **fill** 채우다 **fully** 완전히 **complete** 완성하다, 완료하다 **application** 지원서, 신청서 **be pleased to do** ~해서 기쁘다 **seek** 찾다, 구하다

8. 정답 (B)

해설 빈칸에 들어갈 알맞은 동사를 고르는 문제이다. 빈칸 뒤에 '당신에게'라는 의미의 목적어 you가 위치해 있고 그 뒤에 전치사구 about the next steps가 위치해 있으므로, (A)~(D) 중 「사람 목적어 + about 내용」의 구조로 쓰여 '~에게 ⋯에 대해 알리다'라는 의미를 나타내는 (B) inform이 정답이다. speak, describe, present는 사람 목적어가 아닌 설명되는 대상이 목적어로 쓰이므로 오답이다.

어휘 **speak** 말하다 **inform** 알리다 **describe** 설명하다, 묘사하다 **present** 제시하다, 주다

Unit 11. 부정사

최신 기출 POINT 29
to부정사는 명사의 자리에 들어간다.

유형 연습하기

정답

1. (B)	2. (A)	3. (B)	4. (B)

1. 정답 (B)

해설 빈칸에 들어갈 동사 advertise의 알맞은 형태를 고르는 문제이다. 빈칸 앞에 위치한 타동사 prefer

는 to부정사를 목적어로 취할 수 있으므로 (B) to advertise가 정답이다.

해석 온라인 광고는 다른 방법보다 더 쉽다. 그래서 많은 회사들이 인터넷에 **광고하는 것을** 선호한다.

2. 정답 (A)

해설 빈칸에 들어갈 단어의 알맞은 형태를 고르는 문제이다. 빈칸 앞에 위치한 타동사 choose는 to부정사를 목적어로 취하는 동사이며, 빈칸 뒤에 pay의 목적어인 their fees가 위치해 있으므로 to부정사인 (A) to pay가 정답이다. 명사는 그 뒤에 명사 목적어를 가질 수 없으므로 payment는 오답이다.

해석 Forest Fitness의 회원들은 그들의 요금을 월 단

위 또는 연 단위로 **지불하는 것을** 선택할 수 있다.

3. 정답 **(B)**

해설 빈칸에 들어갈 동사 change의 알맞은 형태를 고르는 문제이다. 빈칸 앞에 위치한 타동사 want는 to부정사를 목적어로 취하므로 (B) to change가 정답이다.

해석 환자들이 진료 예약을 **바꾸기를** 원할 때, 그들은 그들의 전화에 음성 메시지를 받을 것이다.

4. 정답 **(B)**

해설 빈칸에 들어갈 동사 reward의 알맞은 형태를 고르는 문제이다. 빈칸 앞에 위치한 동사 would like는 to부정사를 목적어로 취하므로 (B) to reward가 정답이다.

해석 저희는 귀하의 충성에 감사드리며, 귀하에게 상품권으로 **보상하고** 싶습니다.

최신 기출 POINT 30
to부정사는 명사를 꾸며 준다!

유형 연습하기

정답

1. (B)　**2.** (B)　**3.** (B)　**4.** (A)

1. 정답 **(B)**

해설 빈칸에 들어갈 동사 apply의 알맞은 형태를 고르는 문제이다. 문맥상 apply(지원하다)는 빈칸 앞에 위치한 명사 a plan을 수식하여 '지원할 계획'이라는 의미를 나타내는 것이 자연스러우므로 '~할'이라는 의미로 명사를 수식하는 to부정사 형태가 되어야 한다. 따라서 to부정사인 (B) to apply가 정답이다.

해석 David는 시카고에 있는 대학원에 **지원할** 계획을 가지고 있기 때문에 미국으로 돌아갔다.

2. 정답 **(B)**

해설 빈칸에 들어갈 동사 choose의 알맞은 형태를 고

르는 문제이다. 문맥상 choose(선택하다)는 빈칸 앞에 위치한 명사 the opportunity를 수식하여 '선택할 기회'라는 의미를 나타내는 것이 자연스러우므로 '~할'이라는 의미로 명사를 수식하는 to부정사 형태가 되어야 한다. 따라서 to부정사인 (B) to choose가 정답이다.

해석 Chinese Airways에서, 승객들은 아시아 내의 비행에서 그들이 어떤 식사를 먹을지 **선택할** 기회를 가진다.

3. 정답 **(B)**

해설 빈칸에 들어갈 동사 reduce의 알맞은 형태를 고르는 문제이다. 문맥상 reduce(줄이다)는 빈칸 앞에 위치한 명사 the decision을 수식하여 '줄일 결정'이라는 의미를 나타내는 것이 자연스러우므로 '~할'이라는 의미로 명사를 수식하는 to부정사 형태가 되어야 한다. 따라서 to부정사인 (B) to reduce가 정답이다.

해석 A-Shoes 사는 그들의 최신 운동화의 생산을 **줄일** 결정을 내렸다.

4. 정답 **(A)**

해설 빈칸에 들어갈 동사 respond의 알맞은 형태를 고르는 문제이다. 문맥상 respond(응대하다)는 빈칸 앞에 위치한 명사 every effort를 수식하여 '응대할 모든 노력'이라는 의미를 나타내는 것이 자연스러우므로 '~할'이라는 의미로 명사를 수식하는 to부정사 형태가 되어야 한다. 따라서 to부정사인 (A) to respond가 정답이다.

해석 저희 수리팀은 가능한 한 빨리 고객 불만에 **응대할** 모든 노력을 기울입니다.

최신 기출 POINT 31
to부정사는 부사로도 쓰일 수 있다.

유형 연습하기

정답

1. (A)　**2.** (B)　**3.** (B)　**4.** (A)

1. 정답 (A)

해설 빈칸에 들어갈 동사 raise의 알맞은 형태를 고르는 문제이다. 빈칸 앞에는 주어 Governor Dan Michaels, 동사 will host, 목적어 a charity luncheon이 갖추어진 3형식 문장이 완전한 절을 이루고 있기 때문에 빈칸은 부사의 자리임을 알 수 있다. 또한 문맥상 raise(모으다)는 주지사가 자선 오찬을 주최하는 목적을 나타내므로 '~하기 위해'라는 의미를 나타내는 to부정사 형태가 되어야 한다. 따라서 to부정사인 (A) to raise가 정답이다.

해석 Dan Michaels 주지사는 Habitat for Humanity Foundation을 위한 기금을 **모으기 위해** 자선 오찬을 주최할 것이다.

2. 정답 (B)

해설 빈칸에 들어갈 동사 receive의 알맞은 형태를 고르는 문제이다. 빈칸 뒤에 receive의 목적어가 위치해 있고, 콤마(,) 뒤에 명령문이 위치해 있으므로 빈칸은 수식어인 부사의 자리임을 알 수 있다. 또한 문맥상 receive(받다)는 반드시 외장 하드 드라이브를 등록할 시간을 내야 하는 목적을 나타내므로 '~하기 위해'라는 의미를 나타내는 to부정사 형태가 되어야 한다. 따라서 to부정사인 (B) To receive가 정답이다.

해석 완전한 보험 보상을 **받기 위해서**, 반드시 당신의 Eastern Digital 외장 하드 드라이브를 등록할 시간을 들이도록 하세요.

3. 정답 (B)

해설 빈칸에 들어갈 동사 attend의 알맞은 형태를 고르는 문제이다. 빈칸 앞에 수동태 are required가 위치해 있으므로 빈칸은 수식어인 부사의 자리임을 알 수 있다. 또한 수동태 be required 뒤에는 to부정사가 함께 쓰여 '~하는 것이 요구되다'라는 의미를 나타내므로 to부정사인 (B) to attend가 정답이다.

해석 모든 신입 교사들은 2일 간의 팀 단합 대회에 **참석하는 것이** 요구된다.

4. 정답 (A)

해설 빈칸에 들어갈 알맞은 과거분사를 고르는 문제이다. 빈칸 뒤에 to부정사 to reoperate가 위치해 있으므로, to부정사와 함께 '~할 것으로 예상되다'라는 의미를 나타내는 과거분사 (A) expected가 정답이다. 수동태 be delayed 뒤에 to부정사가 부사적 용법으로 위치할 수 있지만 문맥상 '롤러코스터가 재가동하기 위해 연기된다'라는 내용으로 의미상 오류가 발생하므로 (B) delayed는 오답이다.

해석 수리 작업의 진척에 따라, 롤러코스터는 다음 주 월요일에 재가동할 것으로 **예상된다**.

정답

1. (B) **2.** (C) **3.** (C) **4.** (A) **5.** (A)
6. (A) **7.** (D) **8.** (A) **9.** (B) **10.** (D)

1. 정답 (B)

해설 빈칸에 들어갈 동사구 step down의 알맞은 형태를 고르는 문제이다. 문맥상 step down(사임하다)은 빈칸 앞에 위치한 명사 his decision을 수식하여 '그의 사임할 결정'이라는 의미를 나타내는 것이 자연스러우므로 '~할'이라는 의미로 명사를 수식하는 to부정사 형태가 되어야 한다. 따라서 to부정사인 (B) to step down이 정답이다.

해석 총리는 오후 만찬 중에 그의 **사임할** 결정을 발표했다.

어휘 prime minister 총리, 수상 announce 발표하다 step down 사임하다, 그만두다

2. 정답 (C)

해설 빈칸에 들어갈 동사 attend의 알맞은 형태를 고르는 문제이다. 빈칸 앞에 위치한 동사 would like는 to부정사를 목적어로 취하므로 to부정사가 되도록 빈칸에는 동사원형이 들어가야 한다. 따라서 (C) attend가 정답이다.

해석 Bill Jonton은 비록 그가 바쁜 일정이 있지만 이번 주 금요일 TED 컨퍼런스에 **참석하기를** 원한다.

어휘 would like to do ~하기를 원하다 even though 비록 ~지만 attend 참석하다

3. 정답 (C)

해설 빈칸에 들어갈 동사 lower의 알맞은 형태를 고르는 문제이다. 빈칸 앞에 위치한 타동사 decided는 to부정사를 목적어로 취하므로 (C) to lower가 정답이다.

해석 잠재 구매자들에게 그 어떤 관심을 받지 못한 후에, Smith 씨는 그의 미니밴의 가격을 **낮추기로** 결정했다.

어휘 interest 관심 potential 잠재적인 buyer 구매자 decide 결심하다, 결정하다 lower 낮추다

4. 정답 (A)

해설 빈칸에 들어갈 동사 expand의 알맞은 형태를 고르는 문제이다. 문맥상 expand(확장하다)는 빈칸 앞에 위치한 명사 plans를 수식하여 '확장할 계획'이라는 의미를 나타내는 것이 자연스러우므로 '~할'이라는 의미로 명사를 수식하는 to부정사 형태가 되어야 한다. 따라서 to부정사인 (A) to expand가 정답이다.

해석 SBK 사는 브라질로 **확장할** 계획을 월요일에 발표했다.

어휘 announce 발표하다 plan 계획 expand into ~로 확장하다

5. 정답 (A)

해설 빈칸에 들어갈 알맞은 동사의 -ing 형태를 고르는 문제이다. 빈칸 뒤에 to부정사 to attract가 위치해 있으므로 to부정사를 목적어로 취할 수 있는 동사의 -ing 형태를 찾아야 한다. 따라서 (A)~(D) 중에서 to부정사를 목적어로 취하여 '~하는 것을 노력하다'라는 의미를 나타내는 동사 try의 -ing 형태인 (A) trying이 정답이다.

해석 디자인 학교들은 1년 장학 프로그램을 제공함으로써 학생들을 유치하는 것을 **노력하고** 있다.

어휘 attract 유치하다, 끌어들이다 offer 제공하다 scholarship 장학금 try 노력하다 avoid 회피하다 suggest 제안하다 deny 거절하다

6. 정답 (A)

해설 빈칸에 들어갈 동사 assist의 알맞은 형태를 고르는 문제이다. 빈칸 앞에는 주어 Volunteers, 동사 will come이 갖추어진 1형식 문장이 완전한 절을 이루고 있기 때문에 빈칸은 부사의 자리임을 알 수 있다. 또한 문맥상 assist(돕다)는 자원 봉사자들이 국제 교육 박람회의 장소에 오는 목적을 나타내므로 '~하기 위해'라는 의미를 나타내는 to부정사 형태가 되어야 한다. 따라서 to부정사인 (A) to assist가 정답이다.

해석 자원 봉사자들은 방문자들이 주차하는 것을 **돕기 위해** 국제 교육 박람회의 장소에 올 것이다.

어휘 volunteer 자원 봉사자 venue (행사의) 장소 international 국제의 education 교육 fair 박람회 assist 돕다

7. 정답 (D)

해설 빈칸에 들어갈 동사 support의 알맞은 형태를 고르는 문제이다. 빈칸 앞에는 주어 Mr. Fernando, 동사 distributes, 목적어 supplementary materials가 갖추어진 3형식 문장이 완전한 절을 이루고 있기 때문에 빈칸은 부사의 자리임을 알 수 있다. 또한 문맥상 support(뒷받침하다)는 Fernando 씨가 보충 자료를 배부하는 목적을 나타내므로 '~하기 위해'라는 의미를 나타내는 to부정사 형태가 되어야 한다. 따라서 to부정사인 (D) to support가 정답이다.

해석 Fernando 씨는 그의 교육 세션 중에 그가 논의한 것을 **뒷받침하기 위해** 항상 보충 자료를 배부한다.

어휘 distribute 배부하다, 나누어 주다 supplementary 보충의 materials 자료 discuss 논의하다 training session 교육 세션 support 뒷받침하다, 지지하다

8. 정답 (A)

해설 빈칸에 들어갈 알맞은 표현을 고르는 문제이다. 빈칸 뒤에 동사원형 meet과 meet의 목적어 the needs of their fan base가 위치해 있고, 콤마(,) 뒤에 완전한 문장이 위치해 있으므로 빈칸은 동사원형 meet을 수식어인 부사의 역할을 할 수 있도록 하는 표현이어야 한다. 따라서 (A)~(D) 중에 동사원형과 함께 쓰여 '~하기 위해'라는 의미를 나타내는 (A) In order to가 정답이다.

해석 팬층의 요구를 충족시키기 **위해**, 그 그룹은 그들의 새 앨범에 3곡을 추가하였다.

어휘 meet the needs 요구를 충족시키다 fan base 팬층 add 추가하다, 더하다 in order to do ~하기 위해 instead of ~대신에 despite ~에도 불구하고 owing to ~때문에

9. 정답 (B)

해설 빈칸에 들어갈 알맞은 의미의 동사를 고르는 문제이다. 빈칸의 뒤에는 membership workshops라는 목적어가 있기 때문에 빈칸에 들어갈 동사는 3형식 동사가 되어야 한다. 1형식 동사인 (A), (C), (D)는 제외되며, 문맥상 목적어가 '워크숍'이기 때문에 '참석해야 한다'라는 의미가 가장 적절하다. 따라서 정답은 (B) attend이다.

해석 Star Alliance Industries의 모든 선임 직원들은 매년 멤버십 워크숍에 **참석해야** 합니다.

어휘 participate (in) (~에) 참가하다 attend 참석하다 register (for) (~에) 등록하다 sign up (for) (~에) 등록하다, 가입하다

10. 정답 (D)

해설 빈칸에 들어갈 알맞은 의미의 동사를 고르는 문제이다. 주어가 '고객'(customer)이고, 목적어가 '최고의 서비스'(the best service)이기 때문에 '제공하다'는 의미의 동사는 의미상 적절하지 않다. 따라서 (A)~(D) 중 '~을 받을 자격이 있다'라는 의미를 나타내는 (D) deserves가 정답이다.

해석 모든 Lee's Hardware 고객들은 최고의 서비스를 **받을 자격이 있다**.

어휘 offer 제공하다 provide 제공하다 reserve 예약하다 deserve ~을 받을 자격이 있다

Unit 12. 동명사

최신 기출 POINT 32
동명사는 주어로 쓰일 수 있다.

유형 연습하기

정답
1. (B) 2. (B) 3. (B) 4. (A)

1. 정답 (B)

해설 빈칸에 들어갈 동사 make의 알맞은 형태를 고르는 문제이다. 빈칸 뒤에 make의 목적어 a lasting impression과 전치사구 on the interviewer가 위치해 있고, 그 뒤에 문장의 동사인 be동사 is가 위치해 있으므로 빈칸은 주어 자리로서, 목적어를 가지는 동명사 형태가 되어야 한다. 따라서 (B) Making이 정답이다.

해석 면접관에게 오래 남는 인상을 **주는 것**은 중요하다.

2. 정답 (B)

해설 빈칸에 들어갈 동사 purchase의 알맞은 형태를 고르는 문제이다. 빈칸 뒤에 purchase의 목적어 items와 전치사구 on our website가 위치해 있고, 그 뒤에 문장의 동사인 be동사 is가 위치해 있으므로 빈칸은 주어 자리로서, 목적어를 가지는 동명사 형태가 되어야 한다. 따라서 (B) Purchasing이 정답이다.

해석 저희 웹사이트에서 상품을 **구매하는 것**은 쉽고, 빠르며, 안전합니다.

3. 정답 (B)

해설 빈칸에 들어갈 동사 expose의 알맞은 형태를 고르는 문제이다. 빈칸 뒤에 expose의 목적어 the bag과 전치사구 to humidity가 위치해 있고, 그 뒤에 문장의 동사인 will prevent가 위치해 있으므로 빈칸은 주어 자리로서, 목적어를 가지는 동명사 형태가 되어야 한다. 따라서 (B) exposing이 정답이다. 참고로, 동명사의 부정형은 동명사 앞에 not이 위치한다.

해석 가방을 습기에 **노출시키지 않는 것은** 그것을 못 쓰게 만드는 것으로부터 막아줄 것이다.

4. 정답 **(A)**

해설 빈칸에 들어갈 동사 decrease의 알맞은 형태를 고르는 문제이다. 빈칸 뒤에 decrease의 목적어 the prices가 위치해 있고, 그 뒤에 문장의 동사인 allowed가 위치해 있으므로 빈칸은 주어 자리로서, 목적어를 가지는 동명사 형태가 되어야 한다. 따라서 (A) Decreasing이 정답이다.

해석 가격을 **줄이는 것은** Olana Travel 사가 더 많은 관광객을 끌어들이는 것을 가능하게 했다.

최신 기출 POINT 33
동명사는 전치사의 목적어로 쓰일 수 있다.

유형 연습하기

정답

1. (A)　　**2.** (A)　　**3.** (B)　　**4.** (B)

1. 정답 **(A)**

해설 빈칸에 들어갈 동사 install의 알맞은 형태를 고르는 문제이다. 빈칸 뒤에 install의 목적어 the latest update가 위치해 있고, 빈칸 앞에 전치사 By가 위치해 있으므로 빈칸은 전치사의 목적어 자리로서, 동명사 형태가 되어야 한다. 따라서 (A) installing이 정답이다.

해석 최신 업데이트를 **설치함으로써**, 당신은 노트북 컴퓨터에 3개의 파일을 한번에 다운로드 받을 수 있을 것이다.

2. 정답 **(A)**

해설 빈칸에 들어갈 단어의 알맞은 형태를 고르는 문제이다. 빈칸 앞에 전치사 Before와 전치사의 목적어로서 동명사 making이 위치해 있고, 부정관사 a가 있으므로 빈칸은 동명사 making의 명사 목적어가 위치해 한다. 따라서 명사인 (A) promise가 정답이다.

해석 **약속을** 하기 전에, 요청을 주의 깊게 듣는 것이 중요하다.

3. 정답 **(B)**

해설 빈칸에 들어갈 동사 come의 알맞은 형태를 고르는 문제이다. 빈칸 앞에 전치사 before가 위치해 있으므로 빈칸은 전치사의 목적어 자리로서, 동명사 형태가 되어야 한다. 따라서 (B) coming이 정답이다.

해석 음식이나 음료수를 **만지기** 전에, 모든 Applebee 직원들은 철저하게 손을 씻어야 한다.

4. 정답 **(B)**

해설 빈칸에 들어갈 동사 choose의 알맞은 형태를 고르는 문제이다. 빈칸 뒤에 choose의 목적어 Turbo Tax가 위치해 있고, 빈칸 앞에 전치사 for가 위치해 있으므로 빈칸은 전치사의 목적어 자리로서, 동명사 형태가 되어야 한다. 따라서 (B) choosing이 정답이다. choice는 명사로서 목적어를 가질 수 없으므로 오답이다.

해석 귀하의 세금 신고 요구에 도움을 드릴 수 있도록 Turbo Tax를 **선택해주신 것**에 대해 감사드립니다.

최신 기출 POINT 34
동명사는 타동사의 목적어로 쓰일 수 있다.

유형 연습하기

정답

1. (A)　　**2.** (A)　　**3.** (A)　　**4.** (A)

1. 정답 **(A)**

해설 빈칸에 들어갈 동사 remove의 알맞은 형태를 고르는 문제이다. 빈칸 앞에는 동사 recommended가 위치해 있는데, recommend는 동명사를 목적어로 취하는 타동사이므로 동명사인 (A) removing이 정답이다.

해석 선생님은 사물함에서 귀중품을 **치우는 것을** 권장하였다.

2. 정답 (A)

해설 빈칸에 들어갈 동사 redo의 알맞은 형태를 고르는 문제이다. 빈칸 앞에는 동사 suggested가 위치해 있는데, suggest는 동명사를 목적어로 취하는 타동사이므로 동명사인 (A) redoing이 정답이다.

해석 실험 결과에 대한 종합적인 연구 후에, 연구원은 실험을 **다시 하는 것을** 제안했다.

3. 정답 (A)

해설 빈칸에 들어갈 알맞은 동사를 고르는 문제이다. 빈칸 뒤에 동명사 having이 위치해 있으므로 빈칸은 동명사를 목적어로 취하는 동사 자리임을 알 수 있다. 따라서 (A), (B) 중 동명사를 목적어로 취하는 (A) requests가 정답이다. 타동사 plan은 to부정사를 목적어로 취하는 동사이다.

해석 그 여행사는 해외를 여행할 때 여권과 신분증의 사본을 소지하는 것을 강력하게 **요청한다**.

4. 정답 (A)

해설 빈칸에 들어갈 알맞은 동사의 -ing 형태를 고르는 문제이다. 빈칸 뒤에 동명사 replacing이 위치해 있으므로 빈칸은 동명사를 목적어로 취하는 동사 자리임을 알 수 있다. 따라서 (A), (B) 중 동명사를 목적어로 취하는 consider이며, 따라서 정답은 (A) considering이다. 타동사 decide는 to부정사를 목적어로 취하는 동사이다.

해석 Mama Burger 체인점은 튀긴 음식을 조리하기 위해 올리브유를 포도씨유로 교체하는 것을 **고려하고** 있다.

기출 맛보기

정답

1. (C)	2. (B)	3. (C)	4. (B)	5. (D)
6. (B)	7. (D)	8. (A)	9. (A)	10. (B)

1. 정답 (C)

해설 빈칸에 들어갈 동사 construct의 알맞은 형태를

고르는 문제이다. 빈칸 앞에 동명사 Limiting과 정관사 the가 위치해 있고 빈칸 뒤에 전치사구가 위치해 있으므로 빈칸은 동명사 Limiting의 명사 목적어 자리임을 알 수 있다. 따라서 (A)~(D) 중 명사 형태인 (C) construction이 정답이다.

해석 새로운 주택들의 **건설**을 제한하는 것이 그 문제를 해결할지도 모른다.

어휘 limit 한정하다, 제한하다 address 해결하다, 해결하다 construct 건설하다 construction 건설

2. 정답 (B)

해설 빈칸에 들어갈 동사 use의 알맞은 형태를 고르는 문제이다. 빈칸 앞에는 전치사 from이 위치해 있고 빈칸 뒤에는 use의 목적어 your smartphone이 위치해 있으므로 빈칸은 동명사 자리임을 알 수 있다. 따라서 (A)~(D) 중 동명사인 (B) using이 정답이다.

해석 비행기에 탑승해 있는 동안, 스마트폰을 **사용하는 것을** 삼가 주세요.

어휘 while ~ 동안 on board 승선한, 탑승한 refrain from -ing ~하는 것을 삼가다

3. 정답 (C)

해설 빈칸에 들어갈 동사 continue의 알맞은 형태를 고르는 문제이다. 빈칸 앞에는 동사 consider의 현재진행형 is considering이 위치해 있는데, consider는 동명사를 목적어로 취하는 타동사이므로 동명사인 (C) continuing이 정답이다.

해석 CEO는 MQ Sports와의 파트너십을 **지속하는 것을** 고려하고 있다.

어휘 partnership 파트너쉽, 제휴관계

4. 정답 (B)

해설 빈칸에 들어갈 동사 enter의 알맞은 형태를 고르는 문제이다. 빈칸 앞에는 전치사 Before가 위치해 있고 빈칸 뒤에는 enter의 목적어 Korea가 위치해 있으므로 빈칸은 동명사 자리임을 알 수 있다. 따라서 (A)~(D) 중 동명사인 (B) entering이 정답이다.

해석 한국에 **들어오기** 전에, 모든 관광객들은 모든 관세 규정을 주의 깊게 읽어야 한다.

어휘 **carefully** 주의 깊게 **customs rules** 관세 규정

5. 정답 (D)

해설 빈칸에 들어갈 알맞은 동사를 고르는 문제이다. 빈 칸 뒤에 동명사 supporting이 위치해 있으므로 빈칸은 동명사를 목적어로 취하는 동사 자리임을 알 수 있다. 따라서 (A)~(D) 중 동명사를 목적어로 취하는 동사 avoid의 과거형 (D) avoided가 정답이다.

해석 작년 음악 축제가 성공적이지 못했기 때문에, 지역 식당들은 다가오는 인디밴드 축제를 지원하는 것**을 피했다**.

어휘 **support** 지원하다 **upcoming** 다가오는 **manage** 관리하다 **plan** 계획하다 **wish** 소망하다, 희망하다 **avoid** 피하다, 회피하다

6. 정답 (B)

해설 빈칸에 들어갈 동사 receive의 알맞은 형태를 고르는 문제이다. 빈칸 뒤에 receive의 목적어 cash가 위치해 있고, 빈칸 앞에 전치사 of가 위치해 있으므로 빈칸은 전치사의 목적어 자리로서, 동명사 형태가 되어야 한다. 따라서 (B) receiving이 정답이다.

해석 연말 보너스로, 직원들은 수표 대신 현금을 **수령하는 것을** 선택할 수 있다.

어휘 **a year-end bonus** 연말 보너스 **choice** 선택 **cash** 현금 **in place of** ~을 대신하여 **receive** 수령하다, 받다

7. 정답 (D)

해설 빈칸에 들어갈 be동사의 알맞은 형태를 고르는 문제이다. 빈칸 앞에는 「동명사＋전치사구」가 문장의 주어로 위치해 있는데, 동명사는 단수명사 취급되므로 (A)~(D) 중 단수동사인 (D) is가 정답이다.

해석 대학교 지원서를 신청하는 것이 오늘 워크숍의 주제**이다**.

어휘 **apply** 지원하다, 신청하다 **application** 지원(서), 응시, 신청 **topic** 주제

8. 정답 (A)

해설 빈칸에 들어갈 단어의 알맞은 형태를 고르는 문제

이다. 빈칸 앞에 동명사 Taking과 형용사 legal이 위치해 있고 빈칸 뒤에는 전치사구가 위치해 있으므로 빈칸은 동명사 Taking의 명사 목적어 자리임을 알 수 있다. 따라서 (A)~(D) 중 명사인 (A) advice가 정답이다.

해석 전문가로부터 법률적 **조언**을 얻는 것이 매우 권장된다.

어휘 **legal** 합법적인, 법률의 **professional** 전문가 **highly** 매우 **recommend** 권장하다, 추천하다 **take advice** 조언을 얻다 **advise** 조언하다

9. 정답 (A)

해설 빈칸에 들어갈 알맞은 형용사를 고르는 문제이다. 빈칸 뒤에 위치한 전치사 for와 함께 쓰이면서, 주어 All professors와 전치사의 목적어 paid vacations의 의미를 연결할 수 있는 어휘가 빈칸에 들어 가야 한다. 따라서 '자격이 있는'을 의미하는 (A) eligible이 정답이다.

해석 모든 교수들은 대학에서 1년동안 근무하고 난 후 유급 휴가를 얻을 **자격이 된다**.

어휘 **be eligible for** ~를 받을 자격이 되다 **be capable of** ~할 능력이 되다 **be likely to do** ~할 것 같다 **be able to do** ~할 수 있다

10. 정답 (B)

해설 빈칸에 들어갈 알맞은 의미의 명사를 고르는 문제이다. 빈칸 뒤에 있는 전치사구의 내용이 '더 큰 투자를 위한'이라는 의미이고, 빈칸 앞에 위치한 동사 understands가 '이해하다'라는 의미이기 때문에 빈칸에 들어갈 명사는 '중요성'이라는 의미가 되어야 적절하다. 따라서 정답은 (B) significance 이다.

해석 Beta Sciences는 연구와 장비에서의 더 큰 투자에 대한 **중요성을** 이해한다.

어휘 **understand** 이해하다 **greater** 더 큰, 더 대단한 **investment** 투자 **research** 연구, 조사 **equipment** 장비 **performance** 성과, 수행 **significance** 중요성 **nomination** 후보 지명, 추천 **appointment** 임명, 약속

Unit 13. 분사

최신 기출 POINT 35
분사는 명사를 앞에서 수식한다!

유형 연습하기

정답

1. (B)   2. (B)   3. (B)   4. (A)

1. 정답 (B)

해설 빈칸에 들어갈 동사 extend의 알맞은 형태를 고르는 문제이다. 빈칸 앞에 전치사 on이 있고 빈칸 뒤에 명사 hours가 위치해 있으므로, 빈칸에 들어갈 extend는 명사 hours를 수식해야 한다. 따라서 (A), (B) 중에 명사를 수식할 수 있는 과거분사 형태인 (B) extended가 정답이다.

해석 Seoul Transit은 추석이나 설날과 같은 특별 휴일 동안 **연장된** 시간으로 운영된다.

2. 정답 (B)

해설 빈칸에 들어갈 동사 certify의 알맞은 형태를 고르는 문제이다. 빈칸 앞에 부정관사 a가 있고 빈칸 뒤에 명사 agent가 위치해 있으므로, 빈칸에 들어갈 certify는 명사 agent를 수식해야 한다. 따라서 (A), (B) 중에 명사를 수식할 수 있는 과거분사 형태인 (B) certified가 정답이다.

해석 전문 변호사를 고용하고자 한다면 그 회사의 **공인 받은** 직원에게 이야기해야 한다.

3. 정답 (B)

해설 빈칸에 들어갈 동사 limit의 알맞은 형태를 고르는 문제이다. 빈칸 앞에 부정관사 a가 있고 빈칸 뒤에 명사 time이 위치해 있으므로, 빈칸에 들어갈 limit은 명사 time을 수식해야 한다. 따라서 (A), (B) 중에 명사를 수식할 수 있는 과거분사 형태인 (B) limited가 정답이다.

해석 **제한된** 시간 동안, 쇼핑객들은 50퍼센트의 할인을 받을 수 있다.

4. 정답 (A)

해설 빈칸에 들어갈 동사 visit의 알맞은 형태를 고르는 문제이다. 빈칸 앞에 정관사 The가 있고 빈칸 뒤에 명사 speaker가 위치해 있으므로, 빈칸에 들어갈 visit는 명사 speaker를 수식해야 한다. 따라서 (A), (B) 중에 명사를 수식할 수 있는 현재분사 형태인 (A) visiting이 정답이다.

해석 **초대** 연사가 Fairfield 사의 신입사원들에게 연설을 했다.

최신 기출 POINT 36
분사는 명사를 뒤에서도 수식할 수 있다!

유형 연습하기

정답

1. (B)   2. (B)   3. (B)   4. (B)

1. 정답 (B)

해설 빈칸에 들어갈 동사 issue의 알맞은 형태를 고르는 문제이다. 빈칸 앞에 명사 Bank statements가 있고, 빈칸 뒤에 전치사구가 있으며, 그 뒤에 문장의 동사인 may be가 있으므로 빈칸은 동사 자리가 아닌 Bank statements를 수식하는 분사 자리임을 알 수 있다. 따라서 (A), (B) 중에 명사를 수식할 수 있는 과거분사 형태인 (B) issued가 정답이다.

해석 3월 중에 **발행된** 은행 거래내역서는 컴퓨터 문제로 오류가 있을 수도 있다.

2. 정답 (B)

해설 빈칸에 들어갈 동사 discuss의 알맞은 형태를 고르는 문제이다. 빈칸 앞에 명사 All matters와 부사가 있으며, 빈칸 뒤에 전치사구에 이어서 문장의 동사인 are이 있으므로 빈칸은 동사 자리가 아닌 All matters를 수식하는 분사 자리임을 알 수 있다. 빈칸 뒤에 discuss의 목적어가 없으므로 수동의 의미를 나타내는 과거분사 형태로 쓰인 (B) discussed가 정답이다.

해석 의회의 직원들에 의해 개별적으로 **논의된** 모든 사안들은 기밀이다.

3. 정답 (B)

해설 빈칸에 들어갈 동사 seek의 알맞은 형태를 고르는 문제이다. 빈칸 앞에 명사 Workers가 있고, 빈칸 뒤에 seek의 목적어로 보이는 명사 advice가 위치해 있는데, 문장의 동사인 should contact가 있으므로 빈칸은 동사 자리가 아닌 Workers를 수식하는 분사 자리임을 알 수 있다. 따라서 (A), (B) 중에 명사를 수식할 수 있는 현재분사 형태인 (B) seeking이 정답이다.

해석 진급 기회에 관한 조언을 **구하는** 직원들은 Randall 씨에게 연락해야 한다.

4. 정답 (B)

해설 빈칸에 들어갈 동사 make의 알맞은 형태를 고르는 문제이다. 빈칸 앞에 명사 kitchen utensils가 있고, 그 앞에 문장의 동사 advertises가 있으므로 빈칸은 동사 자리가 아닌 kitchen utensils를 수식하는 분사 자리임을 알 수 있다. 빈칸 뒤에 make의 명사 목적어가 아닌 전치사구가 위치해 있으므로 수동의 의미를 나타내는 과거분사 (B) made가 정답이다.

해석 Star Organic은 유기농 밀로 **만들어진** 조리도구를 만드는 것으로 친환경 의식을 광고한다.

최신 기출 POINT 37
부사의 자리에 들어가는 분사를 분사구문이라고 한다!

유형 연습하기

정답			
1. (B)	2. (A)	3. (B)	4. (A)

1. 정답 (B)

해설 빈칸에 들어갈 동사 allow의 알맞은 형태를 고르는 문제이다. 빈칸은 완전한 절의 뒤에 콤마(,) 다음에 위치해 있으므로 부사의 자리임을 알 수 있다. 부사의 자리에는 분사가 분사구문으로 쓰일 수 있는데, 빈칸 뒤에 users라는 명사가 목적어로 쓰였으므로 빈칸에는 능동의 의미인 현재분사가 들어가야 한다. 따라서 (B) allowing이 정답이다.

해석 새로운 XPhone 5는 사용자들이 1 기가바이트의 파일을 단 3초 만에 다운로드**하는 것을 가능하게 하면서**, 더 빠른 인터넷 연결을 특징으로 한다.

2. 정답 (A)

해설 빈칸에 들어갈 동사 reduce의 알맞은 형태를 고르는 문제이다. 빈칸은 완전한 절의 뒤에 콤마(,) 다음에 위치해 있으므로 부사의 자리임을 알 수 있다. 부사의 자리에는 분사가 분사구문으로 쓰일 수 있는데, 빈칸 뒤에 printing time이라는 명사가 목적어로 쓰였으므로 빈칸에는 능동의 의미인 현재분사가 들어가야 한다. 따라서 (A) reducing이 정답이다.

해석 50%로 출력 시간을 **줄이면서**, Sky Creations의 Swift 프린터는 1분에 10페이지를 출력할 수 있다.

3. 정답 (B)

해설 빈칸에 들어갈 동사 construct의 알맞은 형태를 고르는 문제이다. 빈칸 뒤에 three years ago라는 시간부사가 위치해 있고, 콤마(,) 뒤에 완전한 절이 이어져 있으므로 빈칸은 부사의 자리임을 알 수 있다. 부사의 자리에는 분사가 분사구문으로 쓰일 수 있는데, 빈칸 뒤에 construct의 목적어가 없으므로 빈칸에는 수동의 의미인 과거분사가 들어가야 한다. 따라서 (B) Constructed가 정답이다.

해석 3년 전에 **건설된**, Space Mall은 Harborville에서 가장 큰 쇼핑몰 중에 하나이다.

4. 정답 (A)

해설 빈칸에 들어갈 동사 practice의 알맞은 형태를 고르는 문제이다. 빈칸 뒤에 practice의 목적어 the violin이 위치해 있고, 콤마(,) 뒤에 완전한 절이 이어져 있으므로 빈칸은 부사의 자리임을 알 수 있다. 부사의 자리에는 분사가 분사구문으로 쓰일 수 있으므로 빈칸에는 능동의 의미를 나타내는 현재분사가 들어가야 한다. 따라서 (A) Practicing이 정답이다.

해석 함께 바이올린을 **연습하며**, 두 음악가는 서로 영감을 주었다.

기출 맛보기

정답

1. (C)	2. (C)	3. (C)	4. (D)	5. (C)
6. (C)	7. (C)	8. (C)	9. (A)	10. (C)

1. 정답 (C)

해설 빈칸에 들어갈 동사 update의 알맞은 형태를 고르는 문제이다. 빈칸 앞에 정관사 The가 있고 빈칸 뒤에 명사 training handbook이 위치해 있으므로, 빈칸에 들어갈 update는 명사 training handbook을 수식해야 한다. 문맥상 training handbook은 스스로 직접 업데이트를 하는 것이 아니라 '업데이트 되는 것'이므로 분사인 (B), (C) 중에 수동의 의미로 명사를 수식하는 과거분사 (C) updated가 정답이다.

해석 **업데이트 된** 트레이닝 핸드북은 엄격하게 현장 관리자만을 위한 것이다.

어휘 strictly 엄격하게 site 현장

2. 정답 (C)

해설 빈칸에 들어갈 동사 limit의 알맞은 형태를 고르는 문제이다. 빈칸 앞에 부정관사 a가 있고 빈칸 뒤에 명사 time이 위치해 있으므로, 빈칸에 들어갈 limit는 명사 time을 수식해야 한다. 문맥상 time은 스스로 직접 한정하는 것이 아니라 '한정되는 것'이므로 분사인 (B), (C) 중에 수동의 의미로 명사를 수식하는 과거분사 (C) limited가 정답이다.

해석 신규 서점은 **한정된** 시간 동안 500편의 고전 소설에 대해 할인을 제공하고 있다.

어휘 provide 제공하다 discount on ~에 대한 할인 novel 소설 limited 한정된

3. 정답 (C)

해설 빈칸에 들어갈 동사 take의 알맞은 형태를 고르는 문제이다. 빈칸 앞에 명사 Photos가 있고, 빈칸 뒤에는 전치사구가 위치해 있는데, 그 뒤에 문장의 동사 will be posted가 있으므로 빈칸은 동사 자리가 아닌 Photos를 수식하는 분사 자리임을 알 수 있다. 빈칸 뒤에 take의 명사 목적어가 아닌 전치사구가 위치해 있으므로 수동의 의미를 나타내는 과거분사 (C) taken이 정답이다.

해석 연례의 소풍에서 **찍힌** 사진들은 내일 기관의 공식 웹페이지에 게시될 것입니다.

어휘 annual 해마다의, 연례의 post 게시하다 organization 단체, 조직, 기관 official 공식적인

4. 정답 (D)

해설 빈칸에 들어갈 동사 allow의 알맞은 형태를 고르는 문제이다. 빈칸은 완전한 절 뒤에 콤마(,) 다음에 위치해 있으므로 부사의 자리임을 알 수 있다. 부사의 자리에는 분사가 분사구문으로 쓰일 수 있는데, 빈칸 뒤에 you라는 대명사가 목적어로 쓰였으므로 빈칸에는 능동의 의미인 현재분사가 들어가야 한다. 따라서 (D) allowing이 정답이다.

해석 당신이 원하는 언제든지 식사하도록 **하면서**, Mike's Diner에서의 아침 메뉴는 하루 종일 제공됩니다.

어휘 serve 제공하다 day and night 밤낮으로, 하루 종일 whenever 언제든지 allow A to do: A가 ~하도록 (허용)하다

5. 정답 (C)

해설 빈칸에 들어갈 동사 invite의 알맞은 형태를 고르는 문제이다. 빈칸 앞에 정관사 the가 있고 빈칸 뒤에 명사 guests기 위치해 있으므로, 빈칸에 들어갈 invite는 명사 guests를 수식해야 한다. 문맥상 guests는 직접 초대하는 행위를 하는 주체가 아니라 '초대받는' 대상이므로 분사인 (A), (C) 중에 수동의 의미로 명사를 수식하는 과거분사 (C) invited가 정답이다.

해석 많은 사람들이 결혼식에 참석하기로 예상되었기 때문에, **초대된** 손님들은 일찍 도착하고 떠날 것을 부탁 받았다.

어휘 **be expected to do** ~할 것으로 예상되다
attend 참석하다 **guest** 손님 **be asked to
do** ~할 것을 부탁 받다

6. 정답 (C)

해설 빈칸에 들어갈 동사 register의 알맞은 형태를 고르는 문제이다. 빈칸 뒤에 명사 users가 위치해 있으므로, 빈칸에 들어갈 register는 명사 users를 수식해야 한다. 따라서 (A)~(D) 중 명사를 수식할 수 있는 과거분사 형태인 (C) Registered가 정답이다.

해석 Newsweek Online의 **등록된** 사용자들은 최신 엔터테인먼트 뉴스를 특종으로 하는 주간 뉴스레터를 받을 수 있다.

어휘 **receive** 받다 **weekly** 주간의, 매주의 **latest** 최신의 **registration** 등록 **register** 등록하다 **registered** 등록된

7. 정답 (C)

해설 빈칸에 들어갈 동사 advance의 알맞은 형태를 고르는 문제이다. 빈칸 앞에 정관사 the가 있고 빈칸 뒤에 명사 marketing techniques가 위치해 있으므로, 빈칸에 들어갈 advance는 명사 marketing techniques를 수식해야 한다. 문맥상 marketing techniques는 스스로 직접 발전하는 주체가 아니라 '발전되는' 대상이므로 분사인 (C), (D) 중에 수동의 의미로 명사를 수식하는 과거분사 (C) advanced가 정답이다.

해석 ABC Motors 사에 의해 채택된 **발전된** 마케팅 기술들로 인해 더 좋은 결과와 더 나은 품질의 상품이 나올 것이다.

어휘 **output** 결과 **quality** 품질의, 고급의 **product** 상품 **due to** ~로 인해 **technique** 기술 **adopt** 채택하다 **advance** 발전하다, 진보하다 **advanced** 발전된, 진보된

8. 정답 (C)

해설 빈칸에 들어갈 동사 train의 알맞은 형태를 고르는 문제이다. 빈칸 앞에 부정관사 a가 있고 빈칸 뒤에 명사 professional이 위치해 있으므로, 빈칸에 들어갈 train은 명사 professional을 수식해야 한다. 따라서 (A)~(D) 중에 명사를 수식할 수 있는 과거분사 형태인 (C) trained가 정답이다.

해석 비록 더 많은 RAM을 추가하는 것이 쉬운 절차이지만, 그것은 **훈련된** 전문가에 의해서만 수행되어야 한다.

어휘 **even though** 비록 ~지만 **procedure** 절차, 과정 **professional** 전문가 **train** 훈련시키다

9. 정답 (A)

해설 빈칸에 들어갈 알맞은 의미의 명사를 고르는 문제이다. 빈칸이 포함된 전치사구 뒤의 문장 내용에서 '학생들은 10페이지까지 복사하는 것이 허용된다'라는 의미이므로 전치사구의 의미는 '도서관 사서의 허용'과 관련된 것임을 알 수 있다. 따라서 (A)~(D) 중 '허가', '허락'이라는 의미를 나타내는 명사 (A) permission이 정답이다.

해석 도서관 사서로부터의 **허락**으로, 학생들은 최대 10페이지까지 복사하는 것이 허용된다.

어휘 **with + 명사**: ~을 가지고, ~으로 **be allowed to do** ~하는 것이 허용된다 **permission** 허락, 허가 **suggestion** 제안 **opinion** 의견 **correction** 수정, 정정

10. 정답 (C)

해설 빈칸에 들어갈 알맞은 의미의 명사를 고르는 문제이다. 설계도를 제출할 주체에 해당하는 사람 명사이어야 하므로 문맥상 '건물에 대한 설계도'와 연관 있는 직업은 '건축가'가 가장 적합하다. 따라서 (C) architects가 정답이다.

해석 일본인 **건축가들은** Clinton Industries 사의 새 건물을 위한 최종 설계도를 곧 제출할 것이다.

어휘 **blueprint** 설계도, 청사진 **reporter** 기자 **accountant** 회계사 **architect** 건축가 **carpenter** 목수

Unit 14. 준동사 (Part 6)

유형 연습하기

정답

1. (B)   2. (A)   3. (D)   4. (C)

[1-4]

보내는 사람: steverobinson@flightsports.com
받는 사람: harryevens@qmail.com
날짜 : 4월 1일
제목: Flight Sports

Evans 씨에게,

저희는 3월 29일에 고객님의 메시지를 **1. 받았습니다.** 저희 기록에 따르면, 고객님께서는 3월 23일에 저희 웹사이트로부터 NK 농구화 3켤레를 주문한 것으로 나타납니다. 고객님의 물건은 3월 27일에 도착할 것으로 예정되어 있었습니다. **2. 아직까지 그것들을 받지 못하신 것에 사과 드립니다.** 배송은 보통 4일 이상 걸리지 않습니다. 저희는 고객님의 주문을 성공적으로 조회하였습니다. 그래서 이 정보에 **3. 근거하여** 고객님은 4월 3일에 물건을 받으셔야 합니다. 만약 주문이 도착하지 않으면, 저희에게 즉각 연락주세요. 지연된 것에 대해 진심으로 사과 드립니다. 배송에 문제가 있는 것은 저희들에게 드문 일입니다. 저는 이 상황이 보통의 상황이 아니라는 사실을 **4. 강조하고** 싶습니다.

감사합니다. 좋은 하루 되세요.

안녕히 계세요.
Steve Robinson

Flight Sports

1. 정답 (B)

해설 빈칸에 들어갈 동사 receive의 알맞은 형태를 고르는 문제이다. 문장 마지막에 언급된 3월 29일은 이메일의 작성일자인 4월 1일보다 과거이므로 빈칸에 들어갈 동사는 과거시제가 되어야 한다. 따라서 (B) received가 정답이다.

2. 정답 (A)

해설 빈칸에 들어갈 알맞은 문장을 고르는 문제이다. 빈칸 앞 문장은 '귀하의 물품이 3월 27일에 도착할 예정이었다'는 내용이고, 빈칸 뒤의 문장은 '배송은 보통 4일 이상 걸리지 않는다'는 내용이므로 이메일 수신인이 주문한 물품이 아직 도착하지 않은 것임을 알 수 있다. 따라서 빈칸에는 아직 배송되지 않은 것에 대한 사과의 말이 적합하므로 (A)가 정답이다.

해석 (A) 아직 그것들을 받지 못하신 것에 대해 사과 드립니다.
(B) 감사의 표시로, 첨부된 상품권을 찾아주세요.
(C) 영업부장 직책에 지원해주셔서 감사합니다.
(D) 주차 공간 목록을 내일 웹사이트에 게시하겠습니다.

3. 정답 (D)

해설 빈칸에 들어갈 알맞은 전치사를 고르는 문제이다. 빈칸 뒤에 언급된 this information은 앞 문장에서 '주문에 대해 조회하였다'(tracked your order)는 내용에서 언급된 주문품 추적 정보를 말하는 것임을 알 수 있다. 빈칸이 포함된 문장의 내용은 '4월 3일에 주문품을 받아야 한다'라는 내용이므로 '이 정보에 근거하여'라는 의미가 되는 것이 자연스럽다. 따라서 '~에 근거하여'라는 의미를 나타내는 (D) based on이 정답이다.

4. 정답 (C)

해설 빈칸에 들어갈 동사 stress의 알맞은 형태를 고르는 문제이다. 빈칸 앞에 위치한 would like는 to부정사를 목적어로 취하므로 (C) to stress가 정답이다.

기출 맛보기

정답

1. (B)	2. (C)	3. (A)	4. (D)	5. (D)
6. (C)	7. (B)	8. (A)		

[1-4]

보내는 사람: 고객서비스 <noreply123@tkpaper.com>

받는 사람: Steven Beckham <stevebeck10@qmail.com>

날짜: 1월 7일

제목: 회원 정보

TK 신문사의 새로운 구독자가 **1. 되어 주신 것에** 대해 감사 드리고 싶습니다. 귀하는 향후 12개월 동안 온라인 뉴스 자료에 대한 접근권한과 더불어 저희의 신문을 받으실 겁니다.

저희 신문의 회원 상태를 **2. 변경하기를** 원하실 때 (213) 456-8343으로 저희 서비스 상담원에게 **3. 연락해 주시면** 됩니다. www.tkpaper.com에 로그인 하셔서 계정 정보 업데이트를 하실 수 있습니다.

컴퓨터 호환 문제로 인해 특정 업데이트를 하실 수 없을 수도 있다는 점을 알아 두시기 바랍니다. **4. 저희는 불편에 대해 사과 드립니다.**

어휘 would like to do ~하고 싶다 receive 수신하다, 받다 in addition to ~에 추가로, ~와 더불어 access 접근 status 상태 service operator 서비스 상담원 be aware that ~라는 점을 알다 due to ~때문에 compatibility 호환성 apologize for ~에 대해 사과하다 inconvenience 불편

1. 정답 (B)

해설 빈칸에 들어갈 동사 become의 알맞은 형태를 고르는 문제이다. 빈칸 앞에 전치사 for가 위치해 있고 빈칸 뒤에 become의 보어 a new subscriber가 위치해 있으므로 become은 전치사의 목적어가 될 수 있도록 동명사 형태이어야 한다. 따라서 (B) becoming이 정답이다.

2. 정답 (C)

해설 빈칸에 들어갈 동사 change의 알맞은 형태를 고르는 문제이다. 빈칸 앞에 위치한 타동사 want는 to부정사를 목적어로 취하므로 (C) to change가 정답이다.

3. 정답 (A)

해설 빈칸에 들어갈 알맞은 동사를 고르는 문제이다. 빈칸 뒤의 목적어는 '서비스 상담원'을 의미하고 그 뒤에 전치사구는 전화번호를 나타내므로, 빈칸에 들어갈 동사는 '연락하다'라는 의미를 나타내는 (A) contact가 정답이다.

어휘 contact 연락하다 respond 응답하다, 응대하다 subscribe 구독하다 write 쓰다, 적다

4. 정답 (D)

해설 빈칸에 들어갈 알맞은 문장을 고르는 문제이다. 빈칸 앞문장의 의미는 호환성 문제로 특정 업데이트가 되지 않을지도 모른다는 내용이므로 빈칸의 내용은 고객에게 발생할 문제에 대해 미리 양해를 구하는 내용이 적절하다. 따라서 이러한 문제에 대한 사과의 내용을 나타내는 (D)가 정답이다.

해석 (A) 당신은 온라인으로 직무에 대한 지원을 할 수 있습니다.
(B) 당신의 다가오는 사교 행사에 대해 알림을 받을 것입니다.
(C) 저희는 당신과 일하는 것을 기대하고 있습니다.
(D) 저희는 불편에 대해 사과 드립니다.

어휘 apply for ~에 지원하다 position 직무 inform 알리다 upcoming 다가오는 social event 사교 행사, 사교 모임 look forward to -ing: ~하는 것을 기대하다 apologize for ~에 대해 사과하다 inconvenience 불편

[5-8]

10월 5일 – 3년 간의 오랜 계획 후에, 서울시 역사상 가장 높은 건물이 **5. 문을 열** 준비가 되었습니다. Skyview Convention Center는 한강 옆에 있으며, 각각 최대 300명까지 수용할 수 있는 10개의 거대한 컨퍼런스 룸을 보유할 것으로 예상됩니다. 그들의 첫 손님은 바운스 스타즈 농구 시상식을 위해 11월 11일에 **6. 도착할 것입니다.**

이 프로젝트는 이 지역에 지어질 5개의 새로운 건물 중 하나입니다. Jinho Park 서울시장은 이 프로젝트가 **7. 중요하다고** 말했습니다. "지난 5년간 관광객과 방문객 수에 엄청난 증가가 있었습니다."라고

Jinho Park 시장은 말했습니다. 이 사실로 인해, 큰 규모의 국제적인 컨퍼런스를 개최하기가 어려웠습니다. **8. 명백히, 요구를 충족시키기 위해 더 많은 장소에 대한 필요성이 매우 컸습니다.**

어휘 **be ready to do** ~할 준비가 되다 **be expect to do** ~할 것으로 예상되다 **hold** 수용하다 **up to** ~까지 **state** 언급하다 **immense** 엄청난, 많은

5. 정답 (D)
해설 빈칸에 들어갈 동사 open의 알맞은 형태를 고르는 문제이다. 빈칸 앞에 위치한 형용사 ready는 be동사와 to부정사가 함께 쓰여 「be ready to 동사원형」의 구조로 '~할 준비가 되다'라는 의미를 나타낸다. 따라서 빈칸은 to부정사의 자리이므로 (D) to open이 정답이다.

6. 정답 (C)
해설 빈칸에 들어갈 동사 arrive의 알맞은 시제를 고르는 문제이다. 빈칸 뒤에 언급된 날짜인 11월 11일은 기사가 작성된 날짜인 10월 5일보다 미래의 시점이므로, 해당 문장의 내용인 11월 11일에 첫 손님들이 농구 시상식에 도착할 것이라는 미래시제가 되어야 한다. 따라서 (C) will arrive가 정답이다.

7. 정답 (B)
해설 빈칸에 들어갈 알맞은 품사를 고르는 문제이다. 빈칸 앞에 주어 these projects와 be동사 are이 위치해 있으므로 빈칸은 주격보어 자리임을 알 수 있다. 문맥상 '이 프로젝트들은 중요하다'라는 의미가 되는 것이 자연스러우므로 형용사 (B) significant가 정답이다. 명사 또한 주격보어로 쓰일 수 있지만 (C) signification의 경우 문장이 '이 프로젝트들은 의미이다'라는 비문법적인 의미가 되므로 오답이다.
어휘 **signify** 의미하다, 중요하다 **significant** 중요한 **signification** 의미

8. 정답 (A)
해설 빈칸에 들어갈 알맞은 문장을 고르는 문제이다. 빈

칸 앞문장에서 시장이 '지난 5년간 방문객과 관광객의 수가 엄청나게 증가했다'는 내용과 '큰 규모의 국제회의를 열기 어려웠다'는 내용으로 미루어 보아 큰 규모의 국제회의를 열어야 하는데 많은 인원을 수용할 수 있는 장소가 필요하다는 것을 알 수 있다. 따라서 이러한 내용과 관련이 있는 (A)가 정답이다.

해석 (A) 명백히, 요구를 충족시키기 위해 더 많은 장소에 대한 필요성이 매우 컸습니다.
(B) 저희는 그 행사가 굉장한 성공을 거두었다는 것에 기쁩니다.
(C) 게다가, 호텔 예약에 대해 엄청난 할인이 제공되었습니다.
(D) 그래서, 저는 모든 사람들의 참여를 요청하고 있습니다.

어휘 **clearly** 명백히 **huge** 거대한 **need** 필요(성) **venue** (행사의) 장소 **in order to do** ~하기 위해서 **meet** 충족시키다 **demand** 수요, 요구 **be delighted that** ~해서 기쁘다 **tremendous** 엄청난, 굉장한 **success** 성공 **in addition** 게다가 **reservation** 예약 **ask for** ~을 요청하다 **involvement** 참여, 관여

Unit 15. 전치사(1) [시간, 장소]

최신 기출 POINT 40
전치사는 목적어가 필요하다!

유형 연습하기

정답

1. (A)   **2.** (B)   **3.** (B)   **4.** (B)

1. 정답 **(A)**

해설 빈칸에 들어갈 단어의 알맞은 형태를 고르는 문제이다. 빈칸 앞에 전치사 of가 위치하고 있으므로 빈칸은 명사 자리임을 알 수 있다. 따라서 '구매', '구입'이라는 의미를 나타내는 명사 (A) purchase가 정답이다. 전치사의 목적어 자리에는 to부정사가 위치할 수 없으므로 (B) to purchase는 오답이다.

해석 당신은 **구매**의 30일 이내에 전액 환불을 받을 수 있다.

2. 정답 **(B)**

해설 빈칸에 들어갈 단어의 알맞은 형태를 고르는 문제이다. 빈칸 앞에 전치사 of가 위치해 있고, 빈칸 뒤에 명사 목적어 SARA Inc.가 위치해 있으므로 빈칸은 명사 목적어를 가질 수 있는 동명사 자리임을 알 수 있다. 따라서 동명사인 (B) acquiring이 정답이다. 명사는 또 다른 명사를 목적어로 가질 수 없으므로 (A) acquisition은 오답이다.

해석 경영진은 SARA 주식회사를 **인수하는 것**의 이점들을 논의하고 있다.

3. 정답 **(B)**

해설 빈칸에 들어갈 단어의 알맞은 형태를 고르는 문제이다. 빈칸 앞에 전치사 for와 정관사 the가 있고, 빈칸 뒤에 전치사구가 위치해 있으므로 빈칸이 명사 자리임을 알 수 있다. 따라서 (B) construction이 정답이다.

해석 시의회는 새로운 쇼핑몰 **건설**을 위한 자금을 줄이

는 법을 통과시켰다.

4. 정답 **(B)**

해설 빈칸에 들어갈 알맞은 단어를 고르는 문제이다. 빈칸 뒤에는 「형용사 + 명사」 구조의 명사구 harsh weather conditions가 위치해 있으므로 빈칸은 전치사 자리임을 알 수 있다. 따라서 전치사인 (B) due to가 정답이다.

해석 혹독한 기상 상태**로 인해** Concert at the Beach에 대한 입장권은 신청에 의해 환불될 것이다.

최신 기출 POINT 41
시험에 꼭 나오는 시간 전치사

유형 연습하기

정답

1. (B)   **2.** (A)   **3.** (A)   **4.** (A)

1. 정답 **(B)**

해설 빈칸에 들어갈 알맞은 전치사를 고르는 문제이다. 빈칸 뒤에 날짜를 나타내는 January 1st가 위치해 있으므로 날짜와 함께 쓰이는 시간 전치사 (B) on이 정답이다.

해석 Greenways는 1월 1일**에** 모든 식기세척기 세제의 가격을 10 퍼센트 낮출 것이다.

2. 정답 **(A)**

해설 빈칸에 들어갈 알맞은 전치사를 고르는 문제이다. 빈칸 뒤에 날짜를 나타내는 May 25th가 있는데, 문맥상 '~까지'라는 기한의 의미로, 해당 시점 이전까지 완료되어야 한다는 것을 나타내야 하므로 (A) by가 정답이다. until은 해당 시점까지 지속되어야 하는 것을 의미하는 전치사이다.

해석 OK 텔레콤은 5월 25일**까지** 기한인, 동봉된 귀하의 전화 요금 청구서에 대한 빠른 납입을 감사 드

립니다.

3. 정답 **(A)**

해설 빈칸에 들어갈 알맞은 전치사를 고르는 문제이다. 빈칸 뒤에 기간을 나타내는 명사 the summer season이 있으므로 '~동안'을 나타내는 전치사 (A) during이 정답이다. 전치사 to는 '~으로'라는 의미로 방향을 나타내는 전치사이며, 수동태 be required 뒤에 to가 위치하는 것은 to부정사인 경우이기 때문에 to 뒤에 동사원형이 위치해야 한다.

해석 뉴스에 따르면, 여름 **동안** 항상 수분을 유지한 상태로 있는 것이 요구된다.

4. 정답 **(A)**

해설 빈칸에 들어갈 알맞은 전치사를 고르는 문제이다. 빈칸 뒤에 기간을 나타내는 명사 the next two years가 있으므로 '~동안'을 나타내는 전치사 (A) over이 정답이다. 전치사 at은 기간이 아닌 정확한 시점을 나타낼 때 쓰이는 전치사이므로 오답이다.

해석 Mega Advertising은 향후 2년 **동안** 2개의 새로운 프로젝트를 이끌 광고 담당 이사를 구하고 있다.

최신 기출POINT 42
시험에 꼭 나오는 장소 전치사

유형 연습하기

정답

1. (B)	**2.** (B)	**3.** (A)	**4.** (A)

1. 정답 **(B)**

해설 빈칸에 들어갈 알맞은 전치사를 고르는 문제이다. 빈칸 뒤에 장소를 나타내는 고유명사 Farmer's Market이 있으므로 '~의 근처에'라는 의미를 나타내는 장소 전치사 (B) near이 정답이다.

해석 Adams Center는 Farmer's Market **근처에** 편리하게 위치해 있습니다.

2. 정답 **(B)**

해설 빈칸에 들어갈 알맞은 전치사를 고르는 문제이다. 빈칸 뒤에 명사 your monthly phone bill이 위치해 있는데, 문맥상 '월별 청구서에'라는 위치의 의미를 나타내야 하므로 표면의 위를 나타내는 전치사 (B) on이 정답이다.

해석 귀하의 전화 요금제에 있어서의 변경사항은 항상 월별 전화 요금 청구서 **상에** 명시되어 있습니다.

3. 정답 **(A)**

해설 빈칸에 들어갈 알맞은 전치사를 고르는 문제이다. 빈칸 뒤에 장소를 나타내는 명사 the Teacher's Lounge가 위치해 있으므로 '~에 있는'이라는 장소의 의미를 나타내는 전치사 (A) in이 정답이다.

해석 교사들은 금요일마다 오후 7시에 교사 휴게실**에 있는** 모든 컴퓨터를 꺼야 한다.

4. 정답 **(A)**

해설 빈칸에 들어갈 알맞은 전치사를 고르는 문제이다. 빈칸 뒤에 장소를 나타내는 명사 the airport가 위치해 있다. 또한 그 뒤에 '~로', '~까지'라는 의미를 나타내는 전치사 to가 포함된 전치사구가 있으므로 '~부터 …까지'라는 의미를 나타내는 「from A to B」 구조를 이루기 위해 (A) from이 정답이다.

해석 모든 손님은 공항**에서** 저희 호텔까지 셔틀 버스를 탈 수 있습니다.

기출 맛보기

정답

1. (C)	**2.** (A)	**3.** (B)	**4.** (A)	**5.** (D)
6. (A)	**7.** (D)	**8.** (A)	**9.** (A)	**10.** (B)

1. 정답 **(C)**

해설 빈칸에 들어갈 알맞은 전치사를 고르는 문제이다. 빈칸 뒤에 날짜를 나타내는 July 10th가 위치해 있으므로 날짜와 함께 쓰이는 시간 전치사 (C) on이 정답이다.

해석 Hot Car Trends는 팬들을 위해 7월 10일**에** 자동차 쇼를 열 것이다.

어휘 hold 열다, 개최하다

2. 정답 (A)

해설 빈칸에 들어갈 알맞은 전치사를 고르는 문제이다. 빈칸 뒤에 장소를 나타내는 명사 the airport가 위치해 있으므로 '~에'라는 장소의 의미를 나타내는 전치사 (A) at이 정답이다.

해석 Garvey 씨가 곧 공항**에** 도착하지 않는다면, 그는 도쿄로 가는 항공편을 놓칠 것이다.

어휘 unless ~가 아니라면 arrive 도착하다 miss ~을 놓치다 flight 항공편 after ~ 후에 across ~을 가로질러 until (지속) ~까지

3. 정답 (B)

해설 빈칸에 들어갈 알맞은 전치사를 고르는 문제이다. 빈칸 뒤에 위치한 명사 the workshop은 발표를 해야 하는 시점을 나타내므로 '~중에', '~동안'이라는 의미로 기간을 나타내는 전치사 (B) during이 정답이다.

해석 우리의 베테랑 매니저들은 워크숍 **중에** 발표를 해야 합니다.

어휘 be required to do ~하는 것이 요구되다, ~해야 하다 make a presentation 발표하다 by ~까지, ~옆에 during ~중에, ~동안 next to ~옆에 between ~사이에

4. 정답 (A)

해설 빈칸에 들어갈 알맞은 전치사를 고르는 문제이다. 빈칸 뒤에 위치한 명사 customers는 복수명사이므로 셋 이상을 나타내는 명사 앞에 쓰이는 전치사 (A) among이 정답이다. between은 목적어로 두 가지 항목을 나타내는 명사를 가지는 전치사이므로 오답이다.

해석 고객들 **사이에** 가장 인기 있는 Vari의 제품은 V5 스마트폰이며, 그것은 999달러로 팔린다.

어휘 popular 인기 있는 product 제품 customer 고객 retail (특정 가격에) 팔리다 among (셋 이상) 사이에 between (두 개의) 사이에 to ~으로 behind ~뒤에

5. 정답 (D)

해설 빈칸에 들어갈 알맞은 전치사를 고르는 문제이다.

빈칸 뒤에 기간을 나타내는 명사 90 days가 위치해 있으므로 문장의 의미상 '구매한 지 90일 이내에 환불을 요청할 수 있다'라는 내용이 되어야 한다. 따라서 '~내에'라는 의미를 나타내는 전치사 (D) within이 정답이다. during은 90 days와 같이 숫자가 포함된 기간 명사와 쓰이지 않고 일반명사와 함께 쓰이는 전치사이므로 오답이다.

해석 Carino Apparel 고객들은 어떠한 구매품이든 90일 **내에** 환불을 요청할 수 있다.

어휘 request 요청하다 refund 환불 purchase 구매품 to ~으로 during ~중에, ~동안 across 건너편에 within ~이내에

6. 정답 (A)

해설 빈칸에 들어갈 알맞은 전치사를 고르는 문제이다. 빈칸 뒤에 장소를 나타내는 명사 Meeting room A가 위치해 있으므로 '~에'라는 장소의 의미를 나타내는 전치사 (A) in이 정답이다. on은 표면 위에 있는 경우에 쓰이는 전치사이므로 오답이다.

해석 제안된 놀이공원에 대해 논의하기 위해서, New Town 의회는 A 회의실**에서** 투자자들을 만날 것이다.

어휘 discuss ~에 관해 논의하다 proposed 제안된 investor 투자자

7. 정답 (D)

해설 빈칸에 들어갈 알맞은 전치사를 고르는 문제이다. 빈칸 뒤에 시간을 나타내는 10 P.M.이 있는데, 문맥상 '~까지'라는 기한의 의미로, 해당 시점 이전까지 완료되어야 한다는 것을 나타내야 하므로 (D) by가 정답이다. until은 해당 시점까지 지속되어야 하는 것을 의미하는 전치사이다.

해석 당신이 생각하는 최고의 직원에 대한 보고서를 오늘밤 10시**까지** 제출해주세요.

어휘 submit 제출하다 until (지속) ~까지 next to ~옆에 throughout ~동안 내내, 전체에 걸쳐 by (완료/기한) ~까지

8. 정답 (A)

해설 빈칸에 들어갈 알맞은 전치사를 고르는 문제이다. 빈칸 뒤에 기간을 나타내는 명사 the past three years가 있으므로 '~동안'을 나타내는 전치사 (A)

over이 정답이다.

해석 다음의 차트는 지난 3년 **동안** 가장 잘 팔린 HMT 모터사이클에 대한 매출액을 보여준다.

어휘 indicate 나타내다, 보여주다 sales figure 매출액 past 지난 over ~동안 by ~까지, ~옆에 along ~을 따라 behind ~뒤에

9. 정답 (A)

해설 빈칸에 들어갈 알맞은 의미의 수식어를 고르는 문제이다. 빈칸 앞문장은 '새로운 조건이 재협상될 수 있다'는 내용이며, 빈칸 앞에는 기간을 나타내는 two months가 위치해 있다. 따라서 two months와 함께 빈칸에 들어갈 수식어는 '2달 전에 미리'라는 의미가 되는 것이 자연스러우므로 '미리', '사전에'라는 의미를 나타내는 (A) in advance가 정답이다.

해석 Hayami Motors 사와의 계약이 종료되기 전에, 새로운 조건들이 2달 **전에 미리** 재협상될 수 있다.

어휘 contract 계약 terms (계약) 조건, 조항 renegotiate 재협상하다 in advance (전에) 미리, 사전에 consequently 결과적으로 regardless of ~에 상관없이 in particular 특히

10. 정답 (B)

해설 빈칸에 들어갈 알맞은 의미의 동사를 고르는 문제이다. 문장의 주어는 Morning Sun Electronics 로 업체명이 쓰였으며, 빈칸 뒤 목적어는 '새로운 정책'(a new policy)이라는 의미를 나타내므로 문맥상 '시행하다'라는 의미를 나타내는 동사가 적절하다. 따라서 (A) implement가 정답이다.

해석 다음 달에 Morning Sun Electronics 사는 새로운 정책을 **시행할 것이다**.

어휘 policy 정책 merger 합병하다 implement 시행하다 invest 투자하다 specialize (in) (~에) 특화되다, ~을 전문으로 하다

Unit 16. 전치사(2) [기타]

최신 기출 POINT 43
다양한 의미의 전치사

유형 연습하기

정답

1. (A) **2.** (A) **3.** (B) **4.** (B)

1. 정답 (A)

해설 빈칸에 들어갈 알맞은 전치사를 고르는 문제이다. 빈칸 뒤의 문장은 호텔의 뷔페가 월요일과 화요일에 문을 닫을 것이라는 내용이고, 빈칸 뒤의 명사는 a convention(컨벤션)이므로 문맥상 컨벤션으로 인해 호텔의 뷔페가 문을 닫을 것이라는 내용임을 알 수 있다. 따라서 '~로 인해'라는 의미를 나

타내는 전치사 (A) Due to가 정답이다.

해석 컨벤션**으로 인해**, Western Hotel 뷔페는 월요일과 화요일에 문을 닫을 것입니다.

2. 정답 (A)

해설 빈칸에 들어갈 알맞은 전치사를 고르는 문제이다. 빈칸 앞에 위치한 문장의 내용은 정부가 소득세를 신고할 수 있도록 한다는 내용이며, 빈칸 뒤에는 직접 사무실로 방문하는 것 대신 인터넷 (the Internet)이 언급되어 있으므로 빈칸에는 수단 또는 방법을 나타내는 전치사가 적절하다. 따라서 '~을 통해'라는 의미를 나타내는 전치사 (A) through가 정답이다.

해석 정부는 국민들이 직접 사무실을 방문하는 대신에 인터넷을 **통해** 소득세를 신고할 수 있도록 한다.

3. 정답 **(B)**

해설 빈칸에 들어갈 알맞은 전치사를 고르는 문제이다. 빈칸 앞에 수동태 are reviewed가 위치해 있고, 빈칸 뒤에는 review의 행위자인 a group of producers가 언급되어 있으므로 '~에 의해서'라는 의미로 수동태에서 행위자를 나타내는 전치사 (B) by가 정답이다.

해석 *Starmaker*를 위한 오디션 영상 제출물은 프로듀서 그룹**에 의해** 검토된다.

4. 정답 **(B)**

해설 빈칸에 들어갈 알맞은 전치사를 고르는 문제이다. 빈칸 앞에 명사 any questions가 위치해 있고, 빈칸 뒤에 the workshop schedule이 위치해 있으므로 문맥상 '워크숍 일정에 관한 질문들'이라는 의미가 되는 것이 적절하다. 따라서 '~에 대해', '~에 관한'이라는 의미를 나타내는 전치사 (B) about이 정답이다.

해석 만약 워크숍 일정**에 관한** 질문이 있다면 당신의 부장님에게 물어보시기 바랍니다.

최신 기출 POINT 44
특정 명사 또는 동사와 함께 쓰이는 전치사

유형 연습하기

정답			
1. (A)	2. (A)	3. (A)	4. (B)

1. 정답 **(A)**

해설 빈칸에 들어갈 알맞은 전치사를 고르는 문제이다. 빈칸 앞에 위치한 동사 conflict는 전치사 with와 함께 쓰여 '~와 충돌하다, ~와 겹치다'라는 의미를 나타내므로 (A) with가 정답이다.

해석 CEO는 중요한 이사회 회의 일자**와** 겹쳐서 그 세미나를 연기하였다.

2. 정답 **(A)**

해설 빈칸에 들어갈 알맞은 동사의 -ing 형태를 고르는 문제이다. 빈칸 뒤에 「A into B」의 구조로 the park into a night market이 있으므로, 문맥상 'A를 B로 바꾸다, A를 B로 변환하다'라는 의미를 나타내기 위해 동사 convert가 필요하다는 것을 알 수 있다. 따라서 (A) converting이 정답이다.

해석 여름이 끝난 후에 그 도시는 공원을 야시장으로 **바꿀 것이다**.

3. 정답 **(A)**

해설 빈칸에 들어갈 알맞은 전치사를 고르는 문제이다. 빈칸 뒤에 명사 time이 위치해 있고, 문맥상 '제시간에 도착할 것이다'라는 의미가 적절하므로 '제시간에'라는 의미를 나타내는 on time이라는 표현이 되는 것이 적절하다. 따라서 (A) on이 정답이다.

해석 일반 우편으로 보낸다면, 당신의 교재는 **제시간에** 도착할 것입니다.

4. 정답 **(B)**

해설 빈칸에 들어갈 알맞은 전치사를 고르는 문제이다. 빈칸 뒤에 명사 the receipt(영수증)가 위치해 있다. 해당 문장이 '환불을 받기 위해 제품을 반납해야 한다'라는 의미이므로, 문맥상 환불을 위해서는 영수증과 제품이 함께 반납되어야 한다는 것을 알 수 있다. 따라서 '~와 함께', '~을 가지고'라는 의미를 나타내는 전치사 (B) with가 정답이다.

해석 전액 환불을 받기 위해서, 당신은 제품을 영수증**과 함께** 반납해야 합니다.

최신 기출 POINT 45
같은 의미의 전치사와 접속사 구분

유형 연습하기

정답			
1. (B)	2. (B)	3. (B)	4. (B)

1. 정답 (B)

해설 빈칸에 들어갈 알맞은 단어를 고르는 문제이다. (A), (B) 둘 다 '때문에'라는 이유, 원인을 나타내는 말이지만, 빈칸 뒤에 주어와 동사가 되는 것이 없으며 the large size ~ and its comfortable lighting이라는 명사만 위치해 있다. 따라서 접속사가 아닌 전치사 (B) Due to가 정답이다.

해석 도서관의 큰 규모와 편안한 조명**으로 인해**, 많은 학생들이 그곳에서 공부하는 것을 선호한다.

2. 정답 (B)

해설 빈칸에 들어갈 알맞은 단어를 고르는 문제이다. (A), (B) 둘 다 '~동안에'라는 의미를 가지고 있지만, 빈칸 뒤에 the next quarterly meeting이라는 명사만 위치해 있으므로, 접속사가 아닌 전치사 (B) During이 정답이다.

해석 다음 분기 회의 **동안** 경영진은 몇몇 중요한 결정을 할 것으로 예상된다.

3. 정답 (B)

해설 빈칸에 들어갈 알맞은 단어를 고르는 문제이다. (A), (B) 둘 다 '~때문에'라는 이유, 원인을 나타내지만, 빈칸 뒤에 the price가 주어이고, is라는 동사가 하나의 절을 이루고 있으므로, 전치사가 아닌 접속사 (B) because가 정답이다.

해석 Watford Hotel에서의 숙박비에는 모든 비용이 포함되어 있기 **때문에** 룸 서비스에 대한 추가적인 비용은 없습니다.

4. 정답 (B)

해설 빈칸에 들어갈 알맞은 단어를 고르는 문제이다. (A), (B) 둘 다 '~에도 불구하고'와 '비록 ~지만'이라는 양보의 의미를 나타내지만 빈칸 뒤에 Mr. Samuel이라는 주어와 arrived라는 동사가 포함된 절이 등장하였으므로, 전치사가 아닌 접속사 (B) Although가 정답이다.

해석 **비록** Samuel 씨는 회사에 제시간에 도착하였**지만**, 그는 월례 회의에 참석하지 않았다.

정답

1. (A)	2. (C)	3. (A)	4. (B)	5. (C)
6. (A)	7. (D)	8. (C)	9. (B)	10. (A)

1. 정답 (A)

해설 빈칸에 들어갈 알맞은 단어를 고르는 문제이다. 빈칸 뒤에 명사 renovation(개조 공사)이 위치해 있으므로 빈칸은 전치사 자리이다. 문맥상 주어인 The Modern Art Museum이 다음 주 월요일에 문을 닫는 이유가 개조 공사 때문임을 알 수 있으므로, 원인과 이유를 나타내는 전치사 (A) due to가 정답이다.

해석 현대 미술 박물관은 개조 공사**로 인해** 다음 주 월요일에 문을 닫을 것이다.

어휘 renovation 개조 (공사) due to ~로 인해 so that ~하도록, ~하기 위해서

2. 정답 (C)

해설 빈칸에 들어갈 알맞은 전치사를 고르는 문제이다. 빈칸 앞에 명사 a survey(설문 조사)가 위치해 있고 빈칸 뒤의 명사는 '대학의 구내 식당의 청결'이라는 의미이므로, 빈칸에는 '~에 관한', '~에 대한'이라는 의미를 나타내는 전치사가 적절하다. 따라서 정답은 (C) on이다.

해석 학생들은 대학의 식당의 청결**에 대한** 설문 조사를 온라인에서 작성할 수 있다.

어휘 fill out (양식, 서류 등을) 작성하다 survey 설문 조사 cleanliness 청결 cafeteria 구내 식당 online 온라인에서 during ~동안 although 비록 ~지만 on ~에 대한 except ~을 제외하고

3. 정답 (A)

해설 빈칸에 들어갈 알맞은 전치사를 고르는 문제이다. 빈칸이 포함된 전치사구 뒤에 위치한 문장의 내용은 모든 지점들이 문을 닫았다는 것이므로, 빈칸 뒤에 언급된 'Pasadena에 있는 매장'은 '~을 제외하고'라는 의미의 전치사와 함께 쓰이는 것이 자연스럽다. 따라서 (A) Except가 정답이다.

해석 Pasadena에 있는 매장**을 제외한** Burnham Tires의 다른 모든 지점들은 영업을 종료하였다.

어휘 **branch** 지점, 지사 **close down** 문을 닫다, 영업을 종료하다 **except** ~을 제외하고 **during** ~중에, ~동안 **even though** 비록 ~지만 **among** (셋 이상) 중에

4. 정답 (B)

해설 빈칸에 들어갈 알맞은 표현을 고르는 문제이다. 빈칸이 포함된 전치사구 뒤에 위치한 문장의 내용은 무게 50 파운드가 넘는 소포를 보낼 때 추가 요금이 더해진다는 것이므로, 빈칸 뒤에 언급된 명사 '배송 규칙'(shipping rules)은 '~에 따르면'이라는 의미의 전치사와 함께 쓰이는 것이 자연스럽다. 따라서 (B) According to가 정답이다.

해석 배송 규칙**에 따르면** 무게가 50 파운드가 넘는 소포를 보낼 때 추가 비용이 더해진다.

어휘 **shipping** 배송 **rule** 규칙, 규정 **additional** 추가의 **cost** 비용 **add** 더하다 **package** 소포 **weigh** 무게가 나가다 **over** ~이 넘는 **in order to** ~하기 위해서 **according to** ~에 따라, ~에 따르면 **committed to** ~에 전념하는 **in addition to** ~에 더하여, ~뿐만 아니라

5. 정답 (C)

해설 빈칸에 들어갈 알맞은 단어를 고르는 문제이다. 빈칸 뒤에 명사 a decline이 위치해 있으므로 빈칸은 전치사 자리임을 알 수 있다. 빈칸 앞에 위치한 문장의 내용은 판매 매출이 강세로 남아 있다는 것이므로, 빈칸 뒤에 언급된 명사 및 전치사구인 '주식 가격의 하락'(a decline in the stock price)은 '~에도 불구하고'라는 의미의 전치사와 함께 쓰이는 것이 자연스럽다. 따라서 (C) despite가 정답이다.

해석 주식 가격의 하락**에도 불구하고** 판매는 여전히 강세이다.

어휘 **remain** ~한 상태로 (남아) 있다 **sales** 판매, 매출 **decline** 하락 **stock price** 주식 가격 **although** 비록 ~지만 **about** ~에 관하여, ~에 대한 **despite** ~에도 불구하고 **through** ~을 통하여, ~을 통과하여

6. 정답 (A)

해설 빈칸에 들어갈 알맞은 수식어를 고르는 문제이다. 빈칸 앞에 위치한 문장의 내용은 '열심히 일해서

그의 보고서를 제출할 수 있다'는 의미이므로 동사 submit을 수식하는 표현은 '제시간에'라는 의미를 나타내는 것이 가장 적절하다. 따라서 정답은 (A) on time이다.

해석 Jason은 그 보고서를 **제시간에** 제출할 수 있도록 최근에 열심히 일을 해오고 있다.

어휘 **recently** 최근에 **hard** 열심히 **so that** ~하도록, ~하기 위해서 **submit** 제출하다 **report** 보고서 **on time** 제시간에 **in fact** 사실 **meanwhile** 그 동안에 **instead** 대신에

7. 정답 (D)

해설 빈칸에 들어갈 알맞은 단어를 고르는 문제이다. 빈칸 뒤에 the mall's parking lot이라는 주어와 is라는 동사가 포함된 절이 등장하였으므로, 전치사가 아닌 접속사 (D) Although가 정답이다.

해석 **비록** 고객들에게 쇼핑몰의 주차장이 개방되어 있**지만**, 몇몇 주차 공간은 보안을 위해 특별히 별도로 마련되어 있다.

어휘 **parking lot** 주차장 **spot** 자리, 공간 **specially** 특별히 **reserve** 예약하다, 따로 남겨두다 **security** 보안 **due to** ~로 인해 **despite** ~에도 불구하고 **in spite of** ~에도 불구하고 **although** 비록 ~이지만

8. 정답 (C)

해설 빈칸에 들어갈 알맞은 단어를 고르는 문제이다. 빈칸 뒤에 명사 job opportunities(구직 기회)가 있으므로 빈칸은 전치사 자리임을 알 수 있다. 해당 문장의 내용이 데이터베이스에 무료로 접근할 수 있다는 내용이므로 '구직 기회'라는 의미의 명사는 '~를 위해'라는 전치사와 함께 쓰이는 것이 자연스럽다. 따라서 (C) For가 정답이다.

해석 Heart Publishing에서의 구직 기회**를 위해**, 당신은 데이터베이스에 무료로 접근할 수 있습니다.

어휘 **job opportunity** 구직 기회, 취업 기회 **access** 접근 **when** ~할 때 **under** ~아래에 **for** ~을 위해 **along** ~을 따라

9. 정답 (B)

해설 빈칸에 들어갈 알맞은 의미의 부사를 고르는 문제이다. 빈칸의 앞뒤에 위치한 동사는 '문을 열 것이

다'라는 의미이고, 해당 문장 앞에 위치한 전치사 구가 '2년의 개조 공사 후에'라는 의미를 나타내므로 빈칸에 들어갈 부사는 '마침내'라는 의미가 되는 것이 적절하다. 따라서 (B) finally가 정답이다.

해석 2년의 개조 공사 후에, Seoul Creativity Center 는 **마침내** 문을 열 것이다.

어휘 renovation 개조 공사, 보수 공사
occasionally 때때로, 가끔 finally 마침내
abundantly 풍부하게 previously 이전에

10. 정답 (A)

해설 빈칸에 들어갈 단어의 알맞은 형태를 고르는 문제이다. 「one of (the) 복수명사」는 '~중에 하나'라

는 의미를 나타내는 표현이다. 따라서 빈칸은 복수 명사 자리임을 알 수 있으므로 (A)~(D) 중 복수명사인 (A) distributors가 정답이다. distributes는 동사인 distribute에 -s가 붙은 단수동사 형태이다.

해석 서울을 기반으로 하는 자동차 회사인 HMT Motors는 아시아의 일류 세단 **유통업체** 중 하나이다.

어휘 automobile company 자동차 회사
leading 뛰어난, 선두의, 일류의 distribute
배급하다, 유통하다 distributor 배급사, 유통업자

Unit 17. 부사절 접속사

최신 기출 POINT 46
부사절 접속사는 주어, 동사가 꼭 필요하다!

유형 연습하기

정답
1. (A)   **2.** (A)   **3.** (A)   **4.** (B)

1. 정답 (A)

해설 빈칸에 들어갈 동사 complete의 알맞은 형태를 고르는 문제이다. 빈칸 앞에 주어 she가 위치해 있고 빈칸 뒤에 목적어 the Advanced Teachers Course가 위치해 있으므로, 접속사 After 뒤에 완전한 절을 구성하고 있음을 알 수 있다. 따라서 빈칸은 동사 자리이므로 (A) completes가 정답이다.

해석 고급 교사 과정을 **완료한** 후에 Park 씨는 승진에 대한 자격이 될 것이다.

2. 정답 (A)

해설 빈칸에 들어갈 알맞은 단어를 고르는 문제이다. 빈칸 뒤에 주어 the safety checks가 위치해 있고 그 뒤에 수동태 are finished가 위치해 있으므로 완전한 문장을 구성하고 있음을 알 수 있다. 따라서 빈칸은 전치사가 아닌 접속사 자리이므로 (A) Once가 정답이다.

해석 **일단** 안전 점검이 끝나**면**, Hichiro 발전소의 생산은 재개될 것이다.

3. 정답 (A)

해설 빈칸에 들어갈 be 동사의 알맞은 형태를 고르는 문제이다. 빈칸 앞에 주어 they가 위치해 있고 빈칸 뒤에 주격보어 ready가 위치해 있으므로, 접속사 when 뒤에 완전한 절을 구성하고 있음을 알 수 있다. 따라서 빈칸은 동사 자리이므로 (A) are이 정답이다.

해석 당신의 셔츠가 준비**되었을** 때 당신은 셔츠를 가져가도록 연락을 받을 것입니다.

4. 정답 **(B)**

해설 빈칸에 들어갈 알맞은 단어를 고르는 문제이다. 빈칸 뒤에 주어 their manager가 위치해 있고 그 뒤에 동사 was가 '있었다'라는 의미로 1형식 동사로 쓰였으므로 완전한 문장을 구성하고 있음을 알 수 있다. 따라서 빈칸은 전치사가 아닌 접속사 자리이므로 (B) Because가 정답이다.

해석 그들의 매니저가 휴가 중이었기 **때문에**, 두 명의 부매니저들이 그 주간 동안 총 책임을 맡았다.

최신 기출 POINT 47
시간/이유의 부사절 접속사

유형 연습하기

정답
1. (A)　　**2.** (B)　　**3.** (A)　　**4.** (B)

1. 정답 **(A)**

해설 빈칸에 들어갈 알맞은 부사절 접속사를 고르는 문제이다. 빈칸 앞에 위치한 주절의 내용은 요리사들이 주문을 확인하는 것을 담당한다는 것이며, 빈칸 뒤의 부사절의 내용은 주문서들이 주방에 보내진다는 것이므로 부사절은 '~하면', '~할 때'라는 시간의 접속사와 함께 쓰이는 것이 자연스럽다. 따라서 (A) when이 정답이다.

해석 요리사들은 주문이 주방으로 보내어질 **때** 주문을 확인하는 것을 담당한다.

2. 정답 **(B)**

해설 빈칸에 들어갈 알맞은 부사절 접속사를 고르는 문제이다. 빈칸 앞에 위치한 주절은 N-Pad의 운영체제가 앱을 지원하지 않을 것이라는 내용이며, 빈칸 뒤의 부사절은 최신 업데이트가 다운로드되고 설치되었다는 내용이므로 부사절은 '~한 후에'라는 시간의 접속사와 함께 쓰이는 것이 자연스럽다. 따라서 (B) after가 정답이다.

해석 최신 업데이트가 다운로드되고 설치된 **후에**, N-pad 운영체제는 이 어플리케이션을 더 이상 지원하지 않을 것입니다.

3. 정답 **(A)**

해설 빈칸에 들어갈 알맞은 부사절 접속사를 고르는 문제이다. 빈칸 앞에 위치한 주절은 제품을 신중하게 포장하라는 내용이며, 빈칸 뒤의 부사절은 그것이 부서지기 쉽다는 내용이므로 부사절은 '~때문에', '~하므로'라는 이유의 접속사와 함께 쓰이는 것이 자연스럽다. 따라서 (A) since가 정답이다.

해석 이 물품은 부서지기 쉬우**므로** 조심히 포장하시기 바랍니다.

4. 정답 **(B)**

해설 빈칸에 들어갈 알맞은 부사절 접속사를 고르는 문제이다. 빈칸 뒤에 위치한 부사절은 프로젝트가 연기되었다는 내용이며, 그 뒤에 위치한 주절은 희망 잔액이 도달되지 않을 수도 있다는 내용이므로 부사절은 '~때문에'라는 이유의 접속사와 함께 쓰이는 것이 자연스럽다. 따라서 (B) Because가 정답이다.

해석 그 프로젝트가 지연됐기 **때문에**, Smith Fund의 희망 잔액인 5백만 달러는 도달되지 않을지도 모릅니다.

최신 기출 POINT 48
양보, 조건의 부사절 접속사

유형 연습하기

정답
1. (A)　　**2.** (A)　　**3.** (B)　　**4.** (B)

1. 정답 **(A)**

해설 빈칸에 들어갈 알맞은 부사절 접속사를 고르는 문제이다. 빈칸 뒤에 위치한 부사절은 직원 회의의 일정이 오후로 정해지지 않는다는 내용이며, 그 뒤에 위치한 주절은 인턴들은 금요일마다 12시 30분에 퇴근이 허용된다는 내용이므로 부사절은 '~한다면'이라는 조건의 접속사와 함께 쓰이는 것이 자연스럽다. 따라서 (A) If가 정답이다.

해석 만약 오후 중에 직원 회의의 일정이 정해지지 않는 **다면**, 인턴들은 금요일에 12시 30분에 퇴근하는 것이 허용된다.

2. 정답 (A)

해설 빈칸에 들어갈 알맞은 부사절 접속사를 고르는 문제이다. 빈칸 뒤에 위치한 부사절은 그의 도착 시간이 지연되었다는 내용이며, 그 뒤에 위치한 주절은 Johnny Lee의 비행기가 정확히 오전 11시 15분에 착륙해야 한다는 내용이므로 부사절은 '~하지 않는다면'이라는 조건의 접속사와 함께 쓰이는 것이 자연스럽다. 따라서 (A) Unless가 정답이다.

해석 Johnny Lee의 도착시간이 지연되지 **않았다면**, 그가 탑승한 항공기는 정확히 오전 11시 15분에 착륙해야 한다.

3. 정답 (B)

해설 빈칸에 들어갈 알맞은 부사절 접속사를 고르는 문제이다. 빈칸 앞에 위치한 주절은 직원들이 즉시 등록서를 제출해야 한다는 내용이며, 빈칸 뒤의 부사절은 그들이 다음 달의 워크숍에 참가하기를 원한다는 내용이므로 부사절은 '~한다면'이라는 조건의 접속사와 함께 쓰이는 것이 자연스럽다. 따라서 (B) if가 정답이다.

해석 **만약** 다음 달 우리의 워크숍에 참가하기를 원**한다면**, 직원들은 등록서를 즉시 제출해야 한다.

4. 정답 (B)

해설 빈칸에 들어갈 알맞은 부사절 접속사를 고르는 문제이다. 빈칸 뒤에 위치한 부사절은 목요일에 비가 오지 않을 것이라는 내용이며, 그 뒤에 위치한 주절은 회사 오찬이 실내에서 열릴 것이라는 내용이다. 비가 오지 않으면 오찬을 야외에서 할 것이라는 예상과는 반대되는 내용이므로 부사절은 '비록 ~지만'이라는 양보의 접속사와 함께 쓰이는 것이 자연스럽다. 따라서 (B) Although가 정답이다.

해석 **비록** 목요일에 비가 오지 않을 것이**지만**, 회사 오찬은 그래도 실내에서 열릴 것이다.

기출 맛보기

정답				
1. (B)	2. (D)	3. (A)	4. (C)	5. (D)
6. (B)	7. (D)	8. (A)	9. (A)	10. (A)

1. 정답 (B)

해설 빈칸에 들어갈 동사 leave의 알맞은 형태를 고르는 문제이다. 빈칸 앞에 주어 they가 위치해 있고 빈칸 뒤에 목적어 the office가 위치해 있으므로, 접속사 before 뒤에 완전한 절을 구성하고 있음을 알 수 있다. 따라서 빈칸은 동사 자리이므로 (B) leave가 정답이다.

해석 매일 일과가 끝날 때, 직원들은 사무실을 **떠나기** 전에 복사기를 꺼야 한다.

어휘 **at the end of** ~의 끝에 **turn off** ~을 끄다 **copy machine** 복사기 **leave** 떠나다

2. 정답 (D)

해설 빈칸에 들어갈 알맞은 단어를 고르는 문제이다. 빈칸 뒤에 주어와 동사가 갖춰진 절이 위치해 있으므로 빈칸은 접속사 자리임을 알 수 있다. 빈칸 앞에 위치한 주절은 Sam 주식회사가 제품의 특허권을 사기로 결정했다는 내용이며, 빈칸 뒤의 부사절은 그 제품의 시연이 제공되었다는 내용이므로 부사절은 '~한 후에'라는 시간의 접속사와 함께 쓰이는 것이 자연스럽다. 따라서 (D) after가 정답이다.

해석 Sam 주식회사는 제품의 시연이 제공된 **후에** 그 제품의 특허권을 구매하기로 결정하였다.

어휘 **decide** 결정하다 **patent** 특허권 **product** 제품 **demonstration** 시연 **provide** 제공하다 **due to** ~로 인해 **although** 비록 ~지만 **despite** ~에도 불구하고 **after** ~후에

3. 정답 (A)

해설 빈칸에 들어갈 알맞은 단어를 고르는 문제이다. 빈칸 뒤에 주어와 동사가 갖춰진 절이 위치해 있으므로 빈칸은 접속사 자리임을 알 수 있다. 빈칸 뒤에 위치한 부사절은 본사가 개조되고 있는 중이라는 내용이며, 그 뒤에 위치한 주절은 계좌를 개설하기 위해서 Orange County 지점으로 가야 한다는 내용이므로 부사절은 '~때문에'라는 이유의 접속사와 함께 쓰이는 것이 자연스럽다. 따라서 (A) As가 정답이다.

해석 본사가 개조되고 있는 중이기 **때문에**, 당신은 계좌를 개설하기 위해 Orange County 지점으로 가야 합니다.

어휘 **headquarters** 본사 **branch** 지점, 지사 **open an account** 계좌를 개설하다

4. 정답 (C)

해설 빈칸에 들어갈 알맞은 단어를 고르는 문제이다. 빈칸 뒤에 주어와 동사가 갖춰진 절이 위치해 있으므로 빈칸은 접속사 자리임을 알 수 있다. 빈칸 뒤에 위치한 부사절은 6월 15일까지 서류에 서명해서 돌려준다는 내용이며, 그 뒤에 위치한 주절은 기사가 출간을 위해 처리될 것이라는 내용이므로 부사절은 '~한다면'이라는 조건의 접속사와 함께 쓰이는 것이 자연스럽다. 따라서 (C) If가 정답이다.

해석 **만약** 당신이 동봉된 서류에 서명을 해서 6월 15일까지 돌려준**다면**, 당신의 기사는 출간을 위해 처리될 것입니다.

어휘 sign 서명하다 return 돌려주다 enclosed 동봉된 document 서류 article 기사 process 처리하다 publication 출간

5. 정답 (D)

해설 빈칸에 들어갈 알맞은 단어를 고르는 문제이다. 빈칸 뒤에 주어와 동사가 갖춰진 절이 위치해 있으므로 빈칸은 접속사 자리임을 알 수 있다. 빈칸 뒤에 위치한 부사절은 조교에 의해 많은 업무가 수행된다는 내용이며, 그 뒤에 위치한 주절은 Son 박사는 여전히 그의 강의에 집중하는 것을 어렵게 느낀다는 내용이다. 조교가 많이 도와주기 때문에 Son 교수가 강의에 집중할 수 있을 것이라는 예상과는 반대되는 내용이므로 부사절은 '비록 ~지만'이라는 양보의 접속사와 함께 쓰이는 것이 자연스럽다. 따라서 (D) Although가 정답이다.

해석 **비록** 많은 업무가 조교에 의해 수행되**지만**, Son 박사는 여전히 그의 강의에 집중하는 것을 어렵다고 느낀다.

어휘 task 업무 teaching assistant 조교 find ~하다고 느끼다 hard 어려운 focus on ~에 집중하다 lecture 강의

6. 정답 (B)

해설 빈칸에 들어갈 알맞은 단어를 고르는 문제이다. 빈칸 뒤에 주어와 동사가 갖춰진 절이 위치해 있으므로 빈칸은 접속사 자리임을 알 수 있다. 빈칸 앞에 위치한 주절은 그 배송 회사에 상태 업데이트를 요청해야 한다는 내용이며, 빈칸 뒤의 부사절은 물품들이 5일 전에 보내졌다는 내용이므로 부사절은 '~때문에', '~이므로'라는 이유의 접속사와 함께

쓰이는 것이 자연스럽다. 따라서 (B) since가 정답이다.

해석 물품들이 5일 전에 보내졌**으므로**, 당신은 그 배송 회사에 상태 업데이트를 요청해야 합니다.

어휘 ask for ~을 요청하다 status update 상태 업데이트(갱신) send out 발송하다 so that ~하도록, ~하기 위해서

7. 정답 (D)

해설 빈칸에 들어갈 알맞은 단어를 고르는 문제이다. 빈칸 뒤에 주어와 동사가 갖춰진 절이 위치해 있으므로 빈칸은 접속사 자리임을 알 수 있다. 빈칸 뒤에 위치한 부사절은 변경사항이 발표된다는 내용이며, 그 뒤에 위치한 주절은 Chester Football Club은 새로운 이름으로 운영되기 시작할 것이라는 내용이므로 부사절은 시간의 접속사와 함께 쓰이는 것이 자연스럽다. 따라서 (A)~(D) 중에서 '~하자마자'라는 의미를 나타내는 시간 부사절 접속사 (D) As soon as가 정답이다.

해석 변경사항이 발표**되자마자**, Chester Football Club은 그들의 새로운 이름인 Chester United FC로 운영되기 시작할 것이다.

어휘 announce 발표하다 operate 운영되다 under the name ~의 이름으로 in order to ~하기 위해서

8. 정답 (A)

해설 빈칸에 들어갈 알맞은 단어를 고르는 문제이다. 빈칸 뒤에 주어와 동사가 갖춰진 절이 위치해 있으므로 빈칸은 접속사 자리임을 알 수 있다. 빈칸 뒤에 위치한 부사절은 OK-Sport의 수입이 주로 매장 구매로부터 온다는 내용이며, 그 뒤에 위치한 주절은 그들이 더 많은 매장을 열기로 결정했다는 내용이므로 부사절은 이유의 접속사와 함께 쓰이는 것이 자연스럽다. 따라서 '~때문에'라는 의미인 (A) Because가 정답이다.

해석 OK-Sport의 수입이 대부분 매장 구매로부터 나오기 **때문에**, 그들은 더 많은 매장을 열기로 결정했다.

어휘 income 수입 store purchase 매장 구매 whereas ~인 반면에

9. 정답 (A)

해설 빈칸에 들어갈 알맞은 의미의 동사를 고르는 문제
이다. 빈칸 앞 전치사구에 '낮은 수요로 인해'라는
내용이 있으므로 빈칸에 들어갈 동사는 '생산을 줄
여야 한다'라는 내용이 되어야 한다. 따라서 '줄이
다, 감소시키다'라는 의미의 동사 (A) decrease가
정답이다.

해석 Jordan 11s에 대한 놀라울 정도로 낮은 수요로
인해, 우리는 빠르게 그것의 생산을 **감소시켜야**
한다.

어휘 decrease 감소시키다, 줄이다 attract 끌어
당기다 qualify 자격을 얻다 enclose 동봉하다

10. 정답 (A)

해설 빈칸에 들어갈 알맞은 형용사를 고르는 문제이다.
빈칸은 명사 앞, 그리고 most의 뒤에 위치해 있으
므로, 최상급 형용사를 나타낼 형용사가 들어갈 자
리이다. 문맥상 '가장 ~한 겨울 카탈로그가 독특한
패션 아이템을 포함한다'는 내용이므로 빈칸에 '최
근의'라는 의미의 형용사가 들어가는 것이 적절하
다. 따라서 (A) recent가 정답이다.

해석 저희 회사의 가장 **최근의** 겨울 카탈로그는 독특한
패션 아이템을 포함합니다.

어휘 catalog 카탈로그, 상품 목록 include 포함하다
unique 독특한 recent 최근의 late 늦은
upcoming 다가오는 lately 최근에

Unit 18. 등위접속사와 명사절 접속사

등위접속사는 같은 구조의 단어/구/절을 연결한다!

유형 연습하기

정답

1. (B) 2. (A) 3. (B) 4. (A)

1. 정답 (B)

해설 빈칸에 들어갈 알맞은 단어를 고르는 문제이다. 빈
칸 뒤에 「A and B」의 구조로 명사가 이어져 있으
므로 'N-sport와 Publia 사이에'라는 의미가 되
는 것이 적절하다. 따라서 (B) between이 정답이
다. either는 「A or B」의 구조와 함께 쓰인다.

해석 N-Sport와 Publia **사이의** 합병 이후로,
N-Sport의 수익은 올해 3배가 될 것으로 예상되
어 왔다.

2. 정답 (A)

해설 빈칸에 들어갈 알맞은 접속사를 고르는 문제이다.
빈칸 앞에 「not only A」의 구조가 있으므로 'TK
Sound의 설립자일 뿐만 아니라, 유명한 가수이
다'라는 의미가 되는 것이 적절하다. 따라서 (A)
but이 정답이다.

해석 Jay Yoon은 TK Sound의 설립자일 뿐만 아니라,
유명한 가수**이기도** 하다.

3. 정답 (B)

해설 빈칸에 들어갈 동사 get의 알맞은 형태를 고르는
문제이다. 빈칸 앞에 등위접속사 and가 위치해 있
으므로 get 또한 and 앞에 위치한 동사 Visit와 같
은 형태로 이어져야 한다. 따라서 동사원형인 (B)
get이 정답이다.

해석 저희 웹사이트 방문하고, 오늘 30% 할인 쿠폰을
받으세요.

4. 정답 (A)

해설 빈칸에 들어갈 알맞은 접속사를 고르는 문제이다.
빈칸 앞에 both와 명사가 위치해 있고 빈칸 뒤에

또 다른 명사가 위치해 있으므로 「both A and B」의 구조로 '전문가와 초보자 둘 다'라는 의미를 나타내는 것을 알 수 있다. 따라서 (A) and가 정답이다.

해석 그 워크숍은 전문가**와** 초보자 둘 다에게 매우 유익했다.

최신 기출 POINT 50
명사절은 명사의 역할을 한다!

유형 연습하기

정답

1. (B)　　2. (B)　　3. (A)　　4. (B)

1. 정답 (B)

해설 빈칸에 들어갈 알맞은 접속사를 고르는 문제이다. 해당 문장은 Higgins 씨가 식당으로 가는 것과 점심으로 샌드위치를 산다는 것 중에 결정할 수 없다는 내용이므로, 「whether A or B」의 구조로 'A를 할지 아니면 B를 할지'를 나타낸다는 것을 알 수 있다. 따라서 (B) whether이 정답이다.

해석 Higgins 씨는 점심 식사를 위해 식당으로 가야 **할지** 아니면 샌드위치를 사야 **할지** 결정할 수 없다.

2. 정답 (B)

해설 빈칸에 들어갈 알맞은 접속사를 고르는 문제이다. 빈칸은 동사 check의 목적어 자리인데 빈칸 뒤에 주어와 동사가 갖춰진 절이 이어지므로 빈칸은 명사절 접속사 자리임을 알 수 있다. 문장 맨 뒤에 or not이 있으므로, 명사절 접속사이면서 or not과 함께 쓰여 '~인지 아닌지'라는 의미를 나타낼 수 있는 접속사 (B) if가 정답이다.

해석 마지막으로 집을 떠나는 사람은 난로가 꺼져 **있는지** 아닌지 확인해야 한다.

3. 정답 (A)

해설 빈칸에 들어갈 알맞은 접속사를 고르는 문제이다. 동사 state의 목적어가 들어가야 하는 자리인데 빈칸 뒤에 주어와 동사가 갖춰진 절이 이어지므로 빈

칸은 명사절 접속사 자리임을 알 수 있다. 명사절 접속사 that은 '~것', 명사절 접속사 whether는 '~인지 (아닌지)'라는 의미이므로 문맥상 '그의 소포가 배달되지 않았다는 것을 언급했다'는 내용이 자연스럽다. 따라서 (A) that이 정답이다.

해석 Stevens 씨는 그의 소포가 어젯밤까지 배달되지 않았다는 **것을** 언급하였다.

4. 정답 (B)

해설 빈칸에 들어갈 알맞은 접속사를 고르는 문제이다. 동명사 ensuring의 목적어가 들어가야 하는 자리인데 빈칸 뒤에 주어와 동사가 갖춰진 절이 이어지므로 빈칸은 명사절 접속사 자리임을 알 수 있다. 문맥상 '접대비가 예산을 초과하지 않는 것을 보장하는 것'이라는 내용이 자연스러우므로 (B) that이 정답이다.

해석 매니저들은 접대비가 예산을 초과하지 않는 **것을** 보장하는 것에 대한 책임이 있습니다.

최신 기출 POINT 51
what과 that을 구분하라!

유형 연습하기

정답

1. (B)　　2. (B)　　3. (A)　　4. (A)

1. 정답 (B)

해설 빈칸에 들어갈 알맞은 접속사를 고르는 문제이다. 빈칸은 동사 believe의 목적어 자리인데 빈칸 뒤에 주어 improvements와 동사 will inspire, 목적어 others 등 문장 성분이 모두 갖춰진 완전한 절이 이어지므로 빈칸은 명사절 접속사 자리임을 알 수 있다. 따라서 (B) that이 정답이다.

해석 사람들은 주위 지역에 대한 개발이 다른 사람들을 그 지역으로 이사 오도록 고무시킬 **것이라고** 믿는다.

2. 정답 (B)

해설 빈칸에 들어갈 알맞은 접속사를 고르는 문제이다.

빈칸은 동사 announced의 목적어 자리인데 빈칸 뒤에 주어 it과 동사 is considering, 목적어 merging with BM Engineering으로 구성되어 있어 문장 성분이 모두 갖춰진 완전한 절이 이어지므로 빈칸은 명사절 접속사 자리임을 알 수 있다. 따라서 (B) that이 정답이다.

해석 Lee & Lee Hardware는 BM Engineering과의 합병을 고려하고 있다는 **것을** 발표했다.

3. 정답 **(A)**

해설 빈칸에 들어갈 알맞은 접속사를 고르는 문제이다. 동사 shows의 목적어 자리인 빈칸 뒤에 주어 A-Mart customers와 동사 prefer가 위치해 있는데, prefer의 목적어가 없는 불완전한 절이 이어지므로 빈칸은 목적어 역할을 하면서 접속사 역할을 할 수 있는 관계대명사 자리임을 알 수 있다. 따라서 (A) what이 정답이다.

해석 연례의 설문조사는 A-Mart 고객들이 선호하는 **것을** 보여준다.

4. 정답 **(A)**

해설 빈칸에 들어갈 알맞은 접속사를 고르는 문제이다. 빈칸은 동사 discuss의 목적어 자리인데 빈칸 뒤에 주어 interviewees와 동사 should include가 위치해 있다. 그리고 전치사구 on their résumés가 위치해 있는데, include의 목적어가 없는 불완전한 절이 이어지므로 빈칸은 목적어 역할을 하면서 접속사 역할을 할 수 있는 관계대명사 자리임을 알 수 있다. 따라서 (A) what이 정답이다.

해석 다음 달의 칼럼은 면접자들이 그들의 이력서에 포함시켜야 하는 **것을** 논의할 것이다.

기출 맛보기

정답

1. (A)	2. (B)	3. (C)	4. (B)	5. (D)
6. (A)	7. (C)	8. (A)	9. (C)	10. (A)

1. 정답 **(A)**

해설 빈칸에 들어갈 알맞은 접속사를 고르는 문제이다. 빈칸은 동사 decide의 목적어 자리인데 빈칸 뒤에

to부정사 to contact가 위치해 있으므로 to부정사와 함께 쓰이는 접속사를 찾아야 한다. (A)~(D) 중에 '~할지'라는 의미를 나타내는 「whether to 동사원형」 구조가 적절하므로 (A) whether가 정답이다.

해석 마케팅 부장은 신발 광고를 위해 유명 인사에게 연락을 **할지를** 결정할 것이다.

어휘 head 책임자 decide 결정하다 contact 연락하다 celebrity 유명 인사 commercial 광고 (방송)

2. 정답 **(B)**

해설 빈칸에 들어갈 알맞은 단어를 고르는 문제이다. 빈칸 앞에 either이 있고, 그 뒤에 전치사구가 이어지며, 빈칸 뒤에도 동일한 구조의 전치사구가 위치해 있으므로 상관접속사 「either A or B」가 쓰였음을 알 수 있다. 따라서 (B) or이 정답이다.

해석 노래 요청은 라디오의 직통 번호로 전화를 거는 것 **이나** 인스턴트 메신저를 통해 이루어져야 한다.

어휘 request for ~에 대한 요청 hotline 직통 전화번호 through ~을 통해 instant 즉각적인

3. 정답 **(C)**

해설 빈칸에 들어갈 알맞은 접속사를 고르는 문제이다. 빈칸은 동사 states의 목적어 자리인데 빈칸 뒤에 주어 80 percent of fans와 자동사 subscribe가 갖춰진 완전한 절이 이어지므로 빈칸은 명사절 접속사 자리임을 알 수 있다. 따라서 (C) that이 정답이다.

해석 Doodream Baseball 마케팅 팀은 80퍼센트의 팬들이 그들의 인터넷 채널을 구독한다는 **것을** 언급하였다.

어휘 state 언급하다 subscribe to ~을 구독하다 whereas 반면에, 그러나

4. 정답 **(B)**

해설 빈칸에 들어갈 알맞은 접속사를 고르는 문제이다. 빈칸은 주어 자리인데 빈칸 뒤에 주어 employees와 동사 are asked가 위치해 있고 to부정사 submit의 목적어가 없는 불완전한 절이 이어지므로 빈칸은 목적어 역할을 하면서 접속사 역할을 할 수 있는 관계대명사 자리임을 알 수 있다. 따라서

(B) What이 정답이다.

해석 직원들이 오전 10시까지 제출하도록 요구되는 **것은** 그들의 2분기 매출 보고서이다.

어휘 **be asked to do** ~하는 것을 요청 받다 **quarter** 분기 **sales report** 매출 보고서

5. 정답 (D)

해설 빈칸에 들어갈 알맞은 접속사를 고르는 문제이다. 빈칸은 동사 mentioned의 목적어 자리인데 빈칸 뒤에 주어 she와 동사 would ask, 목적어 her co-worker, 목적격보어 to attend the merger meeting이 갖춰진 완전한 절이 이어지므로 빈칸은 명사절 접속사 자리임을 알 수 있다. 따라서 (D) that이 정답이다.

해석 Martin 씨는 그녀의 동료에게 합병 회의에 참석해 달라고 부탁할 **것이라고** 언급하였다.

어휘 **mention** 언급하다 **ask A to do**: A에게 ~해 달라고 요청하다 **co-worker** 동료 직원 **attend** 참석하다 **merger** 합병

6. 정답 (A)

해설 빈칸에 들어갈 알맞은 접속사를 고르는 문제이다. 빈칸 앞에 타동사 bring의 목적어로 명사 their library card가 위치해 있고 빈칸 뒤에도 명사 identification이 위치해 있으므로 빈칸은 동일한 문법 형태를 연결하는 등위접속사 자리임을 알 수 있다. 따라서 '~와'라는 의미를 나타내는 등위접속사 (A) and가 정답이다.

해석 공공 도서관의 컴퓨터실을 사용하기 위해서 학생들은 도서관 카드**와** 신분증을 가지고 와야 한다.

어휘 **public** 공공의 **bring** 가지고 오다 **identification** 신분증

7. 정답 (C)

해설 빈칸에 들어갈 동사 expire의 알맞은 형태를 고르는 문제이다. 문장의 동사 show 뒤에 명사절 접속사 that이 있으므로, 그 뒤는 완전한 절이 이어져야 한다. that절의 주어가 the insurance plan이므로 주어의 인칭에 맞는 단수동사가 위치해야 한다는 것을 알 수 있다. 따라서 동사 형태인 (B), (C) 중에서 단수명사 주어에 맞춰 쓸 수 있는 (C) will expire가 정답이다.

해석 기록은 당신의 전화기에 대한 보험제도가 3월 23일에 **만료될 것**이라는 것을 보여준다.

어휘 **record** 기록 **date** 날짜 **insurance** 보험 **plan** 요금제, 제도 **expire** 만료되다

8. 정답 (A)

해설 빈칸에 들어갈 알맞은 접속사를 고르는 문제이다. 빈칸은 동사 noted의 목적어 자리인데 빈칸 뒤에 the company와 동사 has, 목적어 extremely low customer ratings가 갖춰진 완전한 절이 이어지므로 빈칸은 명사절 접속사 자리임을 알 수 있다. 따라서 (A) that이 정답이다.

해석 BRC 사의 대표는 회사가 극히 낮은 고객 평가를 가지고 있다는 **것에** 주목하였다.

어휘 **representative** 대리인, 대표인 **note** ~에 주목[주의]하다 **extremely** 극히, 매우 **customer ratings** 고객 평가

9. 정답 (C)

해설 빈칸 앞에 위치한 be동사와 함께 쓰이는 「be + 과거분사(p.p.)」 구조의 수동태에서 알맞은 의미의 과거분사를 고르는 문제이다. 주어가 '2개의 새로운 지하철 노선'이므로 이에 어울리는 '도입하다'라는 의미의 introduce의 과거분사 (C) introduced가 가장 적절하다.

해석 2개의 새로운 지하철 노선은 지난달에 성공적으로 **도입되었다**.

어휘 **successfully** 성공적으로 **punctual** 시간을 지키는 **identified** 신원이 확인된 **introduced** 도입된 **conducted** 실시된

10. 정답 (A)

해설 빈칸에 들어갈 알맞은 표현을 고르는 문제이다. 빈칸 뒤에 위치한 전치사구의 의미가 '국립공원 내의 주차법을 시행하는 것'이므로 이는 주어인 '공원 경비원'(Park Rangers)의 업무임을 알 수 있다. 따라서 '~을 담당하다'라는 의미를 나타내는 「be in charge of」라는 표현이 쓰이도록 (A) in charge가 정답이다. 형용사 responsible은 전치사 for와 쓰여 「be responsible for」 구조로 '~을 담당하다, ~을 책임지다'라는 의미를 나타낸다.

해석 공원 경비원들은 국립공원 내의 주차법을 시행하

는 것을 **담당한다**.

어휘 enforce 집행하다, 시행하다 within ~내에
be in charge of ~을 담당하다 responsible

책임이 있는, 담당하는 related 관련된
in response 대응하여

Unit 19. 관계사

관계대명사 who/whose/whom 은 사람을 수식한다!

유형 연습하기

정답

1. (A)   **2. (A)**   **3. (B)**   **4. (B)**

1. 정답 **(A)**

해설 빈칸에 들어갈 알맞은 관계사를 고르는 문제이다. 선행사 Residents는 '주민들'이라는 의미로 사람을 나타내며, 빈칸 뒤에는 동사 volunteer가 위치해 있으므로 빈칸은 사람 선행사에 쓰이는 주격 관계대명사 자리임을 알 수 있다. 따라서 (A) who가 정답이다.

해석 Cater City을 발전시키기 위해 자발적으로 제공**하는** 거주민들은 City Volunteer Program에서 상을 받을 것이다.

2. 정답 **(A)**

해설 빈칸에 들어갈 동사 have의 알맞은 형태를 고르는 문제이다. 빈칸 앞에는 사람 선행사에 쓰이는 주격 관계대명사 who가 위치해 있고, 선행사는 their employees로 복수명사이므로 관계사절의 동사 또한 복수동사이어야 한다. 따라서 (A) have가 정답이다.

해석 I-Planting은 완벽한 출근을 **해온** 직원들에게 3 일 휴가로 보상합니다.

3. 정답 **(B)**

해설 빈칸에 들어갈 알맞은 관계사를 고르는 문제이다. 선행사는 '길거리 노점 상인들'이라는 의미의 사람 명사이며, 빈칸 뒤에 work permit이라는 명사가 주어로 쓰였으며, 그 뒤에 is라는 동사가 있으므로 빈칸에 들어갈 관계대명사는 work permit이라는 명사를 수식할 수 있는 소유격 관계대명사이어야 한다는 것을 알 수 있다. 따라서 (B) whose가 정답이다.

해석 오직 취업 허가증이 합법적인 노점 상인만 자신의 음식을 콘서트에서 팔 수 있습니다.

4. 정답 **(B)**

해설 빈칸에 들어갈 알맞은 관계사를 고르는 문제이다. 선행사 the branch managers는 '지점 매니저들'이라는 의미로 사람을 나타내며, 빈칸 뒤에는 동사 held가 위치해 있으므로 빈칸은 사람 선행사에 쓰이는 주격 관계대명사 자리임을 알 수 있다. 따라서 (B) who가 정답이다. 관계대명사 앞에 선행사에 대한 수식어(부사, 전치사구)가 위치할 수 있으므로 관계대명사절의 내용을 보고 문맥상 선행사가 무엇인지 확인해야 한다.

해석 Circuit Electronics 사는 그들의 매출 인상이 Western Coast 지역의 지점 매니저들 덕분이라고 믿는데, **그들은** 다양한 홍보 행사를 열었었다.

최신 기출POINT 53
관계대명사 which는 사물을 수식한다!

유형 연습하기

1. (A) **2.** (A) **3.** (B) **4.** (A)

1. 정답 (A)

해설 빈칸에 들어갈 동사 introduce의 알맞은 형태를 고르는 문제이다. 빈칸 앞에는 사물 선행사에 쓰이는 주격 관계대명사 which가 위치해 있으므로, 빈칸은 주어가 없는 관계사절이 되어야 한다. 따라서 (A) was newly introduced가 정답이다.

해석 고객들은 BB Burger의 Shrimp Cheese Burger에 대해 수용적이었는데, 그것은 이번 달에 **새로 소개되었다**.

2. 정답 (A)

해설 빈칸에 들어갈 알맞은 관계사를 고르는 문제이다. 선행사 employee reimbursement forms는 '직원 환급 양식'이라는 의미로 사물을 나타내며, 빈칸 뒤에는 동사 can be obtained가 위치해 있으므로 빈칸은 사물 선행사에 쓰이는 주격 관계대명사 자리임을 알 수 있다. 따라서 (A) which가 정답이다.

해석 원본의 서류들은 인사과에서 얻을 수 있는 직원 환급 양식이 포함되어야 한다.

3. 정답 (B)

해설 빈칸에 들어갈 알맞은 관계사를 고르는 문제이다. 선행사 a free bag은 '무료 가방'이라는 의미로 사물을 나타내며, 빈칸 뒤에는 동사 was designed가 위치해 있으므로 빈칸은 사물 선행사에 쓰이는 주격 관계대명사 자리임을 알 수 있다. 따라서 (B) that이 정답이다.

해석 A-Land는 Alexander Kai에 의해 디자인된 무료 가방을 제공하고 있다.

4. 정답 (A)

해설 빈칸에 들어갈 알맞은 관계사를 고르는 문제이다. 선행사 The order form은 '주문서'라는 의미로 사물을 나타내며, 빈칸 뒤에는 동사 was missing이 위치해 있으므로 빈칸은 사물 선행사에 쓰이는 주격 관계대명사 자리임을 알 수 있다. 따라서 (A)

which가 정답이다.

해석 매니저의 서명이 누락되어 있었던 그 주문서는 처리되지 못했다.

최신 기출 POINT 54
관계부사는 특정 선행사에만 쓰인다!

유형 연습하기

1. (A) **2.** (A) **3.** (B) **4.** (B)

1. 정답 (A)

해설 빈칸에 들어갈 알맞은 관계부사를 고르는 문제이다. 선행사 a manufacturing facility는 '제조 시설'이라는 의미로 장소를 나타내며, 빈칸 뒤에는 주어와 동사, 목적어가 모두 갖춰진 절이 위치해 있으므로 빈칸은 장소명사 선행사에 쓰이는 관계부사 자리임을 알 수 있다. 따라서 (A) where이 정답이다.

해석 UK Chemicals 사는 그들이 유기 재료로부터 화학물질을 추출하는 **곳인** 제조 시설을 개조하고 있다.

2. 정답 (A)

해설 빈칸에 들어갈 알맞은 관계부사를 고르는 문제이다. 선행사 the city는 '그 도시'라는 의미로 장소를 나타내며, 빈칸 뒤에는 주어와 동사, 목적어가 모두 갖춰진 절이 위치해 있으므로 빈칸은 장소명사 선행사에 쓰이는 관계부사 자리임을 알 수 있다. 따라서 (A) where이 정답이다.

해석 Son 씨는 그가 첫 회사를 설립하였던 **곳인** 그 도시를 방문할 것이다.

3. 정답 (B)

해설 빈칸에 들어갈 알맞은 관계부사를 고르는 문제이다. 선행사 the reason은 '그 이유'라는 의미로 이유를 나타내며, 빈칸 뒤에는 주어와 동사, 목적어가 모두 갖춰진 절이 위치해 있으므로 빈칸은 이유를 나타내는 관계부사 자리임을 알 수 있다. 따라서 (B) why가 정답이다.

해석 Jenny는 그 협상이 성공적이지 못**했던 이유를** 알아내려고 노력하고 있다.

4. 정답 (B)

해설 빈칸에 들어갈 알맞은 관계부사를 고르는 문제이다. 선행사 The payment date는 '결제일'라는 의미로 시간을 나타내며, 빈칸 뒤에는 주어와 동사, 목적어가 모두 갖춰진 절이 위치해 있으므로 빈칸은 시간명사 선행사에 쓰이는 관계부사 자리임을 알 수 있다. 따라서 (B) when이 정답이다.

해석 귀하의 대출을 상환해야 하는 **때인** 결제일이 다가오고 있습니다.

기출 맛보기

정답

| 1. (A) | 2. (A) | 3. (D) | 4. (B) | 5. (A) |
| 6. (C) | 7. (A) | 8. (A) | 9. (A) | 10. (C) |

1. 정답 (A)

해설 빈칸에 들어갈 알맞은 관계사를 고르는 문제이다. 선행사 the company는 '그 회사'라는 의미로 사물을 나타내며, 빈칸 뒤에는 동사 will remodel이 위치해 있으므로 빈칸은 사물 선행사에 쓰이는 주격 관계대명사 자리임을 알 수 있다. 따라서 (A) that이 정답이다.

해석 우리 집을 리모델링할 회사인 New Life Interior Design은 강력하게 추천된다.

어휘 **come highly recommended** 강력하게 추천되다

2. 정답 (A)

해설 빈칸에 들어갈 알맞은 관계사를 고르는 문제이다. 선행사 interns는 '인턴들'이라는 의미로 사람을 나타내며, 빈칸 뒤에는 동사 complete가 위치해 있으므로 빈칸은 사람 선행사에 쓰이는 주격 관계대명사 자리임을 알 수 있다. 따라서 (A) who가 정답이다.

해석 Jones 박사의 추천서는 업무를 제시간에 완료하는 인턴들을 위한 것이 될 것이다.

어휘 **recommendation letters** 추천서 **complete** 완성하다, 완료하다 **tasks** 업무 **on time** 제시간에

3. 정답 (D)

해설 빈칸에 들어갈 알맞은 관계사를 고르는 문제이다. 선행사 the bike trail은 '자전거 도로'라는 의미로 사물을 나타내며, 빈칸 뒤에는 동사 leads가 위치해 있으므로 빈칸은 사물 선행사에 쓰이는 주격 관계대명사 자리임을 알 수 있다. 따라서 (D) which가 정답이다.

해석 시청은 새롭게 지어진 극장으로 이어지는 자전거 도로에 위치해 있다.

어휘 **locate** 위치하다 **bike trail** 자전거 도로 **newly built** 새롭게 지어진 **cinema** 극장, 영화관

4. 정답 (B)

해설 빈칸에 들어갈 알맞은 관계사를 고르는 문제이다. 선행사 the hotel은 '그 호텔'이라는 의미로 장소를 나타내며, 빈칸 뒤에는 주어와 동사가 모두 갖춰진 절이 위치해 있으므로 빈칸은 장소명사 선행사에 쓰이는 관계부사 자리임을 알 수 있다. 따라서 (B) where이 정답이다.

해석 Jacklyn 씨는 그가 지난달에 머물렀던 **곳인** 그 호텔에서 그의 고객을 만날 것이다.

어휘 **client** 고객, 의뢰인 **stay** 머물다

5. 정답 (A)

해설 빈칸에 들어갈 동사 support의 알맞은 형태를 고르는 문제이다. 빈칸 앞에 주격 관계대명사 that이 있고, 선행사는 단수명사인 a protected wildlife environment이므로, 빈칸에 들어갈 관계사절의 동사는 단수동사가 되어야 한다. 따라서 (A)~(D) 중 단수동사인 (A) supports가 정답이다.

해석 ANWR Nature Reserve는 100여 종 이상의 토착종들을 **살게 하는** 야생 보호 환경이다.

어휘 **reserve** 보호구역 **wildlife** 야생 **environment** 환경 **native species** 토착종 **support** (필요한 것을 제공하여) 살게 하다, 부양하다

6. 정답 (C)

해설 빈칸에 들어갈 알맞은 관계사를 고르는 문제이다. 선행사 questions는 '질문들'이라는 의미로 사물을 나타내며, 빈칸 뒤에는 동사 have의 목적어가 없는 불완전한 절이 이어져 있으므로 빈칸은 사물 선행사에 쓰이는 목적격 관계대명사 자리임을 알 수 있다. 따라서 (C) that이 정답이다.

해석 당신이 저희의 제안에 관해 가질 수도 있는 질문이 있다면 최대한 빨리 응답해 주세요.

어휘 reply 응답하다 **as soon as possible** 최대한 빠르게, 가능한 한 빠르게 **suggestion** 제안

7. 정답 (A)

해설 빈칸에 들어갈 알맞은 관계사를 고르는 문제이다. 선행사 Students는 '학생들'이라는 의미로 사람을 나타내며, 빈칸 뒤에는 동사 are interested가 위치해 있으므로 빈칸은 사람 선행사에 쓰이는 주격 관계대명사 자리임을 알 수 있다. 따라서 (A) who가 정답이다.

해석 장기 자랑에 관심이 있는 학생들은 추가 정보를 위해 이번 주 금요일 오후 3시까지 Allen 씨에게 반드시 연락해야 한다.

어휘 be interested in ~에 관심 있다 **make sure** 반드시 ~하도록 하다 **contact** 연락하다

8. 정답 (A)

해설 빈칸에 들어갈 알맞은 관계사를 고르는 문제이다. 선행사는 날짜를 나타내는 June 20th이며, 빈칸 뒤에는 주어와 동사, 목적어가 모두 갖춰진 절이 위치해 있으므로 빈칸은 시간명사 선행사에 쓰이는 관계부사 자리임을 알 수 있다. 따라서 (A) when이 정답이다.

해석 나는 그 고객이 런던을 떠나 도착하는 날인 6월 20일에 당신을 만날 것이다.

어휘 client 고객, 의뢰인 **arrive** 도착하다

9. 정답 (A)

해설 빈칸에 들어갈 알맞은 명사를 고르는 문제이다. 빈칸 앞에 언급된 '직원 업무를 할당할 책임이 있다'는 내용은 빈칸 뒤에 언급된 수석 매니저(the head manager)의 업무로 유추할 수 있는데, 문장 앞에 전치사구 As the assistant manager를 통해 the assistant manager 또한 이 업무를 담당한다는 것을 알 수 있다. 따라서 '~가 없을 때에, ~의 부재시에'라는 in the absence of라는 표현이 가장 자연스러우므로 (A) absence가 정답이다.

해석 부 매니저로서, 당신은 수석 매니저의 **부재** 시에 직원 업무를 할당할 책임이 있다.

어휘 be responsible for ~을 담당하다, ~의 책임이 있다 **assign** 할당하다 **duty** 업무, 의무 **in the absence of** ~의 부재 시에 **observation** 관찰 **process** 과정, 처리 **access** 접근

10. 정답 (C)

해설 빈칸에 들어갈 알맞은 형용사를 고르는 문제이다. 해당 문장의 내용으로 보아 빈칸이 수식하는 명사 magazine은 항공사가 승객에게 제공하는 잡지임을 알 수 있다. 따라서 (A)~(D) 중 이러한 문맥에 맞게 magazine을 수식하기에 적절한 의미의 형용사는 '무료의'라는 의미를 나타내는 (C) complimentary이다.

해석 Skyview Airline의 고객들에게, *Sky Ways*는 모든 승객들에게 이용 가능한 무료 잡지이다.

어휘 magazine 잡지 **available** 이용 가능한 **passenger** 승객 **tentative** 잠정적인 **prolonged** 장기적인 **complimentary** 무료의 **reflective** 사색적인, 반사하는

Unit 20. 전치사/접속사 (Part 6)

유형 연습하기

정답

1. (A)   2. (B)   3. (D)   4. (C)

[1-4]

받는 사람: S.Holmes@umail.com
보내는 사람: J.Chung@newseoulair.co.kr
날짜: 4월 1일
제목: 고객 서비스에 관한 피드백

Holmes 씨에게,

New Seoul Airlines와 함께 **1. 비행해 주셔서** 감사합니다. 저희는 3월 20일에 있었던 귀하의 가장 최근의 서울 방문에 관한 정보를 얻고자 합니다. New Seoul Airlines와 함께 하신 비행 경험에 관한 이 짧은 설문조사를 작성해주실 수 **2. 있다면** 그것은 저희에게 굉장한 도움이 될 것입니다. **3. 이 설문조사는 불과 3분에서 4분밖에 걸리지 않을 것입니다.** 귀하가 해야 할 일은 하단의 URL을 복사하여 브라우저에 붙여 넣기만 하시는 것이 전부입니다. http://newseoulair.co.kr/survey/.

귀하의 **4. 피드백**은 저희의 단골 고객들을 위해 고객서비스를 향상시키는 것을 도와주는 것에 매우 중요합니다.

James Chung
최고 경영자

New Seoul Airlines
123 Old Seoul Way
대한민국

1. 정답 (A)

해설 빈칸에 들어갈 알맞은 의미의 동명사를 고르는 문제이다. 해당 문장은 항공사가 고객에게 감사의 인사를 하는 내용이므로, 항공사의 서비스와 관련있다는 것을 알 수 있다. 따라서 이에 관련된 단어로 '비행'을 나타내는 (A) flying이 정답이다.

2. 정답 (B)

해설 빈칸에 들어갈 알맞은 접속사를 고르는 문제이다. 빈칸 뒤에 언급된 내용은 'New Seoul 항공사와 함께 하신 비행 경험에 관한 이 짧은 설문조사를 작성한다는' 것이며, 빈칸 앞의 주절은 설문조사를 작성해주는 일이 항공사에게 굉장한 도움이 될 것이라는 내용이므로 빈칸에 들어갈 접속사는 '만약 ~라면'이라는 의미가 적절하다. 따라서 조건의 부사절 접속사 (B) if가 정답이다.

3. 정답 (D)

해설 빈칸에 들어갈 알맞은 문장을 고르는 문제이다. 빈칸 앞 문장은 고객에게 설문조사를 요청하는 내용인데, 설문조사를 언급하면서 this short survey라고 하여 설문조사를 작성하는 데 오래 걸리지 않을 것임을 암시하고 있다. 따라서 빈칸에 들어갈 내용도 이 설문조사의 작성 시간이 짧을 것이라는 내용이 되는 것이 자연스러우므로 (D)가 정답이다.

해석 (A) 저희는 지난해 세계 최고의 항공사로 임명되어 기뻤습니다.
(B) New Seoul Airlines는 궂은 날씨로 인해 어쩔 수 없이 비행편을 취소하였습니다.
(C) New Seoul Airlines는 최근에 WST News를 협력 단체의 목록에 추가하였습니다.
(D) 이 설문 조사는 불과 3분에서 4분밖에 걸리지 않을 것입니다.

4. 정답 (C)

해설 빈칸에 들어갈 명사를 고르는 문제이다. 빈칸은 문장의 주어 자리에 위치해 있으며, 이 주어가 '단골 고객들을 위해 고객서비스를 향상시키는 것을 도와주는 것에 매우 중요하다'고 설명하고 있으므로 빈칸에 들어갈 단어는 앞에서 언급된 설문조사 작성에 관한 것이 적절하다. 따라서 '피드백', '의견'을 나타내는 (C) feedback이 정답이다.

정답

1. (C)	2. (B)	3. (D)	4. (A)	5. (B)
6. (A)	7. (C)	8. (D)		

[1-4]

10월 23일
Erica Roberts
135 Firewood Road
Kansas City, MO 64101

Roberts 씨에게,

Royal Bank를 대신하여, 저희는 귀하의 완벽한 신용점수에 대해 **1. 축하해드리고** 싶습니다. 귀하의 신용점수를 기반으로, 저희는 귀하의 Good Day 카드의 한도를 20,000달러로 **2. 증대시킬** 수 있습니다.

저희로 하여금 귀하의 신용카드 한도를 높이도록 하는 것은 틀림없이 현명한 결정일 것입니다. 귀하의 Good Day 카드는 세계적으로 승인 받을 수 있을 뿐만 아니라, 귀하에게 소비를 할 수 있는 더 많은 공간과 **3. 견고한** 보안 시스템도 제공해드릴 것입니다.

4. 그러므로, 당신은 저희의 제안을 이용하시는 것이 권장됩니다. 1-800-323-1500으로 전화주세요.

어휘 **would like to do** ~하고 싶다 **credit score** 신용점수 **based on** ~에 근거하여, ~을 기반으로 **limit** 한도 **allow** 허가하다, 허락하다 **definitely** 확실히 **include** 포함하다 **acceptance** 승인, 동의 **internationally** 국제적으로, 세계적으로 **provide A with B:** A에게 B를 제공하다 **room** 공간, 자리 **security features** 보안 시스템

1. 정답 (C)

해설 빈칸에 들어갈 동사 congratulate의 알맞은 형태를 고르는 문제이다. 빈칸 앞에 '원하다'라는 의미의 동사 would like가 위치해 있는데, would like는 to부정사를 목적어로 가지는 동사이므로 빈칸은 to부정사 자리임을 알 수 있다. 따라서 (C) to congratulate가 정답이다.

2. 정답 (B)

해설 빈칸에 들어갈 알맞은 동사를 고르는 문제이다. 해당 문장의 내용은 신용카드의 사용 한도에 관한 것이며, 빈칸 앞 문장에서 신용점수가 완벽하다고 언급하였으므로, 신용카드의 한도가 증가하였다는 내용이 되는 것이 자연스럽다. 따라서 '증가시키다', '증대시키다'라는 의미의 동사 (B) increase가 정답이다.

어휘 **decrease** 감소시키다 **increase** 증가시키다 **report** 보고하다 **forward** 전달하다

3. 정답 (D)

해설 빈칸에 들어갈 알맞은 형용사를 고르는 문제이다. 빈칸에 들어갈 형용사가 수식하는 명사는 '보안 시스템'(security features)이므로, (A)~(D) 중 '보안 시스템'과 어울리는 형용사는 '견고한', '탄탄한'이라는 의미를 나타내는 것이 적절하다. 따라서 (D) solid가 정답이다.

어휘 **repetitive** 반복적인 **rapid** 빠른 **frequent** 잦은, 빈번한 **solid** 견고한, 탄탄한

4. 정답 (A)

해설 빈칸에 들어갈 알맞은 문장을 고르는 문제이다. 지문의 전체적인 의미는 신용카드의 사용 한도 금액을 증대시킬 수 있음을 알리는 내용이며, 사용 한도 금액을 증대시켰을 때의 장점을 설명하였으므로, 은행의 이 제안을 수락하도록 권장하는 내용이 적절하다. 따라서 '제안을 이용하시는 것을 권장한다'는 의미를 나타내는 (A)가 정답이다.

해석 (A) 그러므로, 당신은 저희의 제안을 이용하시는 것이 권장됩니다.
(B) 그러는 한편, 저희는 당신의 구독에 2개월을 무료로 추가해드릴 것입니다.
(C) 또한, 당신의 즉각적인 결제에 대해 감사 드립니다.
(D) 그러나, Good Day 회원은 3만원을 결제할 때마다 3포인트를 얻습니다.

어휘 **be advised to do** ~하는 것이 권장되다 **take advantage** 이용하다 **offer** 제안 **on the other hand** 한편 **free** 무료로 **subscription** 구독 **prompt** 즉각적인 **payment** 지불, 결제 **appreciate** 고마워하다, 환영하다 **earn** 얻다

[5-8]

7월 5일

SK도서관의 책들은 이제 PDF와 PPT 파일 형식으로 **5. 둘 다** 이용 가능합니다. 전자 파일 형식으로 도서를 전환하는 것은 사서인 Tom Green 씨에 의해 감독되었으며, **6. 그는** 프로젝트에서 중대한 역할을 하였습니다.

그가 설명하기를, "획기적인 컴퓨터 소프트웨어는 저희가 모든 도서를 전문적인 품질의 디지털 파일로 만드는 것을 가능하게 했습니다. 저희의 시선집을 변환하는 것이 가장 중요한 우선 업무였습니다. 물리적으로 이 시들을 다뤄야 하는 것 **7. 대신에** 이제 시인들은 이 전통적인 문학 작품을 온라인으로 보는 것이 가능합니다. **8. 이것은 원본이 손상되지 않도록 보호하기 위해 완료되었습니다.**"라고 하였다.

어휘 **available** 이용 가능한 **format** (파일) 형식 **conversion** 변환 **electronic** 전자의 **oversee** 검토하다, 감독하다 **librarian** 사서 **play a role** 역할을 하다 **significant** 중요한 **revolutionary** 획기적인 **allow A to do:** A가 ~하는 것을 가능하게 하다 **professional** 전문적인 **priority** 우선적인 일 **vintage** 전통적인, 유서 깊은 **physically** 물리적으로 **handle** 다루다

5. 정답 (B)

해설 빈칸에 들어갈 알맞은 단어를 고르는 문제이다. 빈칸 뒤에 「A and B」의 구조로 PDF and PPT format이 위치해 있으므로 'A와 B 둘 다'라는 의미를 나타내는 「both A and B」가 쓰였음을 알 수 있다. 따라서 (B) both가 정답이다.

6. 정답 (A)

해설 빈칸에 들어갈 알맞은 관계사를 고르는 문제이다. 선행사 librarian Tom Green은 '사서 Tom Green 씨'라는 의미로 사람을 나타내며, 빈칸 뒤에는 동사 played가 위치해 있으므로 빈칸은 사람 선행사에 쓰이는 주격 관계대명사 자리임을 알 수 있다. 따라서 (A) who가 정답이다.

7. 정답 (C)

해설 빈칸에 들어갈 알맞은 단어를 고르는 문제이다. 빈칸 뒤에 동명사 having이 위치해 있으므로 빈칸은 전치사 자리임을 알 수 있다. 문맥상 도서관의 시선집이 전자 형식으로 변환되어 '물리적으로 시를 다루어야 하는 것 대신에 온라인으로 볼 수 있다'는 내용이므로, 빈칸에 들어갈 전치사는 '대신에', '~보다는'이라는 의미를 나타내는 것이 자연스럽다. 따라서 (C) rather than이 정답이다.

어휘 **regardless of** ~에 상관없이 **for** ~을 위해 **rather than** ~대신에, ~보다는 **now that** ~이므로, ~이기 때문에

8. 정답 (D)

해설 빈칸에 들어갈 알맞은 문장을 고르는 문제이다. 빈칸은 사서인 Tom Green 씨가 도서관의 시선집을 우선적으로 전자 형식으로 전환한 것에 대해 언급한 뒤에 추가적으로 말하는 내용이므로, 앞서 언급된 내용을 지시어로 지칭하면서 그와 관련된 추가적인 정보를 언급하는 것이 적절하다. 따라서 시선집을 전자 형식으로 전환한 것을 지시대명사 this로 지칭하면서 '이것은 원본이 손상되지 않도록 보호하기 위해 완료되었다'는 내용을 나타내는 (D)가 정답이다.

해석 (A) 저희는 이 멋진 행사에서 귀하를 뵙기를 바랍니다.
(B) 가능한 빨리, 설문조사를 완전히 작성해주세요.
(C) 그 결정은 교육위원회의 압도적인 대다수에 의한 동의에 근거한 것이었습니다.
(D) 이것은 원본이 손상되지 않도록 보호하기 위해 완료되었습니다.

어휘 **hope to do** ~하기를 바라다, ~하기를 희망하다 **occasion** (특별한) 행사, 일정 **as soon as** ~한 빨리 **completely** 완전히 **fill out** (서류 등을) 작성하다 **survey** 설문 조사 **be based upon** ~을 기반으로 하다, ~을 근거로 하다 **agreement** 동의, 합의 **overwhelming** 압도적인 **majority** 대다수 **board** 위원회, 이사회 **done** 완료된, 행해진 **protect** 보호하다 **original** 원본 **damage** 손상시키다

시원스쿨 **LAB**

토익 시작할 땐 시원스쿨LAB

성적 NO, 출석 NO! 사자마자 50%,
지금 토익 시작하면 최대 300%+응시료 2회 환급

입문대표
켈리 선생님

토익만점 여신
최서아 선생님

New 시작이 반
토익환급

**사자마자
50% 환급**

성적 NO, 출석 NO

**100% 환급
+ 응시료 0원**

하루 1강
or 목표 성적 달성

**200% 환급
+ 응시료 0원**

하루 1강 & 성적

**300% 환급
+ 응시료 0원**

하루 1강 & 목표성적
+ 100점

* 지금 시원스쿨LAB 사이트(lab.siwonschool.com)에서 유료로 수강하실 수 있습니다

* 환급 조건 : 성적표 제출 및 후기 작성, 제세공과금&교재비 제외, 유의사항 참고, *[1위]2022-2023 히트브랜드 토익·토스·오픽 인강 부문 1위,
* [300%] 650점반 구매자, 출석&750점 달성 시, 유의사항 참고, *[750점만 넘어도] 650점반 구매자 첫토익 응시 기준, 유의사항 참고

시원스쿨 LAB

"한 권으로 끝내는"

시원스쿨
처음토익.
기초영문법

토익 초보가 알아야 할
필수 Grammar Tips

시원스쿨 **LAB**

명사 총정리

1. 명사 자리라면 가산명사 vs. 불가산명사 확인!

> The CEO will announce a new -------.
> (A) plan   (B) plans

	주어	동사(현재시제)
부정관사 a/an이 있는 경우	a/an + 단수명사(가산명사)	단수동사(-es)
부정관사 a/an이 없는 경우	복수명사(가산명사)	복수동사(동사원형)
	불가산명사	단수동사(-es)
불가산명사 (추상명사, 물질명사, 집합명사)	access 접근 processing 처리 money 돈 information 정보 baggage / luggage 짐 equipment 설비 furniture 가구 clothing 의류 advertising 광고 energy 에너지	

 켈리쌤 꿀팁!

❶ a/an은 가산명사인 단수명사 앞에만 올 수 있다. 복수명사/추상명사 앞은 불가능!

  ex) I bought **presents** for you. (O) ···› presents는 가산명사 복수형
     I bought **a present** for you. (O)
     I bought **present** for you. (X) ···› 가산명사 단수형은 앞에 a/an이 필요
     나는 네게 줄 선물을 샀다.

❷ 앞에 a가 있으므로 단수형인 (A) plan이 정답.

❸ 동사의 수로 단수명사 vs. 복수명사를 고른다.

  ex) The **schedule** for this project **is posted** on the bulletin board.
                              ···› 단수동사 is → 단수명사
     프로젝트 일정이 게시판에 게시되어 있다.

2. 단수명사 vs. 복수명사는 앞의 수량 표현 확인!

> Appropriate safety equipment is a requirement for every
> -------.
> (A) employees   (B) employee

 켈리쌤 꿀팁!

❶ 분명 명사 자리인데, 보기에 복수명사 (A) employees와 단수명사 (B) employee가 함께 등장한다. 이 경우 명사의 수일치를 확인한다.

❷ 수일치 확인하는 방법: 명사 앞에 수량 표현을 확인한다.

❸ 빈칸 앞의 every 뒤에는 단수명사가 따라다니므로 단수명사인 (B) employee가 정답이다.

명사를 수식하는 수량 표현의 수 구분

each 각각 **another** 또 하나의	**every** 모든	+ 가산명사 단수형
various 다양한 ~ **both** 둘 다 **the number of** ~의 수 **few** 극소수의 ~ **fewer** 더 적은 * **most** 대부분의 ~	**a number of** 많은 ~ **a variety of** 다양한 ~ **several** 몇몇의 ~ **a few** 약간의 ~ * **all** 모든 ~ * **some** ~의 일부, 몇몇의 ~	+ 가산명사 복수형
a little 소량의 ~ **much** 많은 ~ * **all** 모든 ~ * **some** ~의 일부	**little** 극소량의 ~ **less** 더 적은 ~ * **most** 대부분의 ~	+ 불가산명사

* All, Most, Some은 가산복수명사 또는 불가산명사 앞에 모두 사용된다.

3. 사람명사 vs. 추상명사라면 동사를 확인!

The ------- will be responsible for the sharing of information to the group members.

(A) supervisor   (B) supervision

켈리쌤 꿀팁!

❶ 명사 자리에 사람명사와 추상명사 중에서 선택해야 한다면 동사와 연결해서 해석해본다.

❷ be responsible(책임지다)이라는 행위는 사람만 할 수 있으므로 사람명사인 (A) supervisor 가 정답!

❸ 사람명사는 항상 가산명사다!

토익에 자주 출제되는 사람명사 vs. 추상명사

사람명사	추상명사
analyst 분석가	analysis 분석
consumer 소비자	consumption 소비
agent 대리인	agency 대리점
director 감독	direction 방향, 지시
chemist 화학자	chemicals 화학물질
negotiator 협상자	negotiation 협상
critic 비평가	criticism 비평
editor 편집가	edition 편집
employer 고용주 employee 직원	employment 고용

attendee 참석자	attendance 참석
donator/donor 기부자	donation 기부
author 작가	authorization 허가
architect 건축가	architecture 건축
applicant 지원자	application 지원
participant 참석자	participation 참석
distributor 배포자	distribution 배포
accountant 회계사	accounting 회계
assembler 조립공	assembly 조립
supervisor 상사	supervision 관리, 감독
payer 지불자	payment 지불, 지불금

형용사 총정리

1. -ing가 무조건 형용사는 아니다!

> We have various ------- so please submit your résumé today.
> (A) opens　　　(B) openings

켈리쌤 꿀팁!

❶ -ing 형태의 단어는 형용사(현재분사)일 수도 있고, 명사일 수도 있으며, 전치사일 수도 있다. 이 때에는 빈칸의 앞뒤를 살펴보고 어떤 품사가 들어가야 하는지 파악해야 한다.

❷ 위 문제에서 동사 have는 목적어가 필요하고, 복수명사와 함께 쓰이는 형용사인 various가 있으므로 빈칸에는 복수명사가 와야 한다.

❸ 보기에 (A) opens는 동사인 open에 -s가 붙은 형태이며, (B) openings는 -ing로 끝나는 명사에 복수형 어미 -s가 붙은 형태이기 때문에 (B) openings가 정답!

토익에 자주 출제되는 -ing 명사 vs. -ing 전치사

-ing로 끝나는 명사	accounting 회계 seating 좌석배치 processing 처리 staffing 직원채용, 인력충원 photocopying 복사 meeting 회의	advertising 광고업 planning 계획수립 opening 공석, 개점(개업) pricing 가격책정 widening 확장
-ing로 끝나는 전치사	regarding ~에 관하여 including ~을 포함하여 concerning ~에 관하여	following ~후에 excluding ~을 제외하고 considering ~을 고려하면

2. 빈칸에 형용사가 들어가야 하는데, 보기에 형용사가 두 개라면?!

> This contract is ------, so you should keep the document safe.
> (A) confident   (B) confidential

켈리쌤 꿀팁!

❶ 빈칸은 be동사인 is 뒤에 위치했기 때문에 보어 자리! 보기에는 형용사가 있으므로 형용사
보어가 들어가야 한다.

❷ -ent도 형용사 어미이고, -al도 형용사 어미이기 때문에 confident, confidential 모두 형용
사이다. 이 경우 형용사의 의미까지 알아야 문장에 어울리는 단어를 고를 수 있다.

❸ confident는 '자신감 있는'이라는 의미이며, confidential은 '기밀의'라는 의미이다.
따라서 빈칸 뒤의 문장에서 '그 서류를 안전하게 지켜야 한다'라는 내용이 있으므로
(B) confidential이 정답이다.

비슷하게 생겼지만 의미는 다른 형용사

confident 자신감 있는	confidential 기밀의
successful 성공적인	successive 연속적인
reliable 믿을 만한	reliant 의존적인
dependable 믿을 만한	dependent 의존하는
considerable 상당한	considerate 사려 깊은
responsive 응답이 빠른	responsible 책임이 있는
sensitive 예민한, 세심한	sensible 분별 있는, 합리적인

3. 비교급/최상급은 항상 형용사나 부사!

James is **taller** than Susan. James는 Susan보다 키가 크다.

Susan is **more beautiful** than Anna. Susan은 Anna보다 더 아름답다.

James is **the tallest** in the class. James는 학급에서 키가 가장 크다.

Susan is **the most beautiful** in Amstel City. Susan은 Amstel 시에서 가장 아름답다.

켈리쌤 꿀팁!

❶ 형용사의 비교급은 '더 ~한'이라고 해석이 되며, 1~2음절의 형용사 뒤에 -er을 붙여서 나타낸다.

❷ 비교급은 '~보다'라는 비교 대상을 언급하기 위해 than(~보다)을 함께 쓰는 경우가 많다.

❸ beautiful과 같이 3음절 이상의 형용사에는 -er 대신 형용사 앞에 more을 붙여서 나타낸다.

❹ 형용사의 최상급은 항상 정관사 the를 붙여 쓴다.

❺ 최상급은 '가장(제일) ~한'이라고 해석하며, 1~2음절의 형용사 뒤에 -est를 붙여서 나타낸다.

❻ 최상급을 만드는 형용사/부사의 음절이 3음절 이상일 때에는 -est 대신 형용사/부사 앞에 most를 붙여서 나타낸다.

❼ 음절이란 발음할 때 나는 소리를 구분하는 단위를 말한다. 쉽게 말해 단어를 발음할 때 모음의 수가 곧 음절의 수와 같은 경우가 많다. 예를 들어, beautiful의 경우, eau가 하나의 모음이고 i가 두 번째 모음, u가 세 번째 모음이므로 총 3음절인 단어이다.

1. 특정 시제와 함께 쓰이는 부사를 알아두자!

> Mr. Kim recently ------- to New York.
> (A) had moved   (B) has moved

켈리쌤 꿀팁!

❶ recently라는 부사는 '최근에'라는 의미로 보통 과거시제나 현재완료시제와 함께 쓰인다.

❷ recently와 함께 '최근에'라는 의미를 가진 부사 lately 또한 과거시제나 현재완료시제와 함께 쓰인다.

❸ 이처럼 특정 부사를 보고 빈칸에 들어갈 동사의 시제를 파악할 수 있으므로 이러한 부사들과 시제의 관계를 알아두는 것이 중요하다.

현재/미래 시제와 함께 쓰이는 부사

현재시제와 함께 쓰이는 부사 (반복, 습관의 의미)	**always** 항상, 언제나 **usually** 보통, 대개 **often** 자주, 종종 **periodically** 주기적으로
미래시제와 함께 쓰이는 부사	**soon** 곧, 이내 **as of** ~일자로, ~을 기준으로 **next week/month/year** 다음 주/달/해 **shortly** 곧

2. 숫자를 수식하는 부사는 꼭 알아두자!

According to the investigation, ------- 15 items are defective.
(A) approximately   (B) approximate

켈리쌤 꿀팁!

❶ 주어인 15 items를 수식하기 위해 빈칸에 형용사가 들어가야 한다고 생각한다면 오산!

❷ items는 명사이지만 그 앞에 있는 15(fifteen)은 '15의, 열다섯 개의'라는 의미의 숫자 형용이다.

❸ 따라서 형용사로 쓰인 15(fifteen)을 수식하기 위해서는 부사가 필요하므로 정답은 (A) approximately이다. 이처럼 수치 표현을 수식하는 부사를 알아두면 형용사/부사 사이에서 혼동할 염려가 없다.

숫자를 수식하는 부사

nearly 거의	ex) nearly half of the items 그 물품들 중에 거의 절반
almost 거의	ex) almost 20 students 거의 20명의 학생들
approximately 대략	ex) approximately 15 attendees 대략 15명의 참석자들
over ~이상	ex) over 200 residents 200명 이상의 거주민들
up to (최대) ~까지	ex) up to 50% 최대 50%까지

토익 초보가 알아야 할

대명사 총정리

1. 대명사의 소유격과 대명사의 목적격 구분하기

> You need this email address in order to contact ------- assistant.
> (A) me　　　(B) my

켈리쌤 꿀팁!

❶ to contact라는 부정사이므로 뒤에 목적어가 필요하기 때문에 목적격인 me를 선택하면 출제자의 함정에 빠지게 되는 것이다.

❷ 빈칸 뒤에 있는 명사 assistant가 바로 to contact의 목적어이다. 그렇기 때문에 빈칸에는 명사를 수식할 수 있는 대명사의 격, 소유격 (B) my가 들어가야 한다.

❸ 이처럼 빈칸에 들어갈 대명사의 격을 선택해야 할 때, 보기에서 소유격과 목적격이 모두 제시되어 있다면 빈칸 뒤에 명사가 있는지 없는지를 확인해야 한다. 명사가 있다면 소유격을, 명사가 없다면 목적격을 선택해야 한다.

소유격과 목적격의 위치

전치사 뒤	전치사 + **소유격** + 명사 전치사 + **목적격**
타동사 뒤	타동사 + **소유격** + 명사 타동사 + **목적격**
to부정사 뒤	to부정사 + **소유격** + 명사 to 부정사 + **목적격**
동명사 뒤	동명사 + **소유격**+ 명사 동명사 + **목적격**

2. 사람을 지칭하는 대명사는 꼭 알아두자!

------- interested in the seminar should contact Mr. Kim by
next Friday.

(A) This
(B) That
(C) These
(D) Those

 켈리쌤 꿀팁!

❶ 문장 전체의 동사는 should contact이고, interested in the seminar는 주어가 될 수 없는
구조이기 때문에 빈칸에 들어갈 주어를 수식하는 수식어라고 보는 것이 타당하다.

❷ 동사가 should contact(연락해야 한다)이므로 빈칸에 들어갈 주어는 사람을 지칭하는 명
사/대명사가 되어야 한다.

❸ 보기는 모두 this/that의 단수, 복수형인데, 그 중에 those만이 '~사람들'이라는 의미로 사람
을 지칭하는 대명사로 쓰일 수 있다.

❹ "Those who + 복수동사"라는 구조로 쓰여서 "~하는 사람들"이라는 의미를 나타낸다. 이
에 따라 위 문제의 주어는 Those who are interested in the seminar라고 되어야 하는데,
「who + be동사」는 생략 가능하기 때문에 Those interested in the seminar로 쓰인 것이다.
따라서 (D) Those가 정답이다.

1. 주어-동사의 수일치에 맞지 않는 오답을 먼저 소거 하라!

> The information on distinguished architects ------- on our Web site last night.
>
> (A) has updated
> (B) was updated
> (C) have updated
> (D) is updated

켈리쌤 꿀팁!

❶ 동사의 태나 시제를 묻는 문제라면 단번에 "정답"을 찾으려 하지 말고 세 개의 "오답"을 소거 하는 것이 실수를 하지 않는 문제풀이 방법이다. 오답을 소거하는 순서는 '수일치-태-시제' 이다.

❷ 위 문제에서 주어는 The information on distinguished architects인데, 여기서 on distinguished architects는 전치사구(수식어)이므로, 진정한 주어는 The information이다. information은 복수형이 없는, 셀 수 없는 명사로 분류되기 때문에 항상 단수명사 취급된다.

❸ 우선 수일치에 맞지 않는 오답을 소거하기 위해 주어가 단수명사이므로 복수동사 형태인 (C)를 제외시킨다.

❹ 동사의 과거시제나 미래시제, 조동사는 동사의 형태가 모두 동일하기 때문에 주어와 수일치 를 시킬 필요가 없다.

ex) **She updated** the information.

They updated the information.

ex) **She can speak** English.
They can speak English.
She can speaks English. (X)

단수동사와 복수동사의 형태

단수동사	be동사 = is / was 일반동사(현재시제) = 동사 + (e)s 현재완료 = has p.p.
복수동사	be동사 = are / were 일반동사(현재시제) = 동사원형 현재완료 = have p.p.

2. 능동태/수동태를 판단하여 오답을 소거한다.

The information on distinguished architects ------- on our Web
site last night.

(A) has updated

(B) was updated

(C) have updated

(D) is updated

켈리쌤 꿀팁!

❶ 보기에서 활용된 동사인 update는 타동사이기 때문에 능동태라면 반드시 뒤에 목적어를 취
해야 한다.

❷ 빈칸 뒤에는 on our Web site last night라는 전치사구(수식어)와 과거시간부사(수식어)만
있을 뿐 목적어로 쓰일 수 있는 명사가 없으므로 빈칸에 들어갈 동사는 수동태라는 것을 알

수 있다.

❸ 보기 중에서 능동태인 (A)를 제외시킨다.

❹ 이처럼 수동태 문장에는 목적어가 존재할 수 없다는 특징을 이용하여 태를 구분할 수 있다.

3. 동사의 시제를 파악할 수 있는 표현을 힌트로 시제를 알아낸다.

> The information on distinguished architects ------- on our Web site last night.
>
> (A) has updated
>
> (B) was updated
>
> (C) have updated
>
> (D) is updated

 켈리쌤 꿀팁!

❶ 문장 맨 뒤에 있는 last night는 과거시제를 나타내는 시간 부사이므로 당연히 동사의 시제도 과거시제가 되어야 한다.

❷ 따라서 소거한 보기 중에서 남은 (B)와 (D) 중에 (D)는 현재시제이므로 오답이며, (B)는 과거시제이므로 정답은 (B) was updated이다.

부정사 총정리

1. to부정사는 90%의 확률로 뒤에 목적어가 있어야 한다.

> According to the survey, thirty percent of our subscribers use our website to make ------- for magazine subscription.
>
> (A) paying
> (B) paid
> (C) payment
> (D) to pay

켈리쌤 꿀팁!

❶ 우선 보기의 구성이 pay라는 동사의 여러 가지 변형이 나온 것을 확인하여 이 문제가 문법 문제라는 것을 파악한다.

❷ 그 다음 빈칸의 주변을 살펴야 한다. "to make ------- for magazine subscription"만 보면 빈칸 앞에 to부정사가 있는 것을 확인할 수 있다. make는 타동사이기 때문에 당연히 목적어가 필요하다. 따라서 빈칸에는 to make의 목적어가 될 수 있는 명사가 들어가야 하므로 보기 중에 명사인 (C) payment가 정답이다.

❸ to부정사는 동사에 to만 붙인 형태이기 때문에 동사의 성질을 그대로 가지고 있다. 따라서 부정사에 쓰인 동사가 타동사라면 당연히 to부정사도 뒤에 목적어를 가져야 한다. 즉, 동사 중에 90%가 타동사이기 때문에 to부정사도 90%의 확률로 목적어를 가진다

❹ 나머지 10%의 동사는 목적어가 필요없는 1형식, 2형식 동사이다. 1형식 동사로 만들어진 to 부정사는 뒤에 아무것도 없거나 수식어가 붙을 것이고, 2형식 동사로 만들어진 to부정사는 뒤에 보어가 붙을 것이다.

2. to부정사의 to와 전치사 to 구분하기

Please reply to this email to ------- the problem.

(A) explain (B) explanation

켈리쌤 꿀팁!

❶ 위 문제에서 빈칸 앞에 to가 있는데, 빈칸만 봐서는 to부정사의 to인지, 전치사의 to인지 알기 어렵다. 즉, to부정사의 to라면 동사원형이 와야 하므로 (A)가 정답인데, 전치사 to라면 뒤에 명사가 위치해야 하므로 (B)가 정답일 수도 있다.

❷ 부정사의 to인지 전치사 to인지 알기 위해서는 확실한 증거가 필요한데, 그 증거란 바로 빈칸 뒤에 있는 명사 the problem이다. 만약 전치사 to라면 그 뒤에 명사를 써야 하는데, 그러면 명사인 explanation 뒤에 또 다른 명사인 the problem가 뒤따르게 된다. 관사를 포함한 명사가 연속적으로 이어지는 경우는 없으므로 빈칸에 explanation은 적합하지 않다.

❸ the problem이 동사 explain의 목적어로 보면 의미상으로 적절하고 문장 구조상으로도 적합하다. 따라서 (A) explain이 정답이다. 이렇게 빈칸 뒤에 목적어로 쓰일 수 있는 명사가 있다면, 그 앞에 있는 to는 부정사의 to이므로 「to + 동사원형」의 구조가 되도록 해야 한다.

동명사 총정리

1. 동명사는 명사와 같은 역할을 한다!

> Thank you for ------- me.
> (A) calling   (B) call

켈리쌤 꿀팁!

❶ 빈칸에 들어갈 단어를 찾으려면 빈칸 주변을 먼저 살펴보아야 한다. 빈칸 앞에 있는 전치사 for는 뒤에 목적어를 가져야 한다. 전치사 for의 목적어로 명사 역할을 할 수 있는 형태가 들어가야 한다.

❷ call은 동사의 형태이므로 전치사의 목적어로 적절하지 않다. 따라서 동명사 형태인 (A) calling이 정답이다.

❸ call은 '전화'라는 의미로 명사로 쓰이기 때문에 빈칸에 들어갈 수 있다고 생각할 수 있지만, 빈칸 뒤에 있는 me가 call이 동사로 쓰였을 때의 목적어이기 때문에 이 문제에서 call이 명사로 쓰일 수는 없다. 게다가, 명사 call은 셀 수 있는 명사이기 때문에 a call 또는 calls 또는 the call 등으로 쓰여야 한다.

토익에 자주 나오는 동명사 공식

전치사 + 목적어(100%)	1) 전치사 + 명사
	2) 전치사 + 대명사
	3) 전치사 + 동명사 (+ 목적어)

2. 동명사는 동사의 성질을 가지고 있다!

Thank you for ------- calling me.
(A) kind   (B) kindly

켈리쌤 꿀팁!

❶ 빈칸에 들어갈 단어를 찾으려면 빈칸 주변을 먼저 살펴보아야 한다. 빈칸 앞에 있는 전치사 for는 뒤에 목적어를 가져야 한다. 전치사 for의 목적어로 명사 역할을 할 수 있는 calling이 빈칸 뒤에 위치해 있다.

❷ calling 뒤에 있는 me는 동명사의 목적어로, 동명사 또한 동사의 변형이기 때문에 동사의 성질을 가지고 있다. 동명사에 쓰인 동사가 타동사라면 동명사로 변한 뒤에도 타동사의 성질을 그대로 가지고 있기 때문에 목적어를 취해야 한다.

❸ 즉, 빈칸에는 calling을 수식하는 수식어가 들어가야 하는데, 동명사가 명사의 역할을 한다고 해서 명사처럼 형용사의 수식을 받는 것은 아니다. 동사의 성질을 가지고 있기 때문에 동사가 부사의 수식을 받듯이 동명사 또한 부사의 수식을 받아야 한다. 따라서 정답은 부사인 (B) kindly이다.

that 총정리

1. that이 들어갈 자리 앞에 명사가 있다면 관계대명사 that!

Siwon Airlines is offering the cheapest flight ------- is available from Singapore to Los Angeles.

(A) that
(B) what
(C) whose
(D) who

켈리쌤 꿀팁!

❶ that은 '저것, 그것'이라는 지시대명사 말고도 명사절 접속사와 관계대명사로도 쓰인다. 특히 관계대명사일 경우 주격/목적격에 모두 쓰일 수 있으며, 또한 무려 선행사가 사람인지 사물인지도 구분하지 않고 쓸 수 있어서 that의 쓰임새는 매우 다양하다.

❷ 위 문제의 경우 빈칸에 들어갈 말이 관계대명사인지 접속사인지 파악도 하지 못하고 혼란을 겪을 가능성이 높다. 그럴 때마다 항상 빈칸의 주변을 살펴서 필요한 문법적 구조가 있는지 확인해야 한다.

❸ 빈칸 앞에는 the cheapest flight라는 명사가 위치해 있다. 명사 뒤에 또 다른 명사가 위치할 수 없으므로 빈칸에는 the cheapest flight를 수식하기 위한 관계대명사가 필요하다.

❹ 빈칸 뒤에는 is available로 「be동사 + 형용사」가 있기 때문에 빈칸에는 주어로 쓰일 수 있는 주격 관계대명사가 필요하다. 선행사가 flight라는 사물을 나타내기 때문에 who를 쓸 수 없다. 따라서 (A) that이 정답이다.

❺ 이렇게 빈칸 앞에 명사가 위치해 있으며, 빈칸 뒤의 문장이 주어나 목적어가 없는 불완전한 문장이라면 빈칸에는 관계대명사가 들어가야 한다.

2. that이 들어갈 자리 앞에 동사가 있다면 명사절 접속사 that!

Before taking any time off, members need to confirm ------- every task is finished.

(A) that
(B) what
(C) which
(D) who

켈리쌤 꿀팁!

❶ 우선 빈칸의 주변을 먼저 살펴보자. 빈칸 앞에는 to부정사인 to confirm이 위치해 있다. to confirm은 목적어가 필요하기 때문에, 뒤에 명사가 위치해야 한다.

❷ 빈칸을 포함한 every task is finished가 모두 to confirm의 목적어가 되어야 한다. every task is finished는 「주어+동사」로 이루어진 완전한 절이기 때문에 빈칸에는 명사절 접속사가 필요하다. 보기 중에 명사절 접속사는 that밖에 없으므로 (A) that이 정답이다.

❸ what은 관계대명사이기는 하지만 the thing이라는 선행사를 이미 what 속에 포함하고 있어서 동사 뒤에 what이 위치하기도 한다. 하지만 명사절 접속사 that과의 차이점이라면 that은 뒤에 완전한 문장을 가지는 반면에 what은 관계대명사이기 때문에 who나 which와 마찬가지로 뒤에 항상 불완전한 문장이 이어진다는 것이다.

❹ 이처럼 빈칸 앞에 동사(또는 부정사/동명사)가 있고 빈칸 뒤에는 완전한 절이 있다면 빈칸에는 명사절 접속사 that이 필요하다.

시원스쿨 LAB